江西财经大学财税与公共管理学院
财税文库

新时代"弱有所扶"问题研究

陈成文 等著

中国财经出版传媒集团
经济科学出版社
Economic Science Press

图书在版编目 (CIP) 数据

新时代"弱有所扶"问题研究／陈成文等著．--北京：经济科学出版社，2022.12
ISBN 978-7-5218-2225-0

Ⅰ.①新… Ⅱ.①陈… Ⅲ.①扶贫-研究-中国 Ⅳ.①F126

中国版本图书馆 CIP 数据核字 (2020) 第 263943 号

责任编辑：顾瑞兰
责任校对：李　建
责任印制：邱　天

新时代"弱有所扶"问题研究

陈成文　等著

经济科学出版社出版、发行　新华书店经销
社址：北京市海淀区阜成路甲 28 号　邮编：100142
总编部电话：010-88191217　发行部电话：010-88191522
网址：www.esp.com.cn
电子邮箱：esp@esp.com.cn
天猫网店：经济科学出版社旗舰店
网址：http://jjkxcbs.tmall.com
北京时捷印刷有限公司印装
710×1000　16 开　18 印张　280 000 字
2022 年 12 月第 1 版　2022 年 12 月第 1 次印刷
ISBN 978-7-5218-2225-0　定价：79.00 元
(图书出现印装问题，本社负责调换。电话：010-88191510)
(版权所有　侵权必究　打击盗版　举报热线：010-88191661
QQ：2242791300　营销中心电话：010-88191537
电子邮箱：dbts@esp.com.cn)

总　序

习近平总书记在哲学社会科学工作座谈会上指出，一个国家的发展水平，既取决于自然科学发展水平，也取决于哲学社会科学发展水平。坚持和发展中国特色社会主义，需要不断在理论和实践上进行探索，用发展着的理论指导发展着的实践。在这个过程中，哲学社会科学具有不可替代的重要地位，哲学社会科学工作者具有不可替代的重要作用。

习近平新时代中国特色社会主义思想，为我国哲学社会科学的发展提供了理论指南。党的十九大宣告："经过长期努力，中国特色社会主义进入了新时代，这是我国发展新的历史方位。"中国特色社会主义进入新时代，意味着近代以来久经磨难的中华民族迎来了从站起来、富起来到强起来的伟大飞跃。新时代是中国特色社会主义承前启后、继往开来的时代，是全面建成小康社会、进而全面建设社会主义现代化强国的时代，是中国人民过上更加美好生活、实现共同富裕的时代。

江西财经大学历来重视哲学社会科学研究，尤其是在经济学和管理学领域投入了大量的研究力量，取得了丰硕的研究成果。财税与公共管理学院是江西财经大学办学历史较为悠久的学院，学院最早可追溯至江西省立商业学校（1923年）财政信贷科，历经近百年的积淀和传承，现已形成应用经济和公共管理比翼齐飞的学科发展格局。教师是办学之基、学院之本。近年来，该学院科研成果丰硕，学科优势凸显，已培育出一支创新能力强、学术水平高的教学科研队伍。正因为有了一支敬业勤业精业、求真求实求新的教师队伍，在教育与学术研究领域勤于耕耘、勇于探索，形成了一批高质量、经受得住历史检验的成果，学院的事业发展才有了强大的根基。

为增进学术交流，财税与公共管理学院推出面向应用经济学科的"财税文库"和面向公共管理学科的"尚公文库"，遴选了一批高质量成果收录进两大文库。本次出版的财政学、公共管理两类专著中，既有资深教授的成果，也有年轻骨干教师的新作；既有视野开阔的理论研究，也有对策精准的应用研究。这反映了学院强劲的创新能力，体现着教研队伍老中青的衔接与共进。

繁荣发展哲学社会科学，要激发哲学社会科学工作者的热情与智慧，推进学科体系、学术观点、科研方法创新。我相信，本次"财税文库"和"尚公文库"的出版，必将进一步推动财税与公共管理相关领域的学术交流和深入探讨，为我国应用经济、公共管理学科的发展做出积极贡献。展望未来，期待财税与公共管理学院教师，以更加昂扬的斗志，在实现中华民族伟大复兴的历史征程中，在实现"百年名校"江财梦的孜孜追求中，有更大的作为，为学校事业振兴做出新的更大贡献。

江西财经大学党委书记

2019 年 9 月

前　言

"弱有所扶"是党的十九大报告提出的新的民生建设目标。本书以习近平新时代中国特色社会主义思想为指导，立足制度主义的分析视角，运用文献研究法、逻辑演绎法和规范分析法，探讨新时代"弱有所扶"的理论根基与制度维度，构建新时代"弱有所扶"的基本理论框架与制度建设路径，具有重要的理论意义与实践意义。从理论意义来看，本书将有助于构建新时代"弱有所扶"的基本理论框架，拓宽社会建设研究的理论视阈，从而丰富应用社会学的理论宝库；从实践意义来看，本书将有助于构建新时代"弱有所扶"的制度建设方案，从而有助于提高保障和改善民生水平，最终有助于推进新时代中国特色社会主义社会建设。

本书探讨了新时代"弱有所扶"的理论基础、对象甄别与制度框架。社会公正理论、社会共享理论、贫困治理类型划分理论以及习近平关于贫困治理的系列重要论述是新时代"弱有所扶"的理论基础。从经济收入维度、社会地位维度、体质维度、精神维度、能力维度可以将弱势群体划分为经济型弱势群体、社会型弱势群体、生理型弱势群体、心理型弱势群体和文化型弱势群体五大类。正确构建新时代"弱有所扶"的制度框架必须以满足弱势群体的主导性需求为目标取向。新时代"弱有所扶"的制度框架应该由社会保险制度安排、社会救助制度安排、社会福利制度安排、优抚安置制度安排和慈善事业制度安排等方面构成。

社会保险是社会保障网络的核心，在谋民生之利、解民生之忧上发挥着重要作用。其中，基本养老保险是老年群体基本生活的"支撑器"，基本医疗保险是生理型弱势群体的"安全阀"，失业保险是失业群体基本生活的"补给器"，生育保险是女性劳动者基本生活的"稳定器"。当前，社会保险制度的现实困境在于社会保险险种不完善、社会保险筹资机制不合理、社会保险强制性不足、城乡统筹层次较低。因此，要实现新时代"弱有所扶"，就必须加强社会保险的制度建设。一是要开设长期护理保险，补齐社会保险险种；二是要开征社会保险税，增强社会保险的强制性；三是要立足"四个"统一，促进社会保险城乡统筹。

社会救助是保障弱势群体基本生活的重要依托，是推动弱势群体自我发展的力量源泉，是提升弱势群体公平感的重要手段。然而，从供给模式来看，当前我国社会救助在政府、市场与社会三个方面尚存在着严重的实践困境。政府方面的实践困境主要表现为公平性问题，市场方面的实践困境主要表现为效率性问题，社会方面的实践困境则主要表现为灵活性问题。因此，必须改革传统型社会救助供给模式，构建政府、市场与社会三大主体协同合作的社会救助供给新模式，坚持政府责任、市场责任和社会责任相统一。实现新时代"弱有所扶"的社会救助制度安排主要包括最低生活保障制度安排、大病医疗救助制度安排、教育救助制度安排和就业救助制度安排。最低生活保障制度是保障弱势群体基本生存权的"最后一道防线"，是提升弱势群体自我发展能力的"助推器"，是带领弱势群体一道进入小康社会的"推进器"。当前，我国最低生活保障制度还面临着立法层级、管理制度、待遇水平以及筹资方面的城乡差异的问题。因此，必须以制度整合为抓手，促进城乡低保统筹发展；以规范化管理为手段，促进城乡低保科学发展；以"求同存异"为导向，促进城乡低保平等发展。大病医疗救助是目前能够使广大人民群众（特别是弱势群体）避免因大病重病致贫、返贫的有效措施。当前我国大病医疗救助的实践困境在于契合度偏差，具体表现为救助效能不高、部门衔接不足、统筹层次较低和责权划分不均。因此，只有积极拓展大病医疗救助的制度空间，才能从根本上降低弱势群体的医疗支出风险，增强其获得感和幸福感。这就必须加强大病医疗救助对象的科学核定、扩大大病医疗救助的疾病目录、注重大病医疗救助的服务衔接、优化大病医疗救助的资金配置。教育救助是阻断弱势群体贫困代际传递的有力手段，是提升弱势群体获得感的重要途径，是增强弱势群体公平感的根本保障。然而，目前我国教育救助正面临着严重的"碎片化"困境。这种

"碎片化"困境主要表现为政策制定的"非整合性"、资源配置的"非均衡性"以及管理体制的"非协调性"。要走出"碎片化"的实践困境,就必须推进"整体性"治理。这就必须尽快整合教育救助的政策体系、积极优化教育救助的资源配置、努力健全教育救助的管理机制、认真营造教育救助的社会氛围。就业救助是提高弱势群体社会竞争力的重要手段,是实现新时代"弱有所扶"的"稳定器",是帮助弱势群体摆脱贫困的直接途径。然而,当前就业救助正面临政策制定的"非科学化"、救助效果的"非理想化"以及社会力量参与的"非全面化"三个方面的实践困境。因此,必须着力强化政策制定的科学性,着力提升弱势群体的就业能力,着力营造全社会共同参与的良好氛围。

实现新时代"弱有所扶"的社会福利制度安排主要包括住房保障制度安排、法律援助制度安排、心理救助制度安排和公共服务制度安排。住房保障扮演着"保基本"的角色,它不仅是保障农村贫困人口住房需求的有效手段,而且是满足城镇困难群体住房需求的重要途径,更是调节收入分配的重要一环。然而,从助力"弱有所扶"来看,距离实现人人"住有所居"的目标仍有一定距离。这归根结底是住房保障制度的政策供给未能有效契合弱势群体的主导性需求,两者之间存在着契合度偏差。这种契合度偏差主要表现在制度执行低效化、管理机制混乱化和供给主体单一化。因此,必须积极扩展住房保障的制度空间,从根本上保障弱势群体的"居者有其屋",增强其获得感、幸福感和安全感,促进社会公平正义。要强化动态监管,兜牢"弱有所扶"的底线;要落实政府主体责任,织实"弱有所扶"的密网;要构建多元参与机制,健全"弱有所扶"的机制。法律援助是保障弱势群体经济、政治、文化、人身安全等合法权益的一道坚实防线。当前我国法律援助正面临六个方面的实践困境,即:立法层次不高,制度可操作性低;援助范围较窄,评判标准模糊;责任主体定位不清,服务质量不高;援助资源匮乏,服务能力受限;资源配置失衡,服务水平异化;认知度偏低,宣传不到位。这就要求:大力推进法律援助立法,实现有法可依;强化实施可操作的规章制度,实现有章可循;着力优化援助资源的合理配置,实现区域均衡;奋力推动普法的宣传力度,实现"法援到户"。心理救助针对心理型弱势群体,不仅有其专门的社会服务范畴,而且具有其他救助手段所不能取代的独特专业优势。当前心理救助的实践困境在于严重的契合度偏差，具体表现在心理救助实施主体的"水乳分离"、心理救助实施对象的"过度药疗"和心理救助人才"象牙塔"式培养三个方面。心理救助要走出契合度偏差的实践困境，就必须明确其行动目标取向，着力培育心理救助专业组织、提升心理救助专业服务水平、扭转心理救助人才培养方向、健全心理救助运行机制。公共服务供给有利于拓展"弱有所扶"的内容，有利于拓宽"弱有所扶"的渠道，有利于实现"弱有所扶"的目标。要实现新时代"弱有所扶"，就必须提高公共服务供给水平。然而，从供给主体来看，当前政府、市场、社会的公共服务供给与新时代"弱有所扶"尚存在严重的契合度偏差。要走出公共服务供给与新时代"弱有所扶"之间的契合度偏差困境，就必须增强政府、市场、社会三个公共服务供给主体之间的协同能力，走向协同治理。这就要求：明确权责关系，强化政府供给主体的责任意识；倡导公益理念，激励市场供给主体的积极性；优化制度环境，扩大社会供给主体的参与机会。

新时代"弱有所扶"民生目标的实现，必然离不开慈善事业的支持。这是因为，慈善组织是实现新时代"弱有所扶"的行动主体，慈善活动是实现新时代"弱有所扶"的重要手段，慈善文化是实现新时代"弱有所扶"的内在动力。可以说，作为社会第三次分配的重要方式，慈善事业是社会文明和谐的重要标志，也是实现新时代"弱有所扶"的润滑剂。然而，当前我国慈善事业面临慈善组织监管机制不健全、慈善组织发展"供能"不充足、慈善组织专业水平低端化与慈善组织服务模式单一化等方面的实践困境。这些实践困境严重地阻碍了慈善事业"扶弱"功能的充分发挥。因此，要实现新时代"弱有所扶"，就必须推进新时代慈善事业发展的制度创新。一是要加强监督管理，积极规范和引导慈善组织行为；二是要推进政策"赋能"，促进慈善组织的持续发展；三是要推动内部改革，提高慈善组织的专业化水平；四是要健全运行机制，保障慈善组织的"扶弱"效果。

优抚安置有利于提高退役军人的社会地位，有利于保障退役军人的基本生活，也有利于提升退役军人的职业能力。因此，优抚安置是实现新时代"弱有所扶"民生建设目标的重要制度安排。我国建立退役军人优抚安置制度虽然历史悠久，但是在社会结构急剧转型的历史背景下，它面临着严重的实践困境。这种实践困境主要表现在制度缺失、制度冲突和制度执行三个方面。可见，要使退役军人优抚安置制度助力新时代"弱有所扶"的民生建设目标，就必须加强新时代优抚安置的制度建设。一是要加强优抚安置的法治化建设；二是要健全优抚安置的多元主体供给体系；三是要加大优抚安置的制度执行力度。

本书由陈成文设计全书的总体研究框架，并负责全书稿件的最终修改。各章的撰写工作分工如下：第一章，陈成文（东莞理工学院）、黄利平（江西财经大学）；第二章，陈建平（南昌航空大学）；第三章，陈成文、陈建平、洪业应（中共重庆市涪陵区委党校）；第四章，陈成文、黄利平；第五章，严华勇（湖南食品药品职业学院）、吴新颖（湖南师范大学）；第六章，严华勇；第七章，陈成文、陈建平；第八章，余丽敏（江西财经大学）、严华勇；第九章，余丽敏、严华勇；第十章，陈成文、陈静（赣南师范大学）；第十一章，黄利平；第十二章，卢俊（东莞理工学院）；第十三章，陈成文、陈静；第十四章，陈成文、王雅妮（江西财经大学）；第十五章，陈成文、章双双（江西财经大学）。

目 录

第一章 绪论 ·· (1)
 一、问题的提出 ·· (1)
 二、研究综述 ·· (5)
 三、研究意义 ··· (13)
 四、研究思路 ··· (14)

第二章 新时代"弱有所扶"的理论基础 ·· (15)
 一、社会公正理论 ··· (15)
 二、社会共享理论 ··· (18)
 三、贫困类型划分理论 ·· (22)
 四、习近平关于贫困治理的系列重要论述 ···································· (35)

第三章 新时代"弱有所扶":对象甄别与制度框架 ··························· (60)
 一、研究背景 ··· (60)
 二、新时代"弱有所扶"的对象甄别 ·· (65)
 三、新时代"弱有所扶"的制度框架 ·· (73)

第四章 社会保险与实现新时代"弱有所扶" ·································· (80)
 一、社会保险的基本构成 ··· (81)
 二、社会保险制度:实现新时代"弱有所扶"的推进器 ····················· (85)
 三、社会保险制度的现实困境 ·· (89)

四、优化社会保险制度，推动新时代"弱有所扶" …………… (92)

第五章　最低生活保障制度与新时代"弱有所扶" ………………… (96)
　　一、最低生活保障制度：实现新时代"弱有所扶"的
　　　　重要制度安排 ……………………………………………… (97)
　　二、城乡分割：我国最低生活保障制度的实践困境 ………… (100)
　　三、走向城乡一体化：最低生活保障制度改革的目标取向 … (104)

第六章　社会救助与新时代"弱有所扶" ………………………… (109)
　　一、社会救助：新时代"弱有所扶"的"助推器" ……………… (109)
　　二、社会救助供给与新时代"弱有所扶" ……………………… (113)
　　三、社会救助体制改革与实现新时代"弱有所扶" …………… (123)

第七章　大病医疗救助与新时代"弱有所扶" …………………… (134)
　　一、大病医疗救助：实现新时代"弱有所扶"的助推器 ……… (134)
　　二、契合度偏差：我国大病医疗救助的实践困境 …………… (135)
　　三、拓展制度空间：实现新时代"弱有所扶"的治本之举 …… (140)

第八章　教育救助与实现新时代"弱有所扶" …………………… (144)
　　一、研究背景 ……………………………………………………… (145)
　　二、教育救助：实现新时代"弱有所扶"的推进器 …………… (148)
　　三、"碎片化"：我国教育救助的实践困境 …………………… (150)
　　四、整体性治理：实现新时代"弱有所扶"的现实呼唤 ……… (154)

第九章　就业救助与实现新时代"弱有所扶" …………………… (159)
　　一、研究背景 ……………………………………………………… (160)
　　二、就业救助：实现新时代"弱有所扶"的稳定器 …………… (164)
　　三、契合度偏差：我国就业救助的实践困境 ………………… (167)

四、拓展制度空间：实现新时代"弱有所扶"的根本之策 ……… (170)

第十章　住房保障与实现新时代"弱有所扶" ……………… (175)
一、研究背景 ……………………………………………………… (175)
二、住房保障：实现新时代"弱有所扶"的助推器 …………… (176)
三、契合度偏差：当前我国住房保障实践中的困境 …………… (179)
四、扩展住房保障的制度空间：实现新时代"弱有所扶"的
现实呼唤 ………………………………………………………… (183)

第十一章　法律援助与实现新时代"弱有所扶" …………… (186)
一、法律援助：保障弱势群体合法权益的一道坚实防线 ……… (186)
二、契合度偏差：我国法律援助的实践困境 …………………… (190)
三、拓展制度空间：实现新时代"弱有所扶"的治本之策 …… (194)

第十二章　心理救助与新时代"弱有所扶" ………………… (198)
一、心理救助：新时代"弱有所扶"的助推器 ………………… (198)
二、契合度偏差：当前心理救助的实践困境 …………………… (201)
三、"四个着力"：心理救助助力新时代"弱有所扶"的
目标取向 ………………………………………………………… (204)

第十三章　公共服务供给与新时代"弱有所扶" …………… (211)
一、公共服务供给：新时代"弱有所扶"的"助推器" ……… (212)
二、契合度偏差：公共服务供给的实践困境 …………………… (214)
三、协同治理：提升公共服务供给契合度的目标取向 ………… (220)

第十四章　慈善事业与新时代"弱有所扶" ………………… (226)
一、慈善事业：新时代"弱有所扶"的"润滑剂" …………… (226)
二、当前我国慈善事业面临的实践困境 ………………………… (229)

三、制度创新：新时代慈善事业发展的目标取向 …………… （233）

第十五章 优抚安置与新时代"弱有所扶" ………………… （238）
  一、优抚安置：实现新时代"弱有所扶"的重要制度安排 ……… （238）
  二、制度瓶颈：当前我国优抚安置的实践困境 …………………… （241）
  三、制度建设：优抚安置助力新时代"弱有所扶"的治本之策 … （245）

参考文献 …………………………………………………………… （250）

第一章

绪 论

一、问题的提出

弱势群体问题一直是国际社会广泛关注的热点问题，1993年联合国维也纳大会提出，必须特别关注存在于所有社会的弱势群体的状况。大会提到的这类群体有：迁徙工人、少数人口、土著人、难民、寻求庇护者以及残疾人。大会要求为改善妇女和儿童的状况，尤其是为那些易受伤害群体因而加倍不利的妇女和儿童的状况做出更大的努力。[①] 自20世纪90年代以来，我国步入了市场经济转轨、社会多元化转轨的道路。而"双轨"道路实际上是社会阶层分化、成员差异化不断加剧的过程。因此，不少社会成员被社会边缘化，堕入社会弱势群体，并逐渐成为我国社会稳定和经济发展过程中的不和谐因素。特别是进入21世纪以来，弱势群体问题更加突出。2002年3月，朱镕基总理在九届全国人大五次会议所作的《政府工作报告》中首次正式使用了"弱势群体"这一术语。2017年10月，党的十九大告中指出："坚持在发展中保障和改善民生。增进民生福祉是发展的根本目的。必须多谋民生之利、多解民生之忧，在发展中补齐民生短板、促进社会公平正义，在幼有所育、学有所教、劳有所得、病有所医、老有所养、住有所居、弱有所扶上不断取得新进展，深入开展脱贫攻坚，保证全体人民在共建共享发展中有更多获得感，不断促进人的全面

---

① （瑞典）格德门德尔·阿尔弗雷德松，（挪威）阿斯布佐恩·艾德.世界人权宣言：努力实现的共同标准[M].中国人权研究会组织，译.成都：四川人民出版社，1999.

发展、全体人民共同富裕。""弱有所扶"论断的提出，不仅表明了习近平新时代中国特色社会主义社会建设思想的系统性跃升，而且也表明了弱势群体问题被提升到了前所未有的战略高度，因而具有高屋建瓴、统领全局的战略意义。

一是体现了党对发展"不平衡不充分"阶段性特征的准确把握。中国的迅猛发展不仅让国际社会见证了"大国崛起"的雄姿英发，而且也创造了带领数亿人脱贫奔小康的发展奇迹。改革开放40多年来，我国生产力水平得到了显著提升，人民生活水平不断改善，国内生产总值由1978年的3645多亿元增长到2021年的超过110万亿元，经济总量居世界第二。但是，我们党并没有盲目乐观、沾沾自喜、故步自封，而是时刻保持高度清醒，脚踏实地，冷静而客观地思考着发展问题。当前，我国社会主义建设已经步入一个新的历史时期，社会的主要矛盾已经转化为人民日益增长的美好生活需要和不平衡不充分的发展之间的矛盾。尽管我国社会的主要矛盾已经发生变化，但我国仍处于并将长期处于社会主义初级阶段这一基本国情并没有变。这是党和政府对我国社会主义所处阶段的基本判断。习近平总书记多次强调，要牢牢把握社会主义初级阶段的基本国情，牢牢把握我国发展的阶段性特征，牢牢把握人民群众对美好生活的向往。初级阶段的基本国情决定了社会主义事业的推进必然还有一个长期的过程，初级阶段的基本国情决定了共产主义的真正实现还需要数代人的艰苦奋斗，初级阶段的基本国情也决定了中国特色社会主义的实践还会面临多种发展问题。发展的"不平衡不充分"问题体现在民生领域，则主要表现为脱贫攻坚任务依然艰巨、城乡区域发展差距依然较大、收入分配问题依然明显、群众生活难题依然较多。可见，"弱有所扶"论断的提出，是党对发展"不平衡不充分"问题的勇敢直面，是党对实现"平衡且充分"发展目标的迎难而上，是党对中国特色社会主义全面性认识的伟大跃升。

二是彰显了党对"以人民为中心"政治立场的坚定遵循。人的问题，是检验一个政党、一个政权性质的试金石。党的十九大报告中指出："人民是历史的创造者，是决定党和国家前途命运的根本力量。"马克思主义政党的性质决定了它必然要为绝大多数的人民群众服务，必然要代表人民群众的利益，必然要体现人民群众的意志。人民立场是中国共产党的根本政治立场，是马克思主义政党区别于其他政党的显著标志。中国共产党自诞生之日起，就不断在探索"相信谁、依靠谁、为了谁"的问题，并最终形成了科学稳定可持续的群众观。我们党始终坚持一切相信群众，人民群众是力量和智慧的来源；坚持一切依靠群众，人民群众是社会物质财富和精神财富的创造者；坚持一切为了群众，并把实现好、维护好、发展好最广大人民群众的根本利益作为自己的终极使命。从党的十八大到党的十九大，以习近平同志为核心的党中央将马克思主义群众路线创造性地运用于新时代下的中国实际，并进一步推向新的发展阶段。习近平总书记在中央全面深化改革领导小组第二十三次会议上强调："要把以人民为中心的思想体现在经济社会发展的各个环节，做到老百姓关心什么、期盼什么，改革就要抓住什么、推进什么。把是否促进经济社会发展、是否给人民群众带来实实在在的获得感，作为改革成效的评价标准。"党的十八大以来，党和政府着力解决与人民群众利益息息相关的各种问题，在就业、住房、医疗、教育、收入分配、环境等方面，切实考虑人民群众的新需求，关注人民群众的新意愿，解决人民群众面临的新问题，让人民群众的生活不断得到改善，从而使人民群众的安全感、幸福感、获得感不断提升。应该说，"弱有所扶"论断的提出，充分体现了我们党"想人民之所想，忧人民之所忧，喜人民之所喜"的家国情怀，充分体现了我们党将老百姓的美好生活需求作为所有工作的出发点和落脚点，充分体现了我们党始终坚持"一切为人民服务"的价值追求，也充分体现了我们党始终坚持贯彻"以人民为中心"的政治立场。

三是昭示了党对"问题导向"治国方略的战略谋划。党的十九大报告中指出，要"打造共建共治共享的社会治理格局"。解决社会问题、化解社会矛盾，是社会治理的基本目标。要践行社会治理的基本目标，就必须将坚持"问题导向"作为社会治理的基本方法。过去几年，党和政府扎实地推进精准扶贫战略，并作出了"到2020年，我国现行标准下农村贫困人口实现脱贫，贫困县全部摘帽"的庄严承诺。习近平总书记曾明确指出："扶贫开发推进到今天这样的程度，贵在精准，重在精准，成败之举在于精准。"要正确践行习近平总书记的扶贫理念，优化配置扶贫资源，就必须转变扶贫方式，从"大水漫灌"到"精准滴灌"。党的十九大报告中首次将"弱有所扶"作为民生建设的目标之一，正是体现了党继续推进精准扶贫战略的坚定决心。只有实现"弱有所扶"，我们党才能带领全体人民彻底消灭区域性贫困，同步奔向小康。可以说，"弱有所扶"论断的提出，真切地体现了党对我国社会发展新阶段下新问题的敏锐嗅觉，体现了党居安思危、防微杜渐的问题意识，也体现了党坚持以"问题导向"构建社会治理格局的治国方略。

四是印证了党对"共享"发展理念的真实践行。"共享"是党的十八届五中全会提出的五大发展理念之一，是五大发展理念的出发点和落脚点。经过改革开放40余年的砥砺奋斗，我们国家在各方面都取得了巨大的成就，积累了充实的财富基础。"蛋糕"越做越大，这就为"人人享有蛋糕"提供了充分条件。"共享"发展理念内在地彰显了"共同富裕"的目标取向，是社会主义本质的重要体现，是社会主义制度的必由选择。这是因为，"共享"发展理念始终以人为核心，始终关注人的价值、人的需要和人的发展。马克思主义公平正义观的核心要点在于，为所有劳动者争取经济解放，合理分配劳动成果，共同分享社会发展成果。因此，在中国特色社会主义的全过程中，如何让全体人民特别是低收入阶层共享社会发展成果，乃是新时代中国特色社会主义思想对马克思主义公平正义观的生动彰显。社会财富的分配状况是衡量一种社会制度性质的核心指标。在中国特色社会主义的长期探索实践中，中国共产党从未放弃对社会财富分配公平性的追求和努力。然而，市场经济的固有属性不可避免地引发了效率与公平失衡等一系列发展性问题。面对现代化建设过程中长期积累的贫富两极分化、城乡地区差异扩大等问题，以习近平同志为核心的党中央及时调整了战略思路，积极倡导"共享"发展理念，实可谓"不忘初心，砥砺前行"。"弱有所扶"论断的提出，更加有力地凸显了党提出的"发展为了人民""发展成果人人享有"的庄严使命。可以肯定地说，只要我们党坚定践行"共享"发展理念，以之引导全体人民的新时代中国特色社会主义建设实践，就必将对全体人民起到巨大的精神鼓舞和激励作用，就必将在最大程度上调动广大人民群众的积极性、主动性和创造性，就必将强有力地推进我国建设富强民主文明和谐美丽的社会主义现代化强国的进程。

五是凸显了党对社会建设"短板"问题的正确决断。改革开放40余年来，我国各项事业取得了巨大成就，经济实力显著增强，政治文明显著发展，

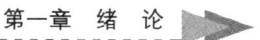

文化实力迅猛提升，社会建设成效明显，生态文明不断改善。我国社会主义事业发展的总体布局经历了从"两个文明"到"三位一体"，再到"四位一体"，又跃升到"五位一体"的发展过程。这充分体现了我们党对社会主义事业建设规律的认识在不断深化。实践在不断丰富，经验在不断完善。党的十九大报告进一步提出要"坚持在发展中保障和改善民生"，并强调："增进民生福祉是发展的根本目的。必须多谋民生之利、多解民生之忧，在发展中补齐民生短板、促进社会公平正义。"可见，新时代中国特色社会主义社会建设的任务自提出之日起，不但没有被淡出"总体布局"的视野，而且在内容上被不断拓展和深化。这体现了我们党对以构建"和谐社会"为目标的社会建设的英明决断。众所周知，社会建设的历史使命在于通过推进社会体制改革，不断满足人民群众在教育、就业、医疗、住房、收入分配等方面的需求。然而，人民的需求是一个从低级到高级的变化发展过程。因此，改善民生的建设内容也应该是一个不断拓展充实的过程。只要人民对改善民生的期盼还在不断提升，那么社会建设的任务就依然艰巨。"弱有所扶"论断的提出，不仅补齐了弱势群体扶助的民生"短板"，而且体现了党对深入推进教育、就业、医疗、社会保障、住房等领域社会建设的决心，还表明了党对新时代民生建设新问题、新需求、新内容的深切关注。可以说，"弱有所扶"民生目标涵盖了民生建设的方方面面，体现了党对人民群众切身利益的真切牵挂。它既是党带领全体人民奔向"共同富裕"目标的切实努力，又是党对新时代中国特色社会主义现代化建设的最新部署；它既凸显了党对新时代中国特色社会主义社会建设"短板"问题的正确决断，又规划了新时代中国特色社会主义社会建设的路线图。这将对我国决胜全面小康，实现社会主义现代化和民族伟大复兴发挥着强大的战略引领作用。

二、研究综述

在我国市场经济转轨的初期，就有学者开始意识到社会弱者问题。但是，早期的研究者对弱势群体没有形成统一的认识。有的学者将其视为低收入者，如张左伟（1997）认为，弱势群体包括各种病残及意外灾害和意外事故所导致的个人生存和劳动能力障碍者、过高赡养系数者以及市场竞争中的失败者。

有的学者将其视为贫困群体，如沈红（1998）认为，脆弱群体指的是由于各种外在或内在原因，抵御自然灾害和市场风险的能力受到很大限制，在生产和生活上有困难的社会成员。有的学者将其视为民政救济对象，如"北京市民政对象生活状况"课题组（1995）认为，民政对象的生活水平在当前的社会上处于最低的层次，他们生活状况的恶劣有些是惊人的，如果不进行有效的救助，他们在社会分化中的地位将越来越低。有的学者将其视为竞争弱者论，如万鄂湘认为，部分社会成员由于受其本身各类条件的限制，经常处于不利的竞争地位，如有些妇女、未成年人、老年人、残疾人等。[①] 由此可见，这一时期，学术界并未对弱势群体形成本质性的认识。因此，陈成文从社会学的视角，将社会弱者定义为"一个在社会性资源分配上具有经济利益的贫困性、生活质量的低层次性和承受力的脆弱性的特殊社会群体"。[②] 这就廓清了关于社会弱者的模糊认识，科学地把握了社会弱者这一特殊社会群体，为弱势群体赋予了全新的理论和现实意义。然而，随着社会的发展，基于经济利益的贫困性、生活质量的低层次性和承受力的脆弱性，弱势群体的政治社会地位呈现"边缘化"趋势，[③] 难以与其他群体共享公平权利。因此，薛晓明认为，弱势群体是指在生活物质条件方面、权力和权利方面、社会声望方面、竞争能力方面以及发展机会方面处于弱势地位的群体。[④] 而后，尽管骆群（2007）对弱势群体进行了再界定，其更偏向于弱势群体的权利或能力的机会丧失，但是总体来说，其定义并未超越前两位学者的内涵范围。

因为经济与社会发展局面的复杂性，弱势群体的产生原因是多样的。有的学者认为，弱势群体产生于时代性，即计划经济向市场经济转轨、社会结构转型中追求效率的"优胜劣汰"效应、产业结构调整的企业"挤出"效应与员工"裁减"效应。如昝剑森（2002）认为，计划经济条件下的就业体制和就业政策积淀了大批的隐性失业人员，且长期以来我国各地区的重复建设和盲目建设，造成了严重的地区间产业结构趋同化。产业结构的趋同化，是长期以来

---

① 万鄂湘. 社会弱者权利论 [M]. 武汉：武汉大学出版社, 1995: 3.
② 陈成文. 社会学视野中的社会弱者 [J]. 湖南师范大学社会科学学报, 1999 (2): 13-17.
③ 陆学艺. 当代中国社会阶层研究报告 [M]. 北京：社会科学文献出版社, 2002.
④ 薛晓明. 弱势群体概念之辨析 [J]. 生产力研究, 2003 (6): 124-125.

各地区重复、盲目建设的反映，同时也导致在经济转轨中一部分企业被排挤出市场，引发大批职工失业下岗，导致大量的弱势群体产生。[①] 郑杭生、李迎生（2003）认为，弱势群体产生于社会结构的不合理、不公平，产生于社会福利的不完备、不健全。[②] 此外，有的学者认为，弱势群体的产生还有其主观方面的原因，即存在一种"弱势文化"（吴鹏森，2003），导致其文化素质滞后于经济发展需求（张瑞堂，2003）。昝剑森（2002）认为，大部分失业者和下岗职工文化素质偏低、谋生渠道单一、择业观念陈旧，是形成弱势群体不可忽视的重要因素。初级脆弱群体是指由于成员基本生活需要未能得到满足而形成的社会生活有困难者，包括：无依无靠的鳏寡孤独者、残疾人和其他因丧失、缺乏劳动能力而无生活来源者；遭受自然灾害难以维持基本生活需要的个人和家庭；无固定职业或失业造成的生活低水平者。[③]

正因为弱势群体的产生原因的多样性，弱势群体的类型也是多样性的。朱力（1995）、陈成文（1999）、冯招容（2002）将弱势群体分为生理性脆弱群体与社会性脆弱群体两大类。郑杭生等（2003）、张敏杰（2003）把社会脆弱群体按成员基本生活需要是否得到满足分为初级脆弱群体和次级脆弱群体。吴鹏森（2003）根据客观与主观原因则将弱势群体大体分为结构性弱势群体与功能性弱势群体。张富良（2002）根据时代的变迁性将弱势群体分为新生弱势群体和传统弱势群体。孙迪亮（2003）根据地域将弱势群体分为城市弱势群体和乡村弱势群体。总体来看，学者们对弱势群体的分类囊括的弱势群体范围广泛，包括年幼者、年老者、残疾者、精神病及体弱多病者、贫困者、失业和半失业者、无依无靠的鳏寡孤独、进入城市的农民工、城市中已下岗失业者等。

对于弱势群体问题，不同的学科有不同的认识。从伦理学的视角来看，保护弱势群体是一个社会公平和正义问题（王彩玲，2001；孟凡平，2006；吴成钢、金明华，2006），当分配造成收入差距和地位差别时，应该对最少受惠者

---

①③ 昝剑森. 改革中"弱势群体"的成因探析［J］. 当代世界与社会主义，2002（1）：64-67.
② 郑杭生、李迎生. 全面建设小康社会与弱势群体的社会救助［J］. 中国人民大学学报，2003（1）：2-8.

给予补偿，这样社会才能保持良性运转。① 从经济学的视角来看，如果不对弱势群体进行救助保护，其会对经济社会发展产生广泛而深刻的消极影响，如即期消费欲求萎缩、抑制民间投资增长势头、形成资源畸形配置、阻碍市场经济秩序的确立以及降低公众对改革的认同感（覃丽华，2002）。从法哲学的视角来看，对弱势群体予以保护，本质上是一种人本主义诉求（余少祥，2006；吕建高，2006），是人本主义的价值取向和理想追求的体现；对社会弱势群体予以有效救助以及对社会弱势群体规模和程度予以适度控制，是社会公平与正义的体现；对弱势群体给予相等的政治、经济、文化等方面的权利或机遇，是社会平等的体现。从政治学的视角来看，只有注重弱势群体社会公平问题，才能充分体现社会主义本质，才能真正地实现社会主义和谐社会（郭文亮、张居永，2006；许志，2006；李云志，2006；张治理，2006；刘玉生，2007）。从法学的视角来看，保护弱势群体是宪法所赋予的权利，也是保护人权、公民平等权的根本体现（吴宁，2002；杨海昆，2005；刘丹，2006；曹达泉，2007），因此，国家帮助和社会支持是实现其基本权利的根本途径。从公共管理的视角来看，弱势群体的保护是实现社会稳定和国家的长治久安，是关系社会主义市场经济实现长期高效有序发展的公共问题（钱再见，2002）。从社会学的视角来看，保护弱势群体是缩小社会阶级、阶层之间的群体差异的必然要求（张友琴，2002；房文翠，2006），是控制社会运行的风险的必然要求（张蕾，2007）。

20世纪末，由于经济转轨导致了大量的劳动者下岗，失业人员是弱势群体中的重要组成部分，经济利益的贫困性（陈成文，1999），或者说物质条件的弱势性（2003），是弱势群体最普遍也是最根本性的原因。因此，如何提高弱势群体的经济收入或者经济发展能力，是减少或者保护弱势群体的重要措施。如何从就业方面对弱势群体进行保护与救助，学者们的主要观点是：第一，从顶层设计上加强立法，保护弱势群体再就业，消除对残疾人、高龄劳动者、妇女等群体的就业歧视（杨飞虎、叶圣利，1998；汤建光、李江、庄士诚，2006）；出台《社会救助法》，从法律上明确社会救助中对城镇贫困人口

---

① 王彩玲. 保护弱势群体：现代伦理秩序建构的一个重要环节［J］. 理论学刊，2001（4）：94-95.

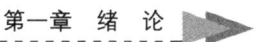

救助的性质、内容、标准，以及主要机构和人员设置等问题（洪英邱、冬阳，2003）。第二，加强社会保障制度的建设，建立失业保险个人缴费制度，适当提高失业保险金提取率，建立最低生活保障制度，完善就业保障制度（杨飞虎、叶圣利，1998；王朝明，2002；冯招容，2002；洪英邱、冬阳，2003；张建武、高凌，2005）。第三，实施就业再就业工程，促进弱势群体人力资源开发，针对性地开发适合弱势群体的就业岗位，建立灵活多样的就业和培训机制，建立职业介绍和职业指导制度（杨飞虎、叶圣利，1998；洪英邱、冬阳，2003；张再生，2003；李永杰、李强，2005；张建武、高凌，2005；汤建光、李江、庄士诚，2006）。第四，完善初次分配的调节和再分配的调节，完善按劳分配与按生产要素分配制度，规范、完善税收制度，规范、完善转移支付制度，合理控制收入差距，改善社会弱势群体的生存条件（冯招容，2002；刘军，2005）。2008年世界金融危机对我国经济发展产生了一定的负面影响，进一步影响了我国大学生就业形势。从而，市场需求较弱专业的大学生、女大学生和农村生源的学生亦被视为弱势群体（屈朝霞、夏珑，2010）。如何促进大学生就业，成为弱势群体就业问题研究的焦点。学者们的研究包括立法（针对反对就业歧视）、改革高等教育、调整专业与课程设置、限制弱势专业招生规模、户籍制度改革（屈朝霞、夏珑，2010；李玉峰，2012；刘畅，2015；屈朝霞、夏珑，2010；张阳，2018）、加强思想教育等方面（高青兰，2009，王国强、田爱梅，2009；程荣晖，2010；屈朝霞、夏珑，2010；蒋笃君，2015）。

但是，仅仅从就业或增加经济收入的视角来帮助弱势群体是远远不够的，不少学者认为，维护弱势群体的尊严，全面保护其政治、经济、文化等各项权利（房文翠，2006；赵雪纲、王雅琴，2008；秦苏滨，2010），从民生的角度促进弱势群体的发展能力（王春福，2008；张健，2008；蓝宇，2009；廖九如，2011；赵润中，2015），才能使弱势群体真正地摆脱"弱势困境"。因此，民生视角的弱势群体保护与救助措施具有一定的发展性，这主要体现在：一是提出使用政策工具，构建有利于弱势群体利益表达、利益整合和利益实现的公共政策运行机制（王春福，2008），改变以往弱势群体在保护与救助过程中的被动性，强调弱势群体在政策机制中的主体性与主动性，保障弱势群体的政治权利与推动弱势群体的政治参与（张健，2008）。因此，这就需要增强弱势群体的参与和发展能力,通过法治教育帮助弱势群体树立法律意识(张健,2008;赵润中,2015)。二是更加注重弱势群体的代际阻断,强调保护与促进弱势群体下一代的能力发展。而弱势群体的代际阻断的重要措施就是教育,这就需要通过财政补助或救助减免教育费用(余新,2008;余秀兰,2009;张宏军,2010;张巧红,2010)、保障进城务工人员子女的受教育机会(余新,2008;陈成文、刘俊、罗竖元,2009;张巧红,2010)、加强心理健康教育与人文关怀(胡伟国,2008)、完善高校高等教育资助体系(余新,2008)、增强弱势群体社会资本(余新,2008;胡伟国,2008;陈成文、刘俊、罗竖元,2009)等措施来保障弱势群体子女的受教育权。

此外,也有不少学者从心理学的视角,探讨了弱势群体保护与救助的问题。弱势群体在与其他群体的参照比较中,容易产生相对剥夺感(李俊,2004;贾香花,2008;于红,2012),进而产生对改革的不满心理、对社会的疏离心理以及非制度性政治参与心理(张居永,2006),甚至部分弱势成员可能会产生反社会倾向心理(贾香花,2008)。因此,这就需要加强对弱势群体的心理引导与心理干预(张居永,2006),改变弱势群体不合理的认知和信念(贾香花,2008),加强弱势群体的心理调适能力,建立弱势群体的利益表达机制(于红,2012)。

进入社会主义新时代,弱势群体产生的背景更加复杂,弱势群体的类型仍在增加,这就需要我们重新审视弱势群体产生的原因,甄别弱势群体的类别,探索保护与救助弱势群体的路径。从弱势群体产生的原因来看,最主要的是经济、社会等各领域发展不充分不平衡,导致一部分人没有或者较少分享到经济改革与社会发展的成果,因此,针对弱势群体的公共政策理念与措施需要进行调整。从政策理念来说,需要由管理走向服务;从政策目标来说,需要由效率转向公平正义;从政策内容来说,需要由保证生存转向支持发展;从政策时效来说,需要由短期转向长期(张汝立、田小琦,2013)。针对弱势群体的政策理念与措施的调整,必须通过构建法治框架予以保障,因此,从法治视角研究弱势群体问题成为新时代主题。葛明珍(2013)认为,在法治国家,弱势群体的权利必须通过司法保护,是由司法这一公权力的功能和属性决定,而弱势群体权利的司法保护存在多种模式,包括宪法诉讼、行政诉讼、专门法院和国际准司法诉讼。① 其中，宪法保护是具有根本性意义的。从宪法的角度来说，弱势群体的保护在道德上具有天然的正当性，但关键是要明确何为"弱势群体"（李忠夏，2013；赫正芬，2013；杨海坤，2013；刘雁鹏、柳建启，2015），并在宪法中明确弱势群体的司法救济权（李璐，2013）。满洪杰（2013）认为，需要从公法与私法域在人权与人格权的保护上相互融通，共同担负起维护和保障人权、保护弱势群体合法权益的重任。因此，有不少学者分别从刑法（逯星、曲伶俐，2013；陈志刚，2015）、行政立法（赵玮，2013；李雷，2017）、社会保障法（石红梅，2014）、经济法（胡光志、张军，2014）、劳动合同法（陈东、刘金东，2014；聂嫄芳，2017）角度提出了支持弱势群体发展的必要性与相关措施建议。

2017年10月，"弱有所扶"作为重要的民生工程被写进党的十九大报告中，这表明党与国家对弱势群体的关注程度前所未有。这也意味着，在新时代，研究弱势群体问题被赋予了新的意义。但是，从以上已有的研究来看，还存在着一些不足，导致理论与实践研究未能很好地契合新时代弱势群体客观事实与需要，这就要求对弱势群体问题的研究作出调整。

第一，新时代背景下弱势群体的对象尚不明确，"弱势群体"概念在研究中有窄化、固化以及片面化的倾向。实际上，弱势群体应被作为一个较为宽泛、不断变化的开放性概念使用，它更多的是指"此时此地"处境不利的特殊群体（马维娜，2003）。如果弱势群体被窄化、固化以及片面化，就有将非弱势群体视为弱势群体，而将实质性的弱势群体排除在范围之外的危险。从已有的研究来看，学术界关于弱势群体或社会弱者的内涵界定和类型划分主要有五种代表性观点："相对弱者说""边缘群体说""机会匮乏说""资源分配说""综合特征说"。从相对弱者说来看，弱势群体就是在社会各个群体中处于劣势的脆弱的一群（杨团，2001；李林，2001），其主要包括贫困农民、下岗失业者、进城农民工等（姚本先，2003）。从边缘群体说来看，弱势群体是社会中一些生活困难、能力不足或被边缘化、受到社会排斥的散落人群（马维娜，2003；王欣、孔荣、王雷，2014；郭艳、廖星星，2015；鲍威、迟春

---

① 葛明珍. 弱势群体权益的司法保护 [J]. 山东大学学报（哲学社会科学版），2013（6）：17-19.

霞、麻嘉玲，2018），其主要包括儿童、老人、精神疾病患者、失业者、下岗工人、农民工、残疾人等。从机会匮乏说来看，弱势群体主要是缺乏经济、政治和社会机会，在社会上处于不利地位的人群（尹志刚，2002；陆士桢、陆玉林、吴鲁平，2004；张融融，2017），其主要包括儿童、老年人、失业者、贫困者、离退休人员、伤残病人等。从资源分配说来看，弱势群体是指在一定历史条件下形成的、由于社会资源分配的失衡所引发的经济利益的贫困性、生活质量的低层次性、承受力的脆弱性和竞争能力的劣势性的特殊社会群体（吕春，2012；史利玢，2016），其主要包括下岗职工、失业人员、打零工维持生计的人、残疾人和孤寡老人、进城的农民工等。从综合特征说来看，弱势群体是指在社会资源分配上经济利益的贫困性、社会权力的边缘化以及社会声望影响的漠视化，从而导致该群体生活质量低和社会承受力脆弱，无法与其他群体进行正常的社会竞争与共同发展，不得不退出主流社会，形成一个具有共同特征的底层社会群体（汪昌华，2010；巩建华，2010；陈吉学，2013），其主要包括鳏寡老人、流浪者、残障者、下岗职工、失业者、进城农民工、退休人员、务工人员、农村贫困群体、儿童、老年人和妇女等。上述五种观点都从一定角度对弱势群体进行了界定和类型划分，对新时代"弱有所扶"的对象甄别与制度框架设计具有一定的启迪意义。但是，它们又都存在着明显的局限和不足。第一种观点过于空洞，既不利于我们正确认识弱势群体的科学内涵和外延边界，也不利于我们正确构建"弱有所扶"的制度框架。第二至第四种观点具有很大的片面性，它们只是分别揭示了弱势群体的社会排斥性、机会匮乏性和资源分配的不公性，难以使我们全面把握弱势群体的本质特征，因为弱势群体的这三种属性是相互包容、相互交叉的，如社会排斥必然会带来机会的匮乏和资源分配的不公，资源分配不公也必然会导致机会匮乏。第五种观点虽然从多维视角界定了弱势群体的内涵属性，但是从本质上看，它只是第二至第四种观点中部分观点的简单组合。这就意味着，无论是"相对弱者说""边缘群体说""机会匮乏说""资源分配说"，还是"综合特征说"，都没有科学揭示弱势群体的本质内涵和外延边界。这就必然影响到新时代"弱有所扶"的对象甄别和制度框架设计。因此，这就需要对新时代"弱有所扶"的对象甄别和制度框架设计进行探索。

第二，对弱势群体的保护、帮扶以及救助方面的研究缺少对其他国家或地区的经验借鉴。例如，从精准扶贫方面来说，对于反贫困史需要进行多方面的比较研究，如不同时间段、不同地方或区域、国内国外的比较研究。尽管中国反贫困积累了不少经验，但"他山之石，可以攻玉"，我们需要介绍其他国家的反贫困史，与其进行对比，总结其做法和经验，借鉴他人的长处，完善自己的模式。[①] 因此，这就需要研究国外模式与经验，为我国弱势群体的保护、帮扶以及救助提供借鉴与启示。

第三，在国家治理能力与治理体系现代化的话语体系下，以往视角单一化、学科单一化、路径单一化的研究方式难以适应现实需要。这就需要在治理视角多元化、治理主体多元化、治理路径多元化的趋势下，在对弱势群体的具体分类基础上，重新审视"弱有所扶"。新时代"弱有所扶"与以往的扶持弱势群体有明显的区别，这就必须要明确"用什么扶""怎么扶""扶的目标是什么"三个问题。关于"用什么扶"，需要从传统的"撒网式"物质扶持、"模糊性"制度扶持向以医疗救助、教育救助、公共服务、社会救助、心理救助、住房保障、社会保障、社会保险等"精准式""具体式"扶持转变。关于"怎么扶"，需要从传统的政府主导扶持向以政府、市场、社会多元主体扶持转变。关于"扶的目标"，需要从传统的基本生活保障向生存、权利、权力、能力多元目标转变。因此，这就需要结合多种工具、多种制度、多种主体，研究医疗救助、教育救助、公共服务、社会救助、心理救助、住房保障、社会保障、社会保险对"弱有所扶"的现实意义。

三、研究意义

"弱有所扶"是党的十九大报告提出的新的民生建设目标。本书以习近平新时代中国特色社会主义思想为指导，遵循理论与实践相结合的研究方针，探讨新时代"弱有所扶"的理论根基与制度维度，构建新时代"弱有所扶"的基本理论框架与制度建设路径，在社会学学科领域中具有独创性和先进性。因此，本书具有重大的理论意义与实践意义。从理论意义来看，本书将有助于构

---

① 成志刚，易文波. 改革开放40年中国反贫困史研究综述［J］. 湘潭大学学报（哲学社会科学版），2018（6）：59-63.

建新时代"弱有所扶"的基本理论框架，拓宽社会建设研究的理论视域，从而丰富应用社会学的理论宝库。从实践意义来看，本书将有助于构建新时代"弱有所扶"的制度建设方案，从而有助于提高保障和改善民生水平，最终有助于推进新时代中国特色社会主义社会建设。

四、研究思路

本书拟立足制度主义的分析视角，运用文献研究法、逻辑演绎法和规范分析法，试图探讨新时代"弱有所扶"的理论根基与制度维度，构建新时代"弱有所扶"的基本理论框架与制度建设路径，以求为推进新时代中国特色社会主义社会建设提供理论支撑。

本书探讨了新时代"弱有所扶"的理论基础与制度框架，详细分析了社会保障与新时代"弱有所扶"的关系，主要内容包括新时代"弱有所扶"的理论基础与对象甄别，最低生活保障制度、社会救助供给、大病医疗救助、教育救助、就业救助、法律援助、公共服务供给、慈善事业、优抚安置以及心理救助对实现新时代"弱有所扶"的影响及创新路径。

第二章

新时代"弱有所扶"的理论基础

要实现新时代"弱有所扶"的民生建设目标,就必须建构扎实的理论基础。从新时代中国特色社会主义主要矛盾的转变来看,新时代"弱有所扶"必须以社会公正理论、社会共享理论、贫困类型划分理论和习近平关于贫困治理的系列论述为理论基础。

一、社会公正理论

新时代"弱有所扶"是一个与社会公正息息相关的话题。社会弱者是社会存在的一个客观现象,体现了发展的不平衡性。其成因复杂,既有历史、地理、资源和环境方面的原因,也有政策和制度方面的原因,其中社会不公是重要的原因表现。因此,我们必须从社会公正的维度去认识和处理弱势群体问题。[1] 社会公正最一般的含义即"人们能得到他们应该得到的东西"。只有保障弱势群体"应该得到的东西",促进社会公平正义,才能真正推动美好生活建设。

马克思主义社会学关注弱势群体、关注民生。相比于韦伯、涂尔干的社会学理论,马克思主义社会学尤其关注社会经济和阶级的不平等和弱势群体。[2] 一直以来,马克思主义者们都持有对贫穷弱者尤其是对资本主义世界处境最为

---

[1] 周长明. 社会公正——认识和对待社会弱势群体的重要维度 [J]. 天府新论, 2005 (2): 98 – 101.

[2] 成祖明. 从确定的正典出发:比较经学视野下的现代儒学重建 [J]. 比较经学, 2014 (2): 243 – 276.

悲惨的无产阶级命运的眷顾和同情。马克思主义社会学认为，社会中的弱势群体都应该享有生活的尊严与生存权利。马克思主义者们从内心深处到实践都在关注社会最底层的老百姓群体，关注他们的尊严、生活状况、物质利益，为维护其尊严、争取其利益同反对者进行着无情的斗争。① 在马克思主义者看来，社会制度的平等不能只惠及强势群体，弱势群体理应得到平等对待。唯有在社会政治制度、司法上使生活中对包括社会弱势群体在内的每一个人一视同仁、平等对待，才称得上真正地实现了公平正义。马克思及其追随者们一直坚信公平正义是社会制度合理性的根本所在。

马克思和恩格斯指出，社会公正是与社会生产力发展水平相适应的人与人之间的利益关系。② 社会公正实际上体现的是一种不偏不倚的、相称的利益关系。制度是社会公正的主要载体，制度为主体提供了"何者可为，何者不可为"的信息预期，决定了个人所拥有的基本权利和应承担的义务以及对社会利益的分享。在当前的社会实际生活中，制度公正主要由两个方面来体现：一是通过制定公正的条件和机会等方面得到实现，即制度公正要求给社会成员一种资源配置上的公平待遇；二是通过补偿的公正来实现，即要求制度公正应具有补偿公正原则，以保证社会的稳定和发展。③ 可以说，马克思主义的社会公正理论就是站在社会弱者的立场上强调个人生存和发展的优先性。基于上述分析，我们可以得出这样一条命题：实现社会公正，让人民有尊严地生活，就是要以人为本，保障公民的一切生存权和发展权。只有这样，才能实现新时代"弱有所扶"。

马克思社会学中的社会公正论也是一种历史唯物主义权利正义论。马克思和恩格斯站在唯物史观的固有立场考察权利制度的正义问题，认为权利和权利制度的正当性既不是人类抽象观念的表现，也不是虚幻的社会存在物，在一切可能和必要性上是具体和实在的社会存在，并且是历史过程的产物。马克思和恩格斯指出：特定社会权利制度的正义内容总是与该特定社会的历史条件相联

---

① 陈吉学. 新时期我国社会弱势群体问题研究 [D]. 南京：南京大学，2013.
② 马克思恩格斯选集（第1卷）[M]. 北京：人民出版社，1972：243.
③ 陈成文，廖文. 从社会公正看农民工共享社会发展成果问题 [J]. 天水师范学院学报，2008（1）：71-76.

系，并且决定于社会现实的物质条件。在《资本论》中，马克思和恩格斯指出："社会制度只要与生产方式相适应，相一致，就是正义的。在资本主义生产方式的基础上，奴隶制是非正义的。"[①] 马克思和恩格斯还认为，社会正义制度的正当性奠基于社会生产方式的历史必然性。马克思了解古代奴隶主和中世纪封建主等消亡的历史必然性，因而了解他们的历史正当性。虽然马克思承认他们在一定限度的历史时期内是人类发展的杠杆，但马克思旗帜鲜明地反对人类的剥削制度，他看到了在奴隶制与封建制的社会权利制度下，奴隶主与封建主占有弱势群体的劳动产品的特权缺乏社会正当性。

以自由主义为根本哲学基础的西方权利正义论者认为，社会公正的最高目标在于实现社会个体的权利与自由。其代表人物罗尔斯在《正义论》中指出，社会公正原则的主要对象或首要主体是社会的基本结构。[②] 也就是说，社会公正的实现有赖于社会基本结构的自由与公平。在罗尔斯看来，社会体制的正义直接关系着社会个体在共同体生活中的地位、出路与生活前景，因此，他主张通过公正社会体制的安排与设计实现个体的自由与权利。[③] 透过当代一系列的社会运动，人们已经意识到尊严的承认构成社会公正的中心原则这一事实。正义就是要保障每个社会成员充分享有自由、平等的权利，并在相互承认的交往关系中创造自己的价值、实现自己的理想、维护自己的尊严，享受良好的社会生活。[④] 因此，也可以这样理解：尊严就是权利和人格被尊重。正因如此，《世界人权宣言》序言中的第一句便指出："鉴于对人类家庭所有成员的固有尊严及其平等的和不移的权利的承认，乃是世界自由、正义与和平的基础。"《公民权利和政治权利国际公约》以及《经济、社会和文化权利国际公约》中也均强调"确认这些权利是源于人身的固有尊严"。现实生活中，每一个人、每一个群体都享有平等的人权，然而弱势群体面临更多的贫困、暴力、侵权等

---

① 马克思恩格斯全集（第25卷）[M]. 北京：人民出版社，1974：379.
② （美）罗尔斯（Rawls, J.）. 正义论 [M]. 何怀宏，等译，北京：中国社会科学出版社，2009：42.
③ 戴剑波. 权利正义论——基于法哲学与法社会学立场的权利制度正义理论 [M]. 北京：法律出版社，2007：28.
④ 贾可卿. 作为正义的承认——霍耐特承认理论述评 [J]. 浙江社会科学，2013（10）：106 - 112.

压力，享有较少的社会资源。① 阿马蒂亚·森指出："可防止的剥夺——例如广泛存在的饥饿、可以避免的疾病、过早死亡、极端贫困、歧视女性儿童、虐待妇女，以及类似现象——是明显的非正义。"② 阿马蒂亚·森还认为，实现社会分配的公正，不仅仅是把蛋糕做大，使总福利最大化，而且要努力使得社会中境况最差的人得到最大的改善，因为公正意味着"把最小最大化"。③ 因此，保护弱势群体是社会正义的基本要求。

社会公正既包含了结果的公正性，也包含机会均等的含义。机会均等已经成为现代意义上社会公正的一项重要理念和准则，它的主要含义包括：一是生存与发展机会起点的平等；二是机会实现过程的平等。每个社会成员都享有平等的自由权利进入各种社会领域，凭借自身的能力按共同认可的规则进行竞争，从而获得其相应的社会资源或利益。④ 然而，在效率和公平统一的背景下，能者在竞争中胜出能够获得较高的社会收入以及社会地位，而弱者由于自身的原因等在社会竞争中获得较低的收入和地位。分析社会弱者在竞争中不利的原因无非有以下几种：一是起点的不公，如家庭出身贫困、体质弱等，没有享受和强者一样的基本权利，如教育权等；二是竞争机制有利于少数人而不利于多数人；三是先天的身体的缺陷或后天身体的变故（如车祸的伤害等）。⑤ 以上原因综合导致社会弱者在竞争中失利或者无法参与社会竞争。

二、社会共享理论

新时代"弱有所扶"也与社会共享息息相关。马克思主义社会学强调人的发展与社会发展相统一，认为社会发展的最高目标是人的全面发展，而人的全面发展基于共同体中每个成员的共享发展。这也是党的十八届五中全会提出的共享发展理念的理论源泉。共享既是一种发展理念，同时也是一种发展行

---

① 续晓梅. 政府在建设和谐社会中的责任［J］. 行政与法（吉林省行政学院学报），2005（7）：8－10.
② （印度）阿马蒂亚·森. 以自由看待发展［M］. 北京：中国人民大学出版社，2017：255.
③ 韩毓海. 超越西方现代经验——中国道路与中国共产党（之三）［J］. 毛泽东邓小平理论研究，2011（8）：46－53，84.
④ 陈成文，廖文. 从社会公正看农民工共享社会发展成果问题［J］. 天水师范学院学报，2008（1）：71－76.
⑤ 刘大康，陈剑. 社会公平的两个"底线"及其关系辨析［J］. 探索，2011（4）：166－169.

动，其贯穿经济社会发展的方方面面，既作为发展的出发点，也作为发展的落脚点。因此，从社会学的研究对象来看，共享是社会学静态和动态分析的内容。从社会属性来看，共享的载体是共同体。共同体是人们政治、经济、社会、文化、生态等共建共享的联结网络。人们生活在同一共同体中，意味着他们的物质和精神生活在某种程度上是共享的、共有的，共同体成员以不同形式互惠，并且在非工具价值意义上彼此珍视。[1] 马克思提出共享发展的社会实现形式是"真正共同体"。"共享发展"的实践是实现人类命运共同体的有效认同和最大化共识的途径。由个体形成的共同体才能实现共同（共享）发展的目标。从互惠利他到共享发展，现代性条件下的共同体的可能性从经济学、文化学、心理学以及行为组织学各方面都得到了历史性的确认。作为五大发展理念之一的共享发展，它与社会主义本质之间存在着天然亲近，共享发展不但是社会全面健康和谐发展的手段之一，同时也是发展的终极目标，是共同体所诉求的社会价值要求。[2]

马克思主义社会学对"共享"的必然性与重要价值的论述，是我们党提出并践行共享发展理念的重要理论基础。共享发展遵循马克思主义的发展观，强调每个社会成员的尊严和价值。作为我国当前改革开放新阶段的重要理论导向，共享发展也是中国特色社会主义的理论延伸、继承和发展，是马克思主义理论原则的坚持与创新，是以实现共产主义为最终目标的阶段性建设理念，是以实现人的自由而全面的发展作为价值引领。[3] 从继承马克思主义发展观的角度出发，共享发展始终以人民为中心，发展成果由人民共享，这与马克思主义中的人民立场不谋而合。[4] 党的十八届五中全会提出的共享发展理念，不仅与马克思主义的共享思想一脉相承，而且开启了马克思恩格斯共享思想在中国当下运用与发展的新征程，是对中国化马克思主义关于发展理念的丰富与发展。[5] 中国共产党人继承和吸收了马克思主义共享发展思想，并结合我国各阶

---

[1] 朱恒鹏，徐静婷. 共享发展、共同体认同与社会保障制度构建［J］. 财贸经济，2016（10）：5-15，29.
[2] 吴静. 从马克思主义哲学史角度透视共享发展理念［J］. 哲学研究，2016（12）：31-36.
[3] 刘飞翔. 党的十八大以来共享发展理念研究［D］. 济南：山东师范大学，2018.
[4] 郭宇潮. 共享发展理念的哲学底蕴与时代价值研究［J］. 文化学刊，2020（3）：23-24.
[5] 韩喜平，刘永梅. 中国共享发展理念的价值创新［J］. 理论学刊，2016（3）：4-10.

段的实际情况，就共享发展的主体、内容、途径等提出了自己的构想。① 在我国社会建设的新时代，共享发展的主体更应该侧重于全体人民中的弱势群体，强调共享成果的普惠性，着重包括农民、残疾人和困难群众在内的社会弱势群体。

共享发展也是马克思主义分配理论的重要内容。马克思主义社会学强调在初级阶段下，社会总产品要在按劳分配的原则下剔除两部分后再进行再分配，其中一部分用于社会再生产，另一部分则用于社会的建设以及对弱势群体的帮助，在留出这两部分后其余的产品再进行分配。② 马克思主义者主张在社会主义阶段对老弱病残等弱势群体进行照顾和帮助，随着社会主义国家生产力的发展和生产关系的完善，逐步改善弱势群体的境遇。③具体而言，就是政府应当充分利用税收等手段来帮助弱势群体，建立全面、系统、适度、公平和有效的社会保障体系。总之，共享发展也是马克思分配理论的题中之义，基于对马克思经典文献中相关理论的梳理，从马克思分配理论视域下理解共享发展理念，可以为实现新时代"弱有所扶"提供重要的理论支持。

共享的本质也与公民的权利获得息息相关。公民获得其应有的权利，是共享发展的实质性表现。在人们对权利的研究过程中，出现了道德权利、自然权利、法律权利三种典型权利论。近代西方思想先驱格劳秀斯认为"权利是一个人的道德属性"④。康德指出："我们唯有通过道德命令（它是义务的直接指令）才认识我们自己的自由——由于我们是自由的，才产生一切道德法则和因此而来的一切权利和义务。"⑤ 黑格尔进一步指出："道德的观点，从它的形态上看就是主观意志的法。"⑥ 西方古典自然法⑦学派的代表人物洛

---

① 张彧，陆卫明. 论共享发展理念的基础与蕴涵 [J]. 探索，2016 (4)：5-10.
② 单晓启. 德沃金资源分配思想的平等属性 [D]. 沈阳：沈阳师范大学，2015.
③ 朱叶. 罗尔斯的分配正义理论及其现代价值 [J]. 中共济南市委党校学报，2017 (1)：43-46.
④ （荷）格劳秀斯. 战争与和平法（第一卷修订版）[M]. （美）弗朗西斯 W. 凯尔西，等英译，马呈元，译. 北京：中国政法大学出版社，2018：36.
⑤ （德）康德. 法的形而上学原理——权利的科学 [M]. 沈叔平，译. 北京：商务印书馆，1991：34.
⑥ （德）黑格尔. 法哲学原理或自然法和国家学纲要 [M]. 范扬，张企泰，译. 北京：商务印书馆，1961：111.
⑦ 西方自然法的理论渊源最早可追溯至亚里士多德的尼各马可伦理学，亚里士多德认为正义有两种：一种是自然正义，另一种是约定正义。

克、孟德斯鸠、卢梭等将"天赋权利"引入自然权利学说之中，认为生命、自由、平等等自然权利是每一个体都应享有的与生俱来的权利。法律权利则是社群主义者的权利观。其基本观点认为，"个人所享有的权利只能是具体的，是由它所属的社会和历史的一种综合产物"。① 简言之，法律权利是一种以法律制度化形式存身立世的权利类型，是社会制度化的产物。② 在这三种权利论中，自然权利的议题一直是权利的核心内容③，特别是经历了惨痛的第二次世界大战后，人们开始重新审视自然权利学说的相关议题。涉及公民各项权益的人权便是一种自然权利。④ 事实上，关于权利的界定自古以来就是一个争论不休的议题。正如有学者所指出的，"在所有的基本法律概念中，权利是在理论文献中最频繁地被讨论的概念"，"尽管针对权利的相关讨论旷日持久而且在深度和广度上拓展了很多，但依然没有达成一致的见解"。⑤ 然而，不管对权利作如何界定，有一点是毋庸置疑的，那就是：权利的核心是权益，即因权利而带来的利益和好处，包括物化的权益和非物化的权益。

随着人类社会的不断进步，人民所能享有的权利种类也越来越多。联合国大会1986年12月通过的《发展权利宣言》明确指出："每个人和所有各国人民均有权参与、促进并享受经济、社会、文化和政治发展，在这种发展中，所有人权和基本自由都能获得充分实现。"并强调："国家有权利和义务制定适当的国家发展政策，其目的是在全体人民和所有个人积极、自由和有意义地参与发展及其带来的利益的公平分配的基础上，不断改善全体人民和所有个人的

---

① 陈开琦，黄聪. 法律权利的道德争论——关于权利来源的两种思考［J］. 云南师范大学学报（哲学社会科学版），2014（6）：46-55.

② 戴剑波. 权利正义论——基于法哲学与法社会学立场的权利制度正义理论［M］. 北京：法律出版社，2007：5.

③ 历史上也有诸多学者对自然权利这一说法进行了批判，认为其是抽象的、形式化的，是自然哲学思辨的结果，且割裂了权利与义务之间的关系。

④ 广义的自然权利并不仅限于人权，是指自然生物界普遍固有的权利，并不限由法律或信仰来赋予。

⑤ 雷磊. 法律权利的逻辑分析：结构与类型［J］. 法制与社会发展，2014（3）：54-75.

福利。"① 这说明，参与经济、社会、文化、政治等各项发展，并共享②其发展成果，是每一个体固有的权利。借用自然法学派的观点，这就是一种自然权利。换言之，人们在共建的过程中共享发展成果，是人权的核心要求。共享发展成果的过程就是不断充实个人应有的权益。进入新时代，我国的各项发展与改革也正是按照这一要求进行的。党的十八届五中全会通过的《中共中央关于制定国民经济和社会发展第十三个五年规划的建议》（以下简称《建议》）明确指出："必须坚持以人民为中心的发展思想，把增进人民福祉、促进人的全面发展作为发展的出发点和落脚点，发展人民民主，维护社会公平正义，保障人民平等参与、平等发展权利，充分调动人民积极性、主动性、创造性。"这一系列论述表明：发展的最终目的是增进人民福祉、促进人的全面发展。而要增进人民福祉、促进人的全面发展，就必须发展人民民主，维护社会公平正义，保障人民平等参与、平等发展权利，充分调动人民积极性、主动性、创造性。这其中，发展人民民主，是为了让人民更好地享有政治权利；维护社会公平正义，是为了让人民更好地享有社会权利和福利权利；保障人民平等参与、平等发展权利，充分调动人民积极性、主动性、创造性，归根结底是为了让人民更好地享有经济权利和拥有实质性自由的权利。③《建议》同时将共享作为五大发展理念之一提出，并强调"坚持共享发展，必须坚持发展为了人民、发展依靠人民、发展成果由人民共享"。这说明，一切发展均是为了增进人民的福祉，让人民共享发展成果。而增进人民的福祉、让包括弱势群体在内的所有公民共享发展成果，是共享理论的本质要求。

三、贫困类型划分理论

要正确甄别新时代"弱有所扶"的对象，就必须遵循贫困类型划分理论。

---

① 参见联合国公约与宣言检索系统，http://www.un.org/zh/documents/treaty/files/A-RES-41-128.shtml.

② 一部分人享受不是"共"，少数人享受不是"共"，多数人享受也不是"共"，只有全社会每一个成员都能够享受才是"共"。（参见万斌，王康.论胡锦涛"共享"思想的人权意蕴［J］.浙江学刊，2008（5）：207-210.）

③ "实质性自由"源自阿马蒂亚·森所提出的"可行能力"概念。阿马蒂亚·森将"可行能力"定义为"一个人有可能实现的、各种可能的功能性组合"，并强调"可行能力"就是一种"实质性自由"。（参见阿马蒂亚·森.以自由看待发展［M］.北京：中国人民大学出版社，2017：63.）

第二章 新时代"弱有所扶"的理论基础

分类扶持是精准扶贫的重要实施方略和工作机制。这一点是党中央和国务院在推进精准扶贫战略中所反复强调的。2015年10月，党的第十八届五中全会通过的《中共中央关于制定国民经济和社会发展第十三个五年规划的建议》中明确指出："实施精准扶贫、精准脱贫，因人因地施策，提高扶贫实效。分类扶持贫困家庭，对有劳动能力的支持发展特色产业和转移就业，对'一方水土养不起一方人'的实施扶贫搬迁，对生态特别重要和脆弱的实行生态保护扶贫，对丧失劳动能力的实施兜底性保障政策，对因病致贫的提供医疗救助保障。实行低保政策和扶贫政策衔接，对贫困人口应保尽保。"同年11月，中共中央、国务院共同出台的《关于打赢脱贫攻坚战的决定》中也明确指出，要健全精准扶贫工作机制，就必须"根据致贫原因和脱贫需求，对贫困人口实行分类扶持"。可见，要有效推进精准扶贫战略，就必须在实践中正确落实分类扶持的工作机制。而要正确落实分类扶持的工作机制，就必须对贫困人口进行科学的类型划分。可以说，科学的贫困类型划分是正确落实分类扶持工作机制的关键环节。

(一) 关于贫困类型划分的几种学术观点

贫困研究属于发展社会学或发展经济学的重要领域。国外学术界早已涉足这一领域。国内学术界关于贫困研究始于20世纪90年代初期。由于贫困类型划分是贫困研究的基本问题，因此，关于贫困类型划分的研究也引起了众多研究者的瞩目。不同的研究者由于研究目的的不同，通常给予了不同视角上的关注。从已有研究来看，学术界关于贫困类型划分的研究已形成了"成因分类说""性质分类说""程度分类说"三种代表性学术观点。

1. 成因分类说

"成因分类说"是以贫困成因为标准而对贫困类型进行划分的一种学术观点。这是在贫困类型划分研究方面最普遍的一种研究视角。吴国宝根据贫困的致因，将贫困类型划分为资源制约型贫困（资金、土地等方面的缺乏，表现为区域性贫困和群体性贫困）和能力约束型贫困（体力、智力、技能等方面的缺乏，表现为个体贫困）两种。[①] 周静茹基于六盘山回族地区贫困成因的特

---

① 吴国宝. 对中国扶贫战略的简评 [J]. 中国农村经济, 1996 (8): 26-30.

殊性，将贫困划分为历史性贫困、资源性贫困、能力性贫困和制度性贫困四类。① 王瑞军等将贫困类型划分为生产生活条件恶劣型、生产生活条件落后型、技能缺乏型、产业滞后型四种。② 邓遂认为，临海地区贫困是家庭自身原因与社会原因综合作用的产物，为此，他将临海地区家庭贫困划分为认知观念性贫困（生育观念、职业观念、迷信）、社会风险性贫困（失业、疾病等）、临海社会转型性贫困、临海经济开发型贫困和家庭结构性贫困五大类型。③ 王建民和陆德全将少数民族地区的贫困划分为自然资源匮乏性贫困、与市场连接不足或过度依赖而导致的贫困、开发过程中制度缺失导致的贫困和基本社会服务体系欠缺而导致的贫困四种类型。④ 郭利平运用聚类分析法，将云南文山州50个特困乡分为生态脆弱型、基础设施落后型和交通偏僻型三种类型，并通过三种类型所表现出来的不同特征提出了不同的政策建议。⑤ 任晓冬和高新才以人地关系理论为基础，分析了喀斯特环境与贫困的关系，将喀斯特地区的贫困划分为喀斯特石漠化型、水资源缺乏型、自然保护与生存冲突型、环境污染型、自然灾害型五类。⑥ 冯彦通过对滇西北"大河流域"区贫困人口的粮食收入、现金收入、耕地拥有量、资源利用水平等多种致贫因素进行研究，认为可将贫困人口基本划分为经济贫困型、粮食或耕地缺乏贫困型、能源缺乏贫困型、水资源利用缺乏贫困型和失去生存条件贫困型五大类型。⑦

2. 性质分类说

"性质分类说"是以贫困内涵或属性为标准而对贫困类型进行划分的一种学术观点。这是在贫困类型划分研究方面较为常见的一种研究视角。韦璞根据贫困概念的内涵，将贫困类型划分为广义贫困与狭义贫困、客观贫困与主观贫

---

① 周静茹. 六盘山回族地区反贫困研究 [D]. 兰州：兰州大学，2014.
② 王瑞军，马国旗，晁君杰，等. 从"扶农"到"扶贫"定西为百姓脱贫精准发力 [J]. 老区建设，2014（19）：52-54.
③ 邓遂. 临海家庭贫困类型分析 [J]. 经济研究导刊，2013（27）：258-259.
④ 王晓毅. 反思的发展与少数民族地区反贫困——基于滇西北和贵州的案例研究 [J]. 中国农业大学学报（社会科学版），2015（4）：5-14.
⑤ 郭利平. 文山州特困乡贫困类型划分 [J]. 云南地理环境研究，2001，13（1）：78-86.
⑥ 任晓冬，高新才. 喀斯特环境与贫困类型划分 [J]. 农村经济，2010（2）：55-58.
⑦ 冯彦. 滇西北"大河流域"区贫困类型及脱贫研究 [J]. 云南地理环境研究，2001，13（1）：87-93.

困两类。① 张鲜华根据贫困性质，将贫困类型划分为普遍性贫困、制度性贫困、区域性贫困和阶层性贫困四类。② 张永丽根据贫困性质差异和脱贫难度，将贫困划分为绝对贫困和相对贫困、长期性贫困和暂时性贫困、物质性贫困和能力性贫困等不同类型。③ 杨树燕依据不同国家和地区的贫困性质，将贫困划分为广义贫困与狭义贫困、客观贫困与主观贫困、长期贫困与暂时贫困、区域贫困与个人贫困四类。④ 冯贺霞等认为，贫困是人类基本能力缺失的结果，而不仅仅是收入不足，因而既存在货币收入方面的贫困，也存在非货币收入方面的贫困，从这种因素出发，他们将贫困划分为收入贫困与非收入贫困两大类型。⑤ 安强以南疆三地州为研究区，根据贫困的归属不同，将贫困划分为经济型贫困、社会型贫困和生态型贫困三种类型。⑥ 康晓光根据贫困人口生活质量的群体性差异，把贫困划分为制度性贫困、区域性贫困和阶层性贫困三类。⑦ 汤夺先、高朋根据对贫困内涵的不同解释，将失地农民的贫困划分为经济贫困、精神文化贫困、权利贫困（就业权、社会保障权、子女平等受教育权以及选举与被选举权等）与能力贫困四类。⑧ 党国英从工业发展的角度考察了贫困发生主体的范围差异，认为当今世界的贫困可划分为前工业文明之下的普遍贫困、工业文明时代的局部贫困以及个人禀赋或"运气"引起的随机发生的贫困三种类型。⑨

3. 程度分类说

"程度分类说"是以贫困程度为标准而对贫困类型进行划分的一种学术观

---

① 韦璞. 贫困、贫困风险与社会保障的关联性 [J]. 广西社会科学, 2015 (2)：134 – 141.
② 张鲜华. 甘肃省精准扶贫的现实困境与可行路径选择 [J]. 兰州财经大学学报, 2017 (1)：103 – 109.
③ 张永丽. "教育致贫"悖论解析及相关政策建议——以甘肃省14个贫困村为例 [J]. 西北师大学报（社会科学版）, 2017 (2)：20 – 29.
④ 杨树燕. 流动儿童发展性贫困现状研究 [J]. 新西部（理论版）, 2017 (3)：12 – 13.
⑤ 冯贺霞, 王小林, 夏庆杰. 收入贫困与多维贫困关系分析 [J]. 劳动经济研究, 2015 (6)：38 – 58.
⑥ 安强, 杨兆萍, 徐晓亮, 等. 南疆三地州贫困与旅游资源优势空间关联研究 [J]. 地理科学进展, 2016, 35 (4)：515 – 525.
⑦ 康晓光. 中国贫困与反贫困理论 [M]. 南京：广西人民出版社, 1995.
⑧ 汤夺先, 高朋. 城市化进程中失地农民的贫困问题及其治理 [J]. 中国人口·资源与环境, 2012, 22 (8)：114 – 120.
⑨ 党国英. 贫困类型与减贫战略选择 [J]. 改革, 2016 (8)：68 – 70.

点。这也是在贫困类型划分研究方面较为常见的一种研究视角。李实等的研究具有代表性，他们根据贫困程度将城镇贫困划分为持久性贫困、暂时性贫困和选择性贫困三种类型。所谓持久性贫困，是指某一时期人们的收入和消费都低于贫困线；所谓暂时性贫困，是指收入低于贫困线而消费高于贫困线的状况（这种情况主要是由他们的持久收入高于现期收入，他们有储蓄或者可以根据其预期的收入和资产状况借款消费）；所谓选择性贫困，是指家庭虽然有高于贫困线的收入，但是由于过去或未来有着特殊的支出需要不得不将其现在消费压低到贫困线以下。[1] 张建华根据贫困程度，将贫困划分为极贫困、很贫困和较贫困三种类型。[2] 张鲜华根据贫困程度，将贫困类型划分为绝对贫困和相对贫困两种。[3] 谭贤楚和朱力根据对湖北恩施的实证研究结果，将西部民族地区转型期的农村贫困划分为生存型贫困（基本生活没有保障，基本的生存受到威胁）、温饱型贫困（文化、经济等发展方面比较困难，如子女教育问题、社会保障问题等）、发展型贫困（个体因谋求社会生活的进一步发展而面临的一种发展受限的生活状态）三种基本类型，并发现绝大多数贫困人口属于温饱型贫困（占调查对象的65%）。[4] 此外，还有一些学者用持久性贫困、暂时性贫困和选择性贫困的贫困类型划分法研究了重点国有林区职工家庭的贫困问题和移民搬迁农户的贫困问题。[5]

毋庸置疑，在扶贫史上，关于贫困类型划分研究上的"成因分类说""性质分类说""程度分类说"三种代表性观点都发挥过一定的工具主义价值。可以说，正确认识贫困的成因、性质和程度，是开展扶贫工作的基础。但是，由于"成因分类说""性质分类说""程度分类说"对贫困类型划分的标准不同，侧重点也就不同，因此它们均具有单向性、静态性和混沌性的实践局限性。这就意味着，无论用"成因分类说"还是"性质分类说"，抑或是用"程度分类

---

[1] 李实，John, Knight. 中国城市中的三种贫困类型［J］. 经济研究，2002（10）：47 - 58，95.
[2] 张建华. 大同市农村科技扶贫问题及对策研究［D］. 太原：山西农业大学，2016.
[3] 张鲜华. 甘肃省精准扶贫的现实困境与可行路径选择［J］. 兰州财经大学学报，2017（1）：103 - 109.
[4] 谭贤楚，朱力. 贫困类型与政策含义：西部民族山区农村的贫困人口——基于恩施州的实证研究［J］. 未来与发展，2012，35（1）：109 - 113.
[5] 朱洪革，胡士磊. 重点国有林区职工家庭贫困类型及影响因素研究［J］. 农林经济管理学报，2017（1）：105 - 113.

说"去指导精准扶贫中的分类扶持工作，均难以达到预期的效果。换言之，从实践指导意义来看，"成因分类说""性质分类说""程度分类说"三种贫困类型划分观点都不利于正确落实精准扶贫中的分类扶持工作。因此，要正确落实精准扶贫中的分类扶持工作，就必须对贫困类型划分进行再认识，必须凸显贫困类型划分的实践指导意义。

(二) 收入性贫困与支出性贫困：对贫困类型划分的再认识

要凸显贫困类型划分的实践指导意义，就必须凸显贫困类型划分的综合性、动态性和简约性。从综合性来看，贫困类型划分必须对贫困的成因、性质和程度进行全面考察；从动态性来看，贫困类型划分必须将贫困视为一个"贫困—脱贫—返贫"的循环变化过程；从简约性来看，贫困类型划分必须有利于增强分类扶持的针对性。这就要求，要对贫困类型划分进行再认识，就必须立足于综合性、动态性和简约性三个基本维度。在这方面，诺贝尔经济学奖获得者阿玛蒂亚·森的观点给了我们有益的启示。他认为，贫困的真正含义是贫困人口创造收入能力和机会的贫困，因而贫困不是单纯由于低收入造成的，还要考虑诸如高额医疗、养老、教育、住房等带来的高额支出。[①] 这就是说，贫困类型划分既应该考虑贫困人口的收入状况，更应该考虑贫困人口的支出状况。从这个角度来看，我们可以将贫困划分为收入性贫困和支出性贫困两种类型。所谓收入性贫困，是指那些因家庭劳动力不足、家庭结构残缺，或因家庭成员患有重大疾病、残疾等，或因家庭所处的自然环境、经济、社会、文化等限制，使得整个家庭获取财富的能力不足而造成的贫困。所谓支出性贫困，是指将家庭收入中的绝大部分甚至全部收入用于支出和消费，使得家庭积累少甚至举债生活而造成的贫困。支出性贫困最显著的特征是因病、因学、突发性事件等带来的家庭刚性支出过大，远远超出家庭的承受能力。无论是收入性贫困还是支出性贫困，都是对贫困的成因、性质和程度的全面考察，都是将贫困视为一个动态的循环过程，都有利于增强分类扶持的针对性，因而契合了贫困类型划分的综合性、动态性和简约性三个基本要求。

---

① (印度) 阿马蒂亚·森. 贫困与饥荒 [M]. 北京：商务印书馆，2001：28.

1. 收入性贫困

从收入角度界定贫困，贫困是一种收入不足带来的经济困境。无论是经典贫困理论还是贫困经验研究，基本上都是从收入角度来定义贫困的。经典贫困理论中的结构主义认为，制度设置、政策安排带来的社会不平等是造成收入性贫困的根源；经典贫困理论中的文化主义认为，文化要素（知识、技能等文化资本）和贫困文化是造成收入性贫困的根源。由于在贫困山区，受恶劣的地理环境、落后的技术水平、闭塞的信息渠道以及生产要素配置不合理等方面的制约，社会化生产通常在低效甚至负效的层次上重复进行，导致投入多、产出少，结果是社会净产值率低，国民收入难以有效增长[1]，因此，贫困经验研究将自然条件制约、经济区位的劣势以及人口问题作为导致农民陷入收入困境的根源。[2]

2013年4月，习近平总书记在海南考察时指出："小康不小康，关键看老乡。要大力促进农民增加收入，不要平均数掩盖了大多数，要看大多数农民收入水平是否得到提高。"2015年1月，习近平总书记在人民大会堂同中央党校第一期县委书记研修班学员座谈交流时又强调："扶贫工作要只争朝夕，绝不能让贫困地区群众掉队，也不能让'平均收入'掩盖了'不平均'。"2015年11月，习近平总书记在中央扶贫开发工作会议上指出："到2020年，通过产业扶持，可以解决3000万人脱贫；通过转移就业，可以解决1000万人脱贫；通过易地搬迁，可以解决1000万人脱贫，总计5000万人左右。还有2000多万完全或部分丧失劳动能力的贫困人口，可以通过全部纳入低保覆盖范围，实现社保政策兜底脱贫。"无论是通过产业扶持、转移就业、易地搬迁脱贫还是实现社保政策兜底脱贫，其目的都是提高农村贫困人口的收入水平。可见，就当前我国的扶贫工作而言，贫困更多的是一个收入问题，是一个经济问题。

由于农村贫困地区经济发展水平滞后，因此贫困人口收入结构较为单一，

---

[1] 王太清. 贫困山区走出国民收入困境的思考——对郧西县国民收入运行轨迹的分析[J]. 经济评论, 1993（5）: 55-59.

[2] 郑晓园. 农村消费型贫困的发生机理与治理策略——以鄂东S镇农民建房为例[J]. 湖南农业大学学报（社会科学版）, 2016（4）: 42-48.

收入来源多为在家务农。①我国农村贫困人口的家庭收入主要由工资性收入、经营性收入、财产性收入、政策性收入和社会支持性收入（慈善、亲属资助、社会帮扶）五部分组成。农村贫困人口的家庭经营性收入和工资性收入是极其微薄的，集体土地承包权和个人住宅是他们持有的主要资产，也是个人成本分担的核心来源。②《2015 中国农村贫困监测报告》的统计结果显示，农村贫困人口收入水平只相当于农村常住居民收入水平的24.4%。从收入结构来看，农村贫困人口收入更加依赖农业，农村贫困人口收入来源中约四成来自第一产业经营；与全国农村平均水平相比，贫困地区农村居民工资性收入占比低6.9个百分点，财产净收入低0.9个百分点。③全国人均收入分组调查数据显示，2018 年 90.42% 的贫困人口属于低收入组群体，约 10% 脱贫户收入刚超过现有贫困线，人均年收入水平低于 5000 元。④可见，贫困人口都面临着低收入困境。

基于收入视角的贫困，与生理最低需要相联系，低于这个需要，人就不能正常成长和生活。因此，收入性贫困一般通过"贫困线"进行衡量，贫困线指特定时空条件下维持人们基本生存所必须消费的最低费用。⑤我国现行的贫困线标准是"2010"标准。按相应年份的价格水平，2015 年是 2855 元。⑥为反映近年来全球不断上升的生活成本，2015 年 10 月 4 日，世界银行按照购买力平价计算将国际贫困线标准从此前的一人一天 1.25 美元上调到 1.9 美元（2011 年购买力平价，PPP）。⑦如果按照世界银行 2015 年 10 月修订的国际贫困线标准，中国的贫困人口人数在世界上同样排名第三，预测显示，2015 年

---

① 秦国伟，刘利敏，卫夏青. 皖西北地区农村综合改革助推精准扶贫研究——以界首市刘寨村为例 [J]. 安徽行政学院学报, 2016 (5): 67-70.

② 王海宝，施国庆，严登才. 精准扶贫视角下扶贫移民成本分担机制的构建 [J]. 云南社会科学, 2016 (6): 42-47.

③ 国家统计局. 2015 中国农村贫困监测报告 [M]. 北京: 中国统计出版社, 2015.

④ 王介勇，戴纯，刘正佳，李裕瑞. 巩固脱贫攻坚成果，推动乡村振兴的政策思考及建议 [J]. 中国科学院院刊, 2020, 35 (10): 1273-1281.

⑤ 唐平. 中国农村贫困标准和贫困状况的初步研究 [J]. 中国农村经济, 1994 (6): 39-43.

⑥ 中共中央组织部干部教育局，等. 精准扶贫精准脱贫——打赢脱贫攻坚战辅导读本 [M]. 北京: 党建读物出版社, 2016: 229.

⑦ 钱亚梅. 论风险社会的责任机理 [J]. 湖北师范学院学报（哲学社会科学版），2017 (1): 71-77.

世界贫困人口中约有7%居住在中国。①国际经济合作与发展组织提出，以一个国家或地区居民收入平均水平的1/2或1/3作为这个国家或地区的贫困线。②按照2016年我国农村居民人均可支配收入12363元的标准③，1/2的标准是6181.5元，1/3的标准是4121元。无论是1/2标准的6181.5元，还是1/3标准的4121元，都比2016年我国3000元左右的贫困线标准高。

2. 支出性贫困

从收入角度研究贫困可以很好地界定属于绝对贫困的家庭，根据这种理论构建的城市居民最低生活保障制度也较好地覆盖了这些绝对贫困群体，保障了他们的最低生活需要。然而，随着社会的发展，一部分收入高于最低生活保障线、由于遭遇种种家庭难以承受的刚性支出而陷入贫困的居民却难以得到制度的保障。④也就是说，收入只能反映人类发展和贫困的一个方面，但不能充分反映收入之外其他维度的贫困状况，如因病、因学、突发性事件等导致的支出性贫困。⑤近年来随着物价的不断上涨以及医疗、教育服务成本的上升，一部分贫困家庭的人均收入虽然超过了低保标准，但因家中有必须支出的大额开支（如看病、上学等）致使家庭支出过大，远远超出家庭收入的承受能力，实际生活水平仍然处于绝对贫困状态。⑥类似这样的"支出性贫困"的大量增多，已引起了社会的广泛关注。从实际情况来看，一些"支出性贫困"家庭的生活比"收入性贫困"家庭还要困难。

《2015中国农村贫困监测报告》的统计结果显示，农村贫困人口消费支出水平只相当于全国农村常住居民平均水平的30.1%。从消费支出结构看，农村贫困人口七成以上的消费支出用于满足衣食住这些基本的生存需求，用于改

---

① 高传胜. 重构社会帮扶体系的思考 [J]. 苏州大学学报（哲学社会科学版），2016 (6): 22 - 27.
② 广东省统计局农村处课题组. 广东农村贫富差距问题研究 [J]. 调研世界，2012 (2): 27 - 31.
③ 中国产业信息网. 2016年中国居民人均可支配收入情况分析 [DB/OL]. http: // www.chyxx.com/industry/201702/491941.html? winzoom = 1.
④ 路锦非，曹艳春. 支出型贫困家庭致贫因素的微观视角分析和救助机制研究 [J]. 财贸研究，2011 (2): 86 - 91.
⑤ 刘文龙. 当前精准扶贫存在的问题 [J]. 合作经济与科技，2017 (3): 185 - 187.
⑥ 林闽钢. 城市贫困救助的目标定位问题——以中国城市居民最低生活保障制度为例 [J]. 东岳论丛，2011 (5): 13 - 19.

善生活质量的其他各项消费支出较少。① 一项针对黑龙江省农村贫困地区的研究表明：2015年典型贫困户家庭总支出平均为28170.46元，其中45%用于医疗支出，23%用于家庭经营支出（主要为种植业和养殖业生产成本），13%用于教育费用，12%用于日常生活支出，7%用于其他支出（主要为随礼和子女生活费）；贫困户家庭总支出大于家庭总收入，家庭收支不均衡，赤字现象普遍。② 城乡差异分析发现，农村地区的食品、医疗、教育支出占比高于城市地区。家庭消费性支出中，支出性贫困家庭医疗支出、教育支出和住房支出明显高于一般性居民家庭，成为导致家庭贫困支出过高的三大关键项目。③ 有的"支出性贫困"家庭甚至出现"吃药挤占吃饭"或"交了学费难买米"的窘况。④ 相关研究还显示，残疾人家庭人均医疗康复支出是全国居民医疗保健支出的1.7倍，是典型的支出性贫困人群。⑤

疾病问题是目前导致贫困的最重要原因之一，也是支出型贫困的主要成因。⑥ 疾病不仅可以造成一个家庭的收入性贫困，还会造成一种支出性贫困，而最终的负面效应（陷入绝对贫困）是两种效应的综合。⑦ 自2013年习近平总书记提出精准扶贫的战略思想以来，全党上下齐心协力将脱贫攻坚作为一项政治任务来抓，取得了举世瞩目的成就。2013~2016年，每年农村贫困人口减少都超过1000万人，累计脱贫5564万人；贫困发生率从2012年底的10.2%下降到2016年底的4.5%，下降5.7个百分点。⑧ 但是，根据国务院扶贫办于2016年底所进行的"回头看"数据统计显示，因病致贫、因病返贫户的占比不仅没有下降，反而上升到44.1%。与2013年的42.4%相比，增加了

---

① 国家统计局. 2015中国农村贫困监测报告［M］. 北京：中国统计出版社，2015.
② 杜国明，冯悦，杨园园. 黑龙江省农村贫困地域特征与精准扶贫策略研究［J］. 农业经济与管理，2016（6）：5-14.
③ 王瑜，杨晓军. 基于定量视角的支出型贫困分析［J］. 新西部（理论版），2017（3）：10-11.
④ 沈琰. 要重视"支出型贫困"［J］. 经济，2010（5）：60-60.
⑤ 陈莹，陈岩. 推进"海云工程"建设 促进农村健康扶贫——以宁德市为例［J］. 中外企业家，2016（34）：238-241.
⑥ 王锴. 积极救助的中国探索：精准扶贫与低保制度的衔接——基于政府职能的考量［J］. 福建行政学院学报，2016（6）：48-54.
⑦ 褚亮. 贫困人口医疗救助的经济学分析［D］. 上海：复旦大学，2009.
⑧ 习近平：更好推进精准扶贫精准脱贫 确保如期实现脱贫攻坚目标［EB/OL］. 新华网，http://news.xinhuanet.com/2017-02/22/c_1120512040.htm.

近两个百分点。① 以上情况说明,这种因病支出性贫困已成为当前贫困人口脱贫的最大"拦路虎"。如果这种因病带来的"支出性贫困"没有被有效遏制,必然导致病与贫之间的恶性循环"疾病—支出加大—贫困加深—无力医治—疾病加重……",而这种恶性循环的最终结果就是"因病滞贫",即因常年受到疾病的纠缠而只能长期滞留在贫困的境地。②

(三) 对贫困类型划分进行再认识的政策意义

将贫困类型划分为收入性贫困和支出性贫困两种类型,既凸显了贫困类型划分的综合性、动态性和简约性,又凸显了贫困类型划分的实践指导意义。这种实践指导意义就在于,在精准扶贫中要有效推进分类扶持的工作机制,就必须以消除收入性贫困和减少支出性贫困为目标进行有针对性的政策调整。这一点已为许多脱贫村中的非脱贫户的主导性需求所佐证。

1. 以消除收入性贫困为目标,着力提高农村贫困人口的工资性收入和资产性收入

(1) 着力提高农村贫困人口的工资性收入。由于工资性收入是收入差距的主要来源,因此,当前要有效提高农村贫困人口的收入水平,就必须制定有利于贫困人口的就业政策,让更多的贫困人口参与经济活动。第一,要加强贫困人口的技能培训。受教育水平、劳动技能以及信息获取能力等诸多因素的限制,农村贫困人口在获取工资性收入的机会和能力上均处于劣势地位。③ 也就是说,农村贫困人口的工资性收入与他们的受教育水平、劳动技能以及信息获取能力等因素密切相关。这些因素决定着农村贫困人口就业能力的高低。在这些影响因素中,提升农村贫困人口的受教育水平,不仅是促进贫困人口掌握脱贫致富本领、阻断贫困代际传递的根本之举,也是提高他们工资性收入的根本之策。但是,提升农村贫困人口的受教育水平,需要长期的"扶智"政策作为支持,短时间内效果不明显。在这些影响因素中,提高农村贫困人口就业能

---

① 健康扶贫是脱贫攻坚战的重要一环 [EB/OL]. 中国经济网, http://health.ce.cn/news/201607/05/t20160705_4011302.shtml.
② 陈成文. 从"因病滞贫"看农村医疗保障制度改革 [J]. 探索, 2017 (2): 39-43.
③ 汪三贵, 刘未. 以精准扶贫实现精准脱贫: 中国农村反贫困的新思路 [J]. 华南师范大学学报(社会科学版), 2016 (5): 110-115.

力最直接、见效最快的方法就是提升他们的劳动技能。因此，必须开展技能培训，提升扶贫对象的就业能力。一是开展"订单式"技能培训。要大力开展劳动力转移培训、农村实用技术培训、就业技能培训和创业培训等专题培训、实训。二是鼓励企业开展扶贫性就业培训。鼓励园区企业优先招用扶贫对象，对园区企业与新招聘的扶贫对象签订劳动合同并开展岗前培训的，给予企业相应的培训补贴。第二，增加公益性工作岗位。一是开发村组公益性就业岗位。要抓好公益性岗位的适度开发和规范管理，试点开发社会治安协管、乡村道路维护、保洁保绿等村组公益性岗位，促进贫困家庭就业人员实现就地就近就业。二是整合现有政府购买公益性岗位。要整合现有乡镇、社区的政府购买公共服务公益性岗位，优先安排贫困家庭中符合岗位条件的劳动者在公共卫生服务、劳动保障协管等政府购买公益性岗位就业。

（2）着力提高农村贫困人口的资产性收入。2015年11月29日，中共中央、国务院共同出台的《关于打赢脱贫攻坚战的决定》（以下简称《决定》）中明确提出了"探索资产收益扶贫"的精准扶贫方略，并指出："在不改变用途的情况下，财政专项扶贫资金和其他涉农资金投入设施农业、养殖、光伏、水电、乡村旅游等项目形成的资产，具备条件的可折股量化给贫困村和贫困户，尤其是丧失劳动能力的贫困户。……支持农民合作社和其他经营主体通过土地托管、牲畜托养和吸收农民土地经营权入股等方式，带动贫困户增收。"资产收益扶贫是指将自然资源、公共资产（资金）或农户权益资本化或股权化，相关经营主体利用这类资产产生经济收益后，贫困村与贫困农户按照股份或特定比例获得收益的扶贫项目。[1] 资产收益扶贫的核心是"股权量化、按股分红、收益保底"，具体做法是将贫困户获得的财政补贴资金、拥有的土地和集体资产等以资产形式投入企业、合作社等经营性组织，使贫困户能够作为股东获得股息，以增加其财产性收入。[2] 由于资产收益扶贫不依赖农户的独立经营能力，因此是扶持失能和弱能贫困人口的一种有效模式。当前，要在吸收和

---

[1] 汪三贵. 增加财产性收入是贫困人口脱贫的有效途径［DB/OL］. http://politics.people.com.cn/n1/2016/1017/c1001-28785527.html.

[2] 戴旭宏. 精准扶贫：资产收益扶贫模式路径选择——基于四川实践探索［J］. 农村经济，2016(11)：22-26.

借鉴我国部分地区资产收益扶贫成功经验的基础上，不断创新资产收益扶贫的模式。鼓励到户的产业帮扶资金（尤其是丧失劳动能力的贫困户的产业帮扶资金）投入金融、设施农业、工业、乡村旅游等领域，实现资产收益。支持农民合作社和其他经营主体通过托管贫困户产业基地和吸收农民土地经营权入股等方式带动贫困户增收。

2. 以减少支出性贫困为目标，着力提高农村社会保障制度的契合度

（1）着力增强农村医疗保障制度的衔接性。医疗保障不仅是我国多层次社会保障制度体系的重要组成部分，而且也是一项托底保障困难群众基本医疗权益的制度安排。[①] 它是切断"疾病—支出加大—贫困加深—无力医治—疾病加重……"这一恶性循环链条的有效手段，是"因病滞贫"这一现实困境的有效化解机制。正因如此，《决定》中明确提出了"开展医疗保险脱贫"的精准扶贫方略，并指出："实施健康扶贫工程，保障贫困人口享有基本医疗卫生服务，努力防止因病致贫、因病返贫。对贫困人口参加新型农村合作医疗个人缴费部分由财政给予补贴。"当前，必须建立新型农村合作医疗、新农合大病保险、农村贫困人口重大疾病商业补充保险、城乡医疗救助四道防线相衔接的农村医疗保障体系，着力解决由"因病滞贫"造成的支出性贫困问题。第一，新型农村合作医疗和大病保险制度要对农村贫困人口实行政策倾斜，门诊统筹率先覆盖所有农村贫困地区。第二，要将农村贫困人口全部纳入重特大疾病救助范围，使他们的大病救治得到有效保障。第三，针对农村贫困对象设立疾病医疗商业补充保险。可按照一定的筹资标准以政府购买服务的方式为建档立卡贫困对象购买疾病医疗商业补充保险，并实行统一的补偿方案。

（2）着力创新农村社会救助制度。社会救助是指由政府承担责任，为城乡贫困家庭提供物质帮助，使这些家庭能够抵御生存危机、维持基本生活的一种社会保障制度。最低生活保障制度是当前我国最重要的一项社会救助制度。最低生活保障是一种补差型现金救助制度，是政府为无法通过自身努力获得维

[①] 徐娜，田固. 医疗救助在健康扶贫中的作用及思考［J］. 中国医疗保险，2016（11）：34 - 36.

持基本生活的足够经济收入的群众提供的物质帮助。① 随着党中央和国务院将"实施农村最低生活保障制度兜底脱贫"列为实施精准扶贫的重要方略以来，大多数生活特别困难的农村人口都已经进入低保范围。然而，由于低保政策规定只计算家庭收入，不考虑家庭支出，因此导致了一些因病、因学、突发性事件等原因产生的困难户难以被低保制度所瞄准。有些家庭收入虽好于低保家庭，但偶然遇到的病灾打击会造成较大甚至巨大的家庭开支，继而陷入生活困境。② 这说明社会救助的核定标准需要进一步考虑考察家庭的收支平衡状况，特别是要充分考虑不同类型困难群众的基本需求及其家庭刚性支出。③ 因此，当前必须综合考虑收入、支出两方面的贫困，强调基本生活救助对收入性贫困的兜底作用及专项救助对支出性贫困的"弥补短板"作用。④ 要构建收入性贫困与支出性贫困相结合的识别系统，创新农村贫困人口的社会救助体系。第一，构建由低保以及其他生活救助制度组成的收入性贫困救助体系。收入性贫困救助体系以低保线为贫困识别指标，面向低保线以下的贫困人口。第二，构建由专项救助制度组成的支出性贫困救助体系。支出性贫困救助体系以各种必要支出为贫困识别指标，面向低保线以上的贫困人口。

四、习近平关于贫困治理的系列重要论述

习近平关于贫困治理的系列重要论述是新时代"弱有所扶"的重要理论基础。贫困治理问题一直是习近平总书记所关注的重大民生问题。习近平总书记在党的十九大报告中指出："让贫困人口和贫困地区同全国一道进入全面小康社会是我们党的庄严承诺。"⑤ 自2013年11月提出"精准扶贫"的战略构

---

① 中共中央组织部干部教育局等. 精准扶贫精准脱贫——打赢脱贫攻坚战辅导读本[M]. 北京：党建读物出版社，2016：131.
② 马庆钰，马福云. 社会救助政策及其执行缺陷的矫正[J]. 行政管理改革，2016（12）：38－42.
③ 林闽钢. 城市贫困救助的目标定位问题——以中国城市居民最低生活保障制度为例[J]. 东岳论丛，2011（5）：13－19.
④ 李运华，魏毅娜. 贫困衡量视角下"精准"救助的体制机制构建[J]. 东北大学学报（社会科学版），2017（1）：61－66.
⑤ 习近平. 摆脱贫困[M]. 福州：福建人民出版社，2016：3.

想以来,[①] 习近平总书记始终坚持"以人民为中心"的发展思想,对贫困治理的战略理念、战略目标、战略举措和战略格局等问题进行了诸多开拓性的探索,逐渐形成了关于贫困治理的系列重要论述。习近平总书记关于贫困治理的系列重要论述是对过去 30 多年扶贫开发经验的系统概括与科学提炼,是马克思主义扶贫理论在当代中国的新发展,是习近平新时代中国特色社会主义思想的重要组成部分,也是我国打赢脱贫攻坚战的重要理论指南。2016 年井冈山在全国率先实现脱贫。井冈山的率先脱贫不仅体现了井冈山对习近平总书记关于贫困治理系列重要论述的坚定遵循,而且也体现了井冈山对习近平总书记关于贫困治理系列重要论述的创造性运用。

(一) 习近平关于贫困治理系列重要论述的内容体系

2013 年是习近平总书记实现扶贫开发由理念向理论转变的历史性跃升的一年。这一年,他在对我国 20 多年扶贫开发经验和教训进行了历史性反思和战略性判断的基础上创造性地提出了精准扶贫理论。2013 年 11 月,习近平总书记在湖南省湘西土家族苗族自治州花垣县调研时,首次提出了"实事求是、因地制宜、分类指导、精准扶贫"的战略构想。2014 年开始,国家将每年的 10 月 17 日设立为"扶贫日"。在首个"扶贫日"上,习近平总书记强调:"全面建成小康社会,最艰巨最繁重的任务在贫困地区。各级党委、政府和领导干部对贫困地区和贫困群众要格外关注、格外关爱,履行领导职责,创新思路方法,加大扶持力度,善于因地制宜,注重精准发力。"[②] 2015 年 6 月,习近平总书记在贵州召开部分省区市党委主要负责同志座谈会上进一步将精准扶贫浓缩为"六个精准"[③]。同年 11 月,在中央扶贫开发工作会议上,习近平总书记创造性地将精准帮扶概括为"解决三个问题"[④]。2016 年 3 月,习近平总书记又提出了"扶到点上、扶到根上""做好对口支援工作""加强东西部扶贫协作""推动区域协调、协同、共同发展""建立长效扶贫机制"等扶贫理

[①②] 佚名.习近平论扶贫工作——十八大以来重要论述摘编[J].党建,2015 (12):5-7,13.

[③] 即:扶持对象精准、项目安排精准、资金使用精准、措施到户精准、因村派人精准、脱贫成效精准.

[④] 即:解决好"扶持谁""谁来扶"和"怎么扶"的问题.

念。经过近五年的扶贫实践，2017年2月，习近平总书记在主持中共中央政治局第三十九次集体学习时总结出了"五条经验"[①]，并对精准扶贫工作提出了"七个强化"[②]。很显然，习近平总书记的精准扶贫理论已经构成了一个系统完整、逻辑严密的科学体系。它不仅实现了习近平新时代中国特色社会主义扶贫开发思想的历史性跃升，而且成为习近平新时代中国特色社会主义扶贫开发思想的核心内容。作为一个系统性理论体系，习近平总书记的精准扶贫理论可以概括为"一个核心""四个目标""六个精准"和"一个格局"。

1. 以发展为核心的战略理念

发展是习近平总书记系列重要讲话的"高频词"。党的十八大以来，在习近平总书记的公开讲话和文章中，发展被提及上百次。精准扶贫是习近平总书记在全面了解中国贫困状况的基础上，对新时期中国贫困问题进行深入的分析后提出的契合中国实际的扶贫战略理念。发展是这一战略理念的核心，是摆脱贫困的总办法。早在1988年，习近平总书记就提出了在贫困地区搞超常发展是完全可能的。他指出："贫困地区完全可以依靠自身的努力、政策、长处、优势在特定领域实现'弱鸟先飞'。"[③] 在习近平总书记关于精准扶贫的诸多论述中均体现了"发展"这一核心理念。2012年12月，习近平总书记在河北省阜平县考察扶贫开发工作时指出："注重增强扶贫对象和贫困地区自我发展能力，注重解决制约发展的突出问题，努力推动贫困地区经济社会加快发展。"2013年11月，习近平总书记在湖南和山东考察时又指出："发展是甩掉贫困帽子的总办法……要紧紧扭住发展这个促使贫困地区脱贫致富的第一要务，立足资源、市场、人文旅游等优势，因地制宜找准发展路子。"2015年7月，习近平总书记在吉林调研时再次指出："要全面把握发展和民生相互牵动、互为条件的关系，通过持续发展强化保障和改善民生的物质基础，通过不断保障和

[①] 即：加强领导是根本；把握精准是要义；增加投入是保障；各方参与是合力；群众参与是基础。
[②] 即：强化领导责任；强化资金投入；强化部门协作；强化东西协作；强化社会合力；强化基层活力；强化责任落实。
[③] 习近平.摆脱贫困[M].福州：福建人民出版社，2016：3.

改善民生创造更多有效需求。"①

党的十八大以来，习近平总书记在深刻把握我国经济社会建设所处的时代背景的基础上，对毛泽东、邓小平等老一辈国家领导人的发展观进行了拓展和创新。在党的十八届五中全会上，习近平总书记提出"创新、协调、绿色、开放、共享"五大发展理念。② 2017年10月18日，习近平总书记在中国共产党第十九次全国代表大会所作报告中再次强调："发展是解决我国一切问题的基础和关键，发展必须是科学发展，必须坚定不移贯彻创新、协调、绿色、开放、共享的发展理念。"习近平以发展为核心的扶贫战略理念与他的发展观是一脉相承、相互联系的。具体而言，"创新"发展理念指引我们在精准扶贫实践中要注重创新扶贫模式；"协调"发展理念指引我们在精准扶贫实践中要注重整体性效益，注重各参与主体的协调一致；"绿色"发展理念指引我们在精准扶贫实践中要注重绿色可持续发展；"开放"发展理念指引我们在精准扶贫实践中要注重推动多元开放的扶贫格局；"共享"发展理念指引我们在精准扶贫实践中要注重扶贫成果切实惠及广大贫困对象。

2. "两不愁，三保障"和"一高于，一接近"的战略目标

2012年12月，习近平总书记在河北省阜平县考察扶贫开发工作时指出："深入推进扶贫开发……到2020年稳定实现扶贫对象不愁吃、不愁穿，保障其义务教育、基本医疗、住房，是中央确定的目标。"2013年11月，习近平总书记在山东菏泽调研时又指出，扶贫开发"要紧紧扭住包括就业、教育、医疗、文化、住房在内的农村公共服务体系建设这个基本保障，编织一张兜住困难群众基本生活的安全网，坚决守住底线"。2014年11月，习近平总书记在福建调研时再次指出："加快科学扶贫和精准扶贫，办好教育、就业、医疗、社会保障等民生实事，支持和帮助贫困地区和贫困群众尽快脱贫致富奔小康。"③ 2015年11月，习近平总书记在中央扶贫开发工作会议上再次强调："'十三五'期间脱贫攻坚的目标是，到2020年稳定实现农村贫困人口不愁吃、不愁穿，农村贫困人口义务教育、基本医疗、住房安全有保障；同时实现

---

①③ 佚名. 习近平论扶贫工作——十八大以来重要论述摘编[J]. 党建, 2015(12): 5-7, 13.

② 徐苑琳. 扶贫路上不能少了文化力量[J]. 人民论坛, 2017(19): 84-85.

贫困地区农民人均可支配收入增长幅度高于全国平均水平、基本公共服务主要领域指标接近全国平均水平。"可见，实现扶贫对象不愁吃、不愁穿，义务教育、基本医疗、住房安全有保障，支持和帮助所有贫困地区和贫困人口一道迈入全面小康社会，是习近平总书记精准扶贫思想的战略目标。

精准扶贫理论中所体现出来的战略目标与习近平总书记的民生观是一脉相承、相互联系的。习近平总书记高度重视和改善民生，并对毛泽东、邓小平等老一辈国家领导人的民生观进行了继承和发展。2012年11月，习近平总书记在党的十八届一中全会上发表讲话时就强调，要"着力保障和改善民生"[①]。2017年10月18日，习近平总书记在中国共产党第十九次全国代表大会所作报告中再次强调："必须多谋民生之利、多解民生之忧，在发展中补齐民生短板、促进社会公平正义，在幼有所育、学有所教、劳有所得、病有所医、老有所养、住有所居、弱有所扶上不断取得新进展。"可见，习近平精准扶贫的战略目标是建立在其民生观基础上的。也就是说，扶贫开发要以改善民生为基本目的，以实现共同富裕为根本方向。

3. "六个精准"的战略举措

在对精准扶贫战略理念和战略目标进行科学定位的基础上，习近平总书记又对精准扶贫的实践要求进行了独具特色的探索，开拓性地提出了"六个精准"的战略举措，即扶持对象精准、项目安排精准、资金使用精准、措施到户精准、因村派人（第一书记）精准、脱贫成效精准。

扶持对象精准，即是要对扶贫对象进行精准识别。精准识别是精准扶贫工作的前提和基础，没有精准识别，也就不可能有精准扶贫。[②] 精准识别包括贫困户的精准识别和致贫原因的精准识别两个方面。而这其中又以贫困户的精准识别最为重要。正因如此，在习近平总书记所提出的"六个精准"中，"扶持对象精准"被置于首要地位。在习近平总书记关于精准扶贫的系列重要讲话中，多次强调过精准识别问题。2015年10月，习近平总书记在"2015减贫与

---

① 习近平总书记系列讲话精神学习读本课题组. 习近平总书记系列讲话精神学习读本[M]. 北京：中共中央党校出版社，2013：71.

② 洪名勇，洪霓. 论习近平的精准扶贫思想[J]. 河北经贸大学学报，2016（6）：1-5.

发展高层论坛"上深刻地指出,要"找到'贫根',对症下药,靶向治疗"。①同年11月,习近平总书记在中央扶贫开发工作会议上又指出:"要解决好'扶持谁'的问题,确保把真正的贫困人口弄清楚,把贫困人口、贫困程度、致贫原因等搞清楚,以便做到因户施策、因人施策。"2016年2月,习近平总书记在井冈山调研考察时强调:"扶贫、脱贫的措施和工作一定要精准,要因户施策、因人施策,扶到点上、扶到根上,不能大而化之。"同年4月,习近平总书记在安徽考察时又指出:"做好精准扶贫,建档立卡制度要坚持,依靠群众精准找到和帮助贫困户。"习近平总书记的这一系列讲话不仅深刻地诠释了什么是精准识别,更指出了怎样去践行精准识别。

项目安排精准,即是要在选择、安排扶贫项目上做到精准无误。项目精准对精准扶贫的其他环节特别是措施落实情况和脱贫成效,具有直接而重要的决定作用。2015年1月,习近平总书记在云南考察工作时指出:"项目安排和资金使用都要提高精准度,扶到点上、根上,让贫困群众真正得到实惠。"同年4月,习近平总书记在中共中央政治局第二十二次集体学习时指出:"中央要做好政策制定、项目规划……省级要做好目标确定、项目下达……市(地)县要做好进度安排、项目落地。"由于致贫原因的综合性和差异性,扶贫项目必须是综合性的,需要短期和长期扶持项目相结合。② 比如在生态环境恶劣、资源极度匮乏的贫苦地区,应当以易地搬迁安置扶贫为主;在经济发展基础较差,但具有一定发展条件的贫困地区,就应当以扶持生产和就业、教育扶贫等为主,为当地经济发展"输血",激发群众脱贫致富的积极性和"造血"功能。为此,2015年12月,习近平总书记在中央扶贫开发工作会议上提出了"五个一批",即:发展生产脱贫一批,易地搬迁脱贫一批,生态补偿脱贫一批,发展教育脱贫一批,社会保障兜底一批。

资金使用精准,就是要提升扶贫资金使用的精准度与效率,确保扶贫资金落实到贫困村和贫困户。2012年12月,习近平总书记在阜平顾家台村的座谈

---

① 佚名. 习近平论扶贫工作——十八大以来重要论述摘编[J]. 党建, 2015 (12): 5-7, 13.
② 汪三贵, 刘未. "六个精准"是精准扶贫的本质要求——习近平精准扶贫系列论述探析[J]. 毛泽东邓小平理论研究, 2016 (1): 40-43, 93.

会上指出："我非常不满意,甚至愤怒的是扶贫款项被截留和挪作他用。"①
2015年11月,习近平总书记在中央扶贫开发工作会议上又指出:"要加大扶贫资金整合力度。要做好金融扶贫这篇文章,加快农村金融改革创新步伐。要加强扶贫资金阳光化管理,集中整治和查处扶贫领域的职务犯罪,对挤占挪用、层层截留、虚报冒领、挥霍浪费扶贫资金的要从严惩处。"②习近平总书记关于资金使用精准的系列论述表明,扶贫资金的使用要与建档立卡结果相衔接,围绕激发贫困群众内生力、增强贫困群众自我发展能力,由"大水漫灌"向"精准滴灌"转变,由偏重"输血"向注重"造血"转变,切实发挥扶贫资金的使用效益,确保"扶真贫""真扶贫""真脱贫"。③

农户致贫原因千差万别,即使同一个村庄,户与户之间也有所不同,因此,扶贫政策也应多样化、有针对性。措施到户精准就是要根据不同地区、不同人群、不同致贫原因精准地设计帮扶策略,克服以往一刀切、大而全的帮扶弊端。④也就是习近平总书记所说的"对症下药、精准滴灌、靶向治疗"。习近平总书记不仅多次谈到措施精准的重要性,而且对如何做到措施精准进行了科学论述。2015年6月,习近平总书记在贵州召开部分省区市党委主要负责同志座谈会上指出:"要坚持因人因地施策,因贫困原因施策,因贫困类型施策,区别不同情况,做到对症下药、精准滴灌、靶向治疗,不搞大水漫灌、走马观花、大而化之。"⑤2016年1月,习近平总书记在重庆调研时再次强调,要"明确靶向、量身定做、对症下药,真正扶到点上、扶到根上"。习近平总书记针对措施精准的一系列论述是对过去不精准扶贫工作方式方法的根本性改革,能够有效提高脱贫攻坚的精准度和有效性。

正如治病救人的关键在医生一样,扶贫工作的关键就在于精准派人。精准派人的本质要求就是要实现在脱贫一线凝聚起强大的核心力量,确保各项扶贫

---

①②⑤ 佚名.习近平论扶贫工作——十八大以来重要论述摘编[J].党建,2015(12):5-7,13

③ 中共中央组织部干部教育局.精准扶贫精准脱贫——打赢脱贫攻坚战辅导读本[M].北京:党建读物出版社,2016:147.

④ 陈成文.牢牢扭住精准扶贫的"牛鼻子"——论习近平的健康扶贫观及其政策意义[J].湖南社会科学,2017(6):63-70.

举措得到有效落实。这一核心力量就是党组织。① 换言之，要确保各项扶贫举措得到有效落实，就必须加强党的领导，落实领导责任，建立自上而下的精准扶贫管理体制。2015年11月，在中央扶贫开发工作会议上，习近平总书记指出："各级党委和政府必须坚定信心、勇于担当。要层层签订脱贫攻坚责任书、立下军令状。要把脱贫攻坚实绩作为选拔任用干部的重要依据，在脱贫攻坚第一线考察识别干部，激励各级干部到脱贫攻坚战场上大显身手。要把夯实农村基层党组织同脱贫攻坚有机结合起来，选好一把手、配强领导班子。"② 可以说，习近平总书记的精准派人思想是扶贫管理的一次大飞跃，有效解决了"如何将扶贫工作落到实处"这一难题。

成效是精准脱贫措施的衡量标准。高成效的脱贫不仅仅是实现扶贫对象的"两不愁，三保障"，还在于扶贫资源的高效率利用，即确保扶贫对象有进有出，使扶贫资源始终作用于真正的贫困对象。这就表明，脱贫成效精准实质上体现的是一种精准退出。精准退出是习近平总书记精准扶贫战略举措的重要组成部分，也是避免"数字脱贫"和虚假脱贫的关键环节。习近平总书记对精准退出问题也发表过一系列重要论述。2015年11月28日，习近平总书记在中央扶贫开发工作会议上明确指出："精准扶贫是为了精准脱贫。要设定时间表，实现有序退出，既要防止拖延病，又要防止急躁症。要留出缓冲期，在一定时间内实行摘帽不摘政策。要实行严格评估，按照摘帽标准验收。要实行逐户销号，做到脱贫到人，脱没脱贫要同群众一起算账，要群众认账。"③ 习近平总书记的精准退出思想以脱贫实效为依据，以群众认可为标准，为建立严格、规范、透明的贫困退出机制提供了方向指引，有助于促进贫困人口、贫困村、贫困县在2020年以前有序退出。

4. 政府、社会、市场协同推进的"三位一体"战略格局

精准扶贫资源配置的方式是多种多样的，既有行政组织配置，也有社会力

---

① 早在1992年习近平总书记担任中共宁德地委书记时就指出："党对农村的坚强领导，是使贫困的乡村走向富裕道路的最重要保证""脱贫越深入，农村第一线党组织的力量越要增强"。（参见习近平. 摆脱贫困[M]. 福州：福建人民出版社，2016：159 - 162.

② 中共中央组织部干部教育局. 精准扶贫精准脱贫——打赢脱贫攻坚战辅导读本[M]. 北京：党建读物出版社，2016：147.

③ 佚名. 习近平论扶贫工作——十八大以来重要论述摘编[J]. 党建，2015（12）：5 - 7，13.

量配置（包括市场组织配置、社会组织配置和公民个体配置）。在我国精准扶贫资源配置面临严重"内卷化"[①]的困境下，广泛动员社会力量参与扶贫开发是必然之举。[②] 这是因为社会力量扶贫是精准扶贫资源配置的一种补充性吸纳机制，有利于实现精准扶贫资源配置的广泛性。[③] 也就是说，扶贫开发不是政府"单打独斗"，而是要整合一切资源，动员一切社会力量，形成精准扶贫大格局。习近平总书记的精准扶贫大格局思想也充分体现在他所发表的一系列扶贫论述中。2015年6月，习近平总书记在贵州召开部分省区市党委主要负责同志座谈会上强调："要坚持专项扶贫、行业扶贫、社会扶贫等多方力量、多种举措有机结合和互为支撑的'三位一体'大扶贫格局。"[④] 同年7月，习近平总书记在吉林调研时又指出，要"广泛动员社会力量扶危济困"。同年10月，习近平总书记在2015减贫与发展高层论坛上再次指出："我们坚持动员全社会参与，发挥中国制度优势，构建了政府、社会、市场协同推进的大扶贫格局，形成了跨地区、跨部门、跨单位、全社会共同参与的多元主体的社会扶贫体系。"[⑤] 理想的扶贫过程应该是一个贫困户在政府的帮助下主动脱贫的过程。也就是说，扶贫对象也是贫困治理多元主体中最为重要的参与主体。正因如此，2017年2月，习近平总书记在主持中共中央政治局第三十九次集体学习时又进一步强调："贫困群众既是脱贫攻坚的对象，更是脱贫致富的主体。要注重扶贫同扶志、扶智相结合，把贫困群众积极性和主动性充分调动起来，引导贫困群众树立主体意识，发扬自力更生精神，激发改变贫困面貌的干劲和决心，靠自己的努力改变命运。"很显然，习近平总书记的这一系列论述中包含着两个重要的"构建"：一是多元主体和多重资源的构建；二是志与智的构建。

（二）习近平关于贫困治理系列论述的精神实质

习近平总书记关于贫困治理的系列论述不仅是对过去30多年扶贫开发经

[①] 易棉阳. 论习近平的精准扶贫战略思想[J]. 贵州社会科学，2016（5）：139-144.
[②] 陈成文，吴军民. 从"内卷化"困境看精准扶贫资源配置的政策调整[J]. 甘肃社会科学，2017（2）：112-117.
[③] 陈成文，陈建平. 社会组织与贫困治理：国外的典型模式及其政策启示[J]. 山东社会科学，2018（3）：58-66.
[④][⑤] 佚名. 习近平论扶贫工作——十八大以来重要论述摘编[J]. 党建，2015（12）：5-7，13.

验的总结与提升，也是马克思主义扶贫理论在当代的新发展。[①] 马克思主义经典作家的消除贫困思想主要探讨了贫困产生的制度根源、解决无产阶级贫困化问题的根本之策。[②] 这是习近平关于贫困治理系列论述形成的最主要的理论基石和最重要理论基础。马克思主义反贫困理论有三个重要的核心内容：一是无产阶级贫困的根源在于资本主义制度。二是消除贫困的根本途径是消灭剥削制度。三是在社会主义（共产主义）制度基础上，能够通过大力发展生产力来消除贫困。[③] 习近平关于贫困治理系列论述在扶贫目标、致贫原因、扶贫主体、扶贫内容等方面继承了马克思主义的反贫困理论。[④] 习近平关于贫困治理系列论述的理论渊源不仅包括马克思主义贫困与反贫困理论，还包括中国共产党历代领导人的扶贫思想和我国的优秀传统文化。在他的贫困治理思想中，继承和发扬了老一辈领导人的"共同富裕"思想。"消除贫困是社会主义的本质要求"这一论断，是习近平总书记对于社会主义本质的最新发展。[⑤] 此外，以人民为中心的发展思想和为民情怀，在习近平关于贫困治理系列论述中有着重要体现，构成其重要的理论品格。[⑥] 习近平总书记的贫困治理思想也是在参考国外反贫困理论和实践模式的基础上不断深化和提升的，其中提升贫困人口发展能力、因地制宜扶贫、国家福利救济以及国家有效干预等思想，对习近平关于贫困治理系列论述的形成具有重要的参考价值。[⑦]

习近平关于贫困治理系列论述，综合运用了战略思维、系统思维和精准思维，蕴含着鲜明的唯物辩证法思维，[⑧] 体现着坚定的唯物史观立场、科学的唯物主义认识论方法。[⑨] 习近平关于贫困治理系列论述是发展理念的反映，是其治国理念的重要组成部分，从根本上阐明了发展"为了谁"的问题，提出要

[①] 易棉阳. 论习近平的精准扶贫战略思想 [J]. 贵州社会科学, 2016 (5): 139–144.
[②] 郝涛. 习近平扶贫思想研究 [D]. 长沙：湖南大学, 2017.
[③] 欧健, 刘晓婉. 十八大以来习近平的扶贫思想研究 [J]. 社会主义研究, 2017 (6): 13–21.
[④] 张赛群. 习近平精准扶贫思想探析 [J]. 马克思主义研究, 2017 (8): 33–40.
[⑤] 蒋永穆, 周宇晗. 习近平扶贫思想述论 [J]. 理论学刊, 2015 (11): 11–18.
[⑥] 张琦, 杨增崟. 习近平扶贫开发战略思想的理论品格 [J]. 人民论坛, 2018 (4): 63–64.
[⑦] 荀颖萍, 白冰. 习近平精准扶贫思想浅析 [J]. 西南交通大学学报（社会科学版）, 2017 (3): 122–128.
[⑧] 刘明合, 李霞. 习近平扶贫开发思想探析 [J]. 学校党建与思想教育, 2017 (6): 80–82.
[⑨] 王辉. 试论习近平扶贫观 [J]. 人民论坛, 2015 (20): 208–210.

切实维护最广大人民的根本利益,就是要让全体人民共享发展成果[1];体现着创新理念、协调理念、绿色理念、开放理念、共享理念。[2] 习近平关于贫困治理系列论述从中国共产党人的历史使命、全面建成小康社会的内在要求、社会主义初级阶段的现实要求和社会主义本质的必然要求等方面论述了扶贫工作的必然性和必要性,针对党的十八大以前扶贫工作中存在的一系列问题,相应地提出了精准扶贫、转变扶贫方式、加强扶贫民主法治建设、社会治理与扶贫并重、依靠基层党组织扶贫等重要论断[3];反映了党对自身历史使命的自觉认识和对人民负责的担当精神,是对社会主义生产力发展与追求共同富裕互为动力的社会主义制度优越性的规律把握。[4] 概括来看,实事求是、精准发力,是习近平贫困治理理论的首要特征;标本兼治、深处着力,是习近平贫困治理理论的重要特征;着眼大局、形成合力,是习近平贫困治理理论的鲜明特征;从严治党、强化主力,是习近平贫困治理理论的最本质特征。[5]

(三)"井冈山模式":习近平关于贫困治理系列论述的实践成果

2016年底,井冈山市贫困发生率降至1.6%,低于国家2.0%的贫困县退出标准;贫困村从2015年的35个减少到6个,退出率达83%,远高于江西省60%的贫困县退出要求;贫困户人均纯收入由2013年的2600元,增长到4500元以上。[6] 基本实现了"农村贫困人口不愁吃、不愁穿,农村贫困人口义务教育、基本医疗、住房安全有保障,农村最低生活保障标准和贫困农户人均可支配收入增幅高于全市平均水平,贫困村基本公共服务领域主要指标接近全市平均水平"。井冈山的率先脱贫,不仅充分地彰显了习近平精准扶贫理论的实践魅力,而且有力地体现了井冈山对习近平精准扶贫理论的创造性运用。

---

[1] 孙康,陈琦.习近平扶贫开发思想的理论体系、价值遵循与行动路径[J].中南民族大学学报(人文社会科学版),2018(2):10-14.

[2] 王金艳.习近平扶贫开发理念探析[J].理论学刊,2016(2):18-23.

[3] 王安忠.习近平扶贫思想探析[J].学习论坛,2017(12):19-23.

[4] 蒋英州.使命担当与理论开创:习近平精准扶贫思想的新时代意义[J].四川师范大学学报(社会科学版),2018(1):48-54.

[5] 杨力源.习近平新时代扶贫攻坚工作思想的基本特征[J].毛泽东思想研究,2018(1):43-48.

[6] 2017年4~7月,我们的研究团队多次赴井冈山进行实地调查,除对相关政府、企业、农民的访谈外,也专门针对农民进行了问卷调查。书中所引材料,除注明出处外,均来自这一实地调查。

1. 对习近平关于贫困治理战略理念的创造性领悟

井冈山的扶贫实践正是以习近平总书记的发展理念为战略指导，将发展作为脱贫攻坚的根本，坚持以发展增收带动贫困户及贫困村脱贫致富。一方面，井冈山按照"一户一丘茶园，一户一片竹林，一户一块果园，一户一人务工"的"四个一"产业扶贫要求，重点发展茶竹果产业，全力实施农业产业"231"富民工程（力争在"十三五"期间，打造20万亩茶叶、30万亩毛竹、10万亩果业）。另一方面，井冈山大力发展扶贫产业合作社，实现了贫困户加入产业合作社全覆盖。同时，开展"旅游+扶贫"、"电商+扶贫"、资产收益扶贫等多种扶贫模式。2016年，井冈山全市新增茶叶2万亩，毛竹低改1.65亩，果业1万亩；35个贫困村发展主导产业3500亩，短期效益产业3500亩；共投入产业扶贫资金6942万元，使竹果产业面积达到28.3万亩，覆盖贫困户2320户，户均年增收1500元；"旅游+扶贫"、"电商+扶贫"、资产收益扶贫等模式则实现户均增收2000元以上。① 从调研中发现，井冈山对习近平总书记精准扶贫战略理念的创造性践行具体体现在发展要求、发展方式和发展策略上。

（1）发展要求："四个到位"。在发展要求上，井冈山确定了"四个到位"。一是政策保障到位。结合实际，井冈山制定出台了《加快农业产业发展助推脱贫攻坚实施意见》，成立了"茶竹果"重点产业发展领导小组，明确了2016~2020年每年的发展目标和任务。二是资金扶持到位。井冈山积极整合财政、扶贫等涉农项目和资金5000万元，按照"统筹规划、相对集中、各负其责、各记其功"的原则，将赣南等原中央苏区和特困区产业扶贫资金2239.4万元及资产收益扶贫试点资金1000万元全部用于扶持4163户建档立卡红蓝卡户的产业帮扶。三是资产收益到位。井冈山成立了市金融产业指导委员会，注册了井冈山惠龙宝产业投资有限公司。根据贫困户自愿的原则，井冈山所有红卡户以政府扶持的每户1万元产业帮扶资金入股惠龙宝公司。股东年收益率按不低于股本金的15%标准执行。四是技术指导到位。井冈山从农业局、林业局等相关部门抽调技术人员20余人成立技术帮扶工作队，对原地选择、

---

① 书中的相关数据如未作特别说明，均是截至2016年底。

基地规划、品种选育、基地管理、果实采摘等产前、产中、产后各个生产环节进行技技术指导，为农业产业的发展保驾护航。

（2）发展方式："四个结合"。在发展方式上，井冈山坚持了"四个结合"。一是结合美丽乡村建设。井冈山大力实施老乡工程，动员广大农户利用房前屋后、庭院、村旁路旁的空闲地、荒坡荒地、自有林地发展富民产业，既带动了贫困户增收又美化了环境。二是结合撂荒地整治工作。井冈山把消灭撂荒土地与脱贫攻坚有机结合，充分利用撂荒土地发展产业，切实增加贫困群众收入。采取"统一翻耕、统一流转、统一规划、统一种植，按股分红，贫困户全覆盖"模式，在撂荒地种植玉米、大豆、芝麻等经济作物，确保贫困户持续性收益。三是结合全域性旅游概念。井冈山是红色旅游胜地，旅游资源丰富。因此，依靠旅游资源优势，发展"旅游＋农业产业"模式是必然的发展方式。四是结合"互联网＋"概念。井冈山顺应时代潮流，完善网络基础设施，积极搭建电商平台，拓宽销售渠道，帮助贫困户把资金、技术、管理"引进来"，把资源、产品、服务"卖出去"。截至2016年底，已建立"村邮乐购·农村e邮"电商扶贫站点18个，让井冈山的精准扶贫搭上了互联网的时代快车。

（3）发展策略："四个一批"。在发展手段上，井冈山突出了"四个一批"。一是龙头企业带动一批。即推行"龙头企业＋合作社＋贫困户"产业扶贫模式。这种模式又分为两种形式：一种形式是贫困户通过流转土地、参与发展和优先务工从龙头企业获得收入；另一种形式是以"订单"为联结，由龙头企业和贫困村、贫困户签订农产品购销协议，实现"订单脱贫"。二是合作组织吸纳一批。即推行"农民专业合作社＋基地＋贫困户"产业扶贫模式。贫困户以资金、土地、山林资源或劳动力入股等形式参与合作社，在合作社产业发展中取得各类收益。三是能人大户联动一批。即推行"能人大户＋公司（合作社）＋贫困户"或"能人大户＋贫困户"产业扶贫模式。鼓励本地群众创业兴业、外出人员返乡创业、外来人员投资兴业。鼓励这些能人大户通过各类形式吸收、组织、带领贫困户增收脱贫。四是"党建＋"促动一批。即推行"党员＋贫困户"的产业扶贫模式。党员干部尤其是贫困村的党员干部积极发挥资源、智力、信息和管理优势，带领贫困对象挖掘资源，发展特色产业。

2. 对习近平关于贫困治理战略目标的创造性领悟

井冈山牢记习近平总书记精准扶贫思想的战略目标,为自己的扶贫确立了"两个确保""两不愁、三保障、两高于、一接近""六有五通"三大总体目标。

(1)"两个确保"。一是确保贫困发生率控制在1.89%以内。二是确保"十三五"期间35个贫困村中33个脱贫摘帽。

(2)"两不愁、三保障、两高于、一接近"。"两不愁"指稳定实现扶贫对象不愁吃不愁穿;"三保障"指贫困人口的义务教育、基本医疗和住房安全有保障;"两高于"指农村最低生活保障标准和贫困农户人均可支配收入增幅均高于全市平均水平;"一接近"指贫困村基本公共服务领域主要指标接近全市平均水平。为此,井冈山延伸织密贫困家庭医保、低保、社保、教育"四张保障网",完善大病救助制度,实施健康扶贫工程,加大医疗救助、临时救助、慈善救助等帮扶力度,实现了农村低保与扶贫开发保障措施的有效衔接。将无力无业的红卡户(特困户)全部纳入低保或政府救助保障范围,切实做到了应保尽保、应扶尽扶。当前,井冈山贫困户人均纯收入已由2013年的2600元增长到4500元以上,基本实现"两不愁、三保障、两高于、一接近"的扶贫目标。

(3)"六有五通"。"六有"指贫困村有特色富民产业、有专业合作组织、有产业风险补偿抵押担保贷款互助资金会、有标准化卫生室、有综合性文化服务中心、有新村新貌;"五通"指通水泥路、通安全饮用水、通动力电、通广播电视、通宽带网络。为了实现这一目标,井冈山整合涉农扶贫资金7.47亿元,实施了1800多个项目,实现了25户以上自然村全部通水泥路、通自来水、移动通信网络和电力全覆盖,且所有行政村卫生室、文化室、党建活动室均达标。井冈山已实现贫困村生产生活设施大变样。

3. 对习近平关于贫困治理战略举措的创造性领悟

井冈山以习近平总书记关于"六个精准"的战略论断为指针,从精准识别、项目精准、资金精准、措施精准、精准落实和精准退出六个方面对精准扶贫的具体举措进行了创造性的践行。

(1)井冈山对习近平"扶持对象精准"论断的践行。在对象识别方面,井冈山摒弃了以往贫困识别过程中的"大概印象、笼统数据",精准聚焦"对象是谁?程度怎样?数量多少?如何分布?"。在具体的识别过程中,井冈山以"村内最穷、群众公认"为原则,严格按照"一访、二榜、三会、四议、五核"①的程序进行对象识别,确保"精准扶贫、不落一人"。在贫困户建档立卡上,井冈山创造性地提出红卡(特困户)、蓝卡(一般贫困户)、黄卡(2014年实现脱贫的贫困户)建档立卡办法。在精准"扫描"每一个贫困户的基础上,用三色卡标记不同程度的贫困户,做到心中有数,一目了然。在贫困对象的识别过程中,井冈山严格执行识别标准,不符合贫困标准的一律排除在识别范围之外,符合标准的一个不落。井冈山还建立了精准扶贫大数据管理平台。通过大数据管理,确保每一位贫困户的基本情况一目了然,致贫原因和脱贫门路清晰可查。通过这一系列精准识别举措,井冈山做到了变"面上掌握"为"精准到人",共识别出贫困户4638户(16934人),其中红卡户1483户(5014人),蓝卡户2218户(7787人),黄卡户937户(4133人)。

(2)井冈山对习近平"项目安排精准"论断的践行。井冈山深刻领会习近平总书记"项目安排精准"论断的要义,以"十大工程"②为抓手,以产业扶贫、安居扶贫、保障扶贫为龙头,让"项目资金跟着穷人走"。在产业扶贫方面,一是推进"产业+",实现"资源变资产、资金变股金、农民变股东";二是推进"旅游+",变"单一为综合、过客为常客、潜力为实力",如建立了菖蒲金葡萄园、国家农业科技园八角楼园区等一批农业观光项目,吸引了大批自驾游游客旅游观光、采摘体验,让一大批种菜、种果的贫困群众都成为了受益者;三是推进"就业+",实现"一户一人务工,全家不再受穷",如开发公益性岗位、开展免费创业培训项目。在安居扶贫方面,实行拆旧建新、维

---

① "一访"即走访农户;"二榜"即在村和镇张榜集中公示;"三会"即分别召开村民代表大会、村委两会、乡镇场党政班子会;"四议"即通过村民小组提议、村民评议、村两委审核、乡镇场党政班子决议;"五核"即村民小组核对、村两委审核、驻村工作组核实、乡仲裁小组核查、乡镇场党政班子会初核。

② "十大扶贫工程"是指江西省实施的产业发展扶贫工程、就业扶贫工程、易地搬迁扶贫工程、危旧房改造扶贫工程、村庄整治扶贫工程、基础设施建设扶贫工程、生态保护扶贫工程、社会保障扶贫工程、健康扶贫工程和教育扶贫工程。

修加固、移民搬迁、政府代建等建房模式，并构造出"引农出山、移民建镇、特困上楼"三管齐下的新型移民搬迁扶贫模式。在保障扶贫方面，一是推进社会保障扶贫，让贫困群众日常生活不愁；二是推进健康扶贫，让贫困群众看得起病，解决"因病致贫和因病返贫"；三是推进教育扶贫，让贫困群众上得起学。

（3）井冈山对习近平"资金使用精准"论断的践行。为了提高财政涉农扶贫资金的精准度和使用效益，井冈山加快推进财政涉农资金科学化精细化管理。井冈山按照投入科学、安排规范、使用高效、运行安全的要求，探索资金整合的有效途径，为脱贫攻坚和农村发展升级提供资金保障。一方面，井冈山整合中央、江西省、吉安市、井冈山市四级财政安排用于农业生产发展和农村基础设施建设等方面的资金；另一方面，井冈山结合脱贫攻坚任务和贫困人口变化情况，将教育、医疗、卫生等社会事业方面的部分资金也纳入整合范围。整合资金以"十大扶贫工程"为平台，精确瞄准建档立卡贫困人口和贫困村。通过统筹整合财政涉农扶贫资金，井冈山形成了"多渠道引水，一个龙头放水"的扶贫资金投入新格局。在扶贫资金的使用过程中，井冈山不断完善资金管理方式，加快资金拨付进度，完善资金项目公示公告制度。为了加大对整合资金使用的监督检查力度，井冈山建立了以审计、纪检监察、财政部门以及"两代表、一委员"为主体的整合资金使用监督委员会，乡镇、村两级同时成立相应的机构。同时，井冈山还积极探索引入第三方监督机制，引导贫困人口主动参与监督，构建多元化的资金监管机制。

（4）井冈山对习近平"措施到户精准"论断的践行。井冈山认真践行了习近平总书记的"措施到户精准"思想。针对不同致贫原因，井冈山"对症下药"，政策因户"滴灌"，做到方略有谱。第一，针对有劳动能力的贫困对象实施"就业/创业"扶贫。通过技能培训、开发公益性岗位等就业扶贫措施，帮助有就业意愿的贫困对象获得合适的工作岗位；通过资金支持和技术服务等创业扶贫措施，帮助有创业意愿的贫困对象发展致富产业。第二，针对劳动能力不足的贫困对象实施资产收益扶贫。井冈山鼓励贫困户，尤其是丧失劳动能力的贫困户，将扶贫资金投入金融、设施农业、工业、乡村旅游等领域中，以获得长效收益；同时，支持农民合作社和其他经营主体通过托管贫困户产业基地和吸收农民土地经营权入股等方式，带动贫困户增收。第三，针对因病、因残等支出性贫困对象实施保障扶贫。井冈山按照"摸清底数、区分类型、找准问题、分类实策"的思路坚持依法救助、托底救急、精准救助、统筹衔接的原则，充分发挥社会保障在扶贫攻坚中的积极作用，编织了一张"覆盖全面、救急解难、托底有力、持续发展"的基本民生安全网。第四，针对居住型贫困实施安居扶贫。井冈山实行拆旧建新、维修加固、移民搬迁、政府代建四种安居扶贫模式，引导贫困移民向中心村镇、工业园区和城区有序"转移"。

（5）井冈山对习近平"因村派人精准"论断的践行。井冈山认真践行了习近平总书记的"因村派人精准"思想，在脱贫第一线凝聚起强大的核心力量。为汇聚起脱贫攻坚的强大力量，把力量全部引导至脱贫攻坚上。一方面，井冈山加大了脱贫攻坚在乡镇经济社会发展实绩考核指标中的权重（提升至60%）；另一方面，井冈山不断强化党组织在脱贫一线的战斗堡垒作用，让党员干部率先垂范，实打实做。井冈山将扶贫一线作为培养和考验干部的重要阵地，建立了领导挂乡、单位挂村、企业扶乡的帮扶机制，要求每乡都有市领导和实力企业，每村都有市直单位，每户都有扶贫干部，规定县处级以上领导干部帮扶3户贫困户、科级干部帮扶2户贫困户、一般党员干部帮扶1户贫困户。截至2016年底，井冈山市共有17位市领导、126个市直单位、17家重点企业进驻到了脱贫攻坚第一线；共选派了112名科级干部到村担任扶贫"第一书记"、109名科级后备干部担任"村党组织副书记兼主任助理"；实现了3000多名党员干部人人都参与脱贫攻坚。为了将党组织的力量挺立在脱贫攻坚最前沿，全力发挥党组织的政治优势和组织优势，井冈山创造性地实施了"党建+脱贫攻坚"行动，让党建工作跟着脱贫项目走。井冈山采取"支部+企业+基地+贫困户""支部+移民安置点"等模式，把党组织建在扶贫产业链、移民安置区、专业合作社和龙头企业中，实现了306个专业合作社和产业协会、43个移民集中安置点党的工作全覆盖。

（6）井冈山对习近平"脱贫成效精准"论断的践行。为了实现有序脱贫，杜绝"贫困终身制"，井冈山实行"户有卡、村有册、乡有簿、市有电子档案"，通过数据系统对贫困户信息进行动态管理，及时更新贫困信息。井冈山严格按照国家制定的贫困退出标准，将已经实现脱贫的贫困户和贫困村进行脱贫管理，同时，将新识别出的贫困对象及时纳入，做到该退则退、该进则进、该扶则扶，确保"贫困在库、脱贫出库"。井冈山坚决杜绝"数字脱贫"，不搞纸上扶贫、填表式扶贫、口号式扶贫等形式主义作风，而是将扶贫举措落到实处，切实做到了真脱贫。为了做到帮扶措施落实情况明明白白，井冈山为每个贫困户制作了基本信息卡、帮扶工作记录卡、脱贫政策明白卡和贫困户收益卡，并将四卡信息全部录入贫困户的电子档案。通过查询电子档案，便可了解贫困对象的所有信息，包括谁来扶的、怎么扶的、解决了哪些问题、实现了哪些收入。为了做到贫困群众每项实际收入清清楚楚，井冈山分别为红、黄、蓝卡户印制了《贫困户收益确认公示表》，登记并公开每一项实实在在的收入，方便社会监督。《贫困户收益确认公示表》公示公开前都要经过贫困户签字确认。

4. 对习近平关于贫困治理战略格局的创造性领悟

井冈山清楚地认识到，仅靠井冈山政府的有限财力，要实现脱贫，犹如杯水车薪。为此，井冈山充分运用习近平总书记的精准扶贫大格局思想，科学构建了政府部门主导、爱心人士参与、企事业单位支持等多元主体参与的扶贫模式。井冈山动员组织企业和经济人士，通过定点帮扶贫困村，结对帮扶贫困户，认领微心愿，捐献爱心基金，吸纳劳动力就业，开展就业培训等多种途径，帮助贫困村开发优势资源，培育主导产业。先后吸引380名井冈山籍在外发展人士返乡创业，以公司加农户的形式组织生产合作社。通过千方百计借力借帆"开大船"，争取到了华润集团1.2亿元投资和江铜集团1亿元捐赠等一系列帮扶资金。井冈山还特地从旅游门票收入和土地出让金中各切出10%，筹措资金成立特殊扶贫基金。此外，井冈山积极推行"志智双扶"，以调动扶贫对象的积极性，发挥其主体作用，使贫困对象成为多元主体中的重要组成部分。一是通过"扶智"消除思想上的贫困。二是通过"扶技"消除能力上的贫困。三是通过"扶智"消除世代传递的贫困。

5. 以满足需求为导向的井冈山扶贫模式

任何供给都必须考虑需求，只有基于需求或者能够充分反映需求者需要的供给才可能成为有效供给。① 以满足需求为导向的扶贫模式即是指将贫困户的需求贯穿于扶贫的全过程。精准扶贫中的"精准"就是要根据"谁贫、贫的程度以及原因"去"扶",其内在含义即在于精准扶贫政策必须做到供需匹配。换言之,精准扶贫政策的供给必须做到有效地满足贫困对象的需求。

井冈山的精准扶贫实践即体现为以满足贫困对象的需求为导向。从表2-1可以看出,井冈山贫困人口的致贫原因包括交通条件落后、缺技术、缺劳动能力、缺土地、缺资金、因病、因残、因学、因灾、自身动力不足10个方面。其中,主要致贫原因为病、残、缺劳动能力和缺技术。对于因残和缺劳动能力的贫困对象而言,由于个人禀赋缺乏,他们很难获得必要的劳动收入,其主要脱贫需求属于生存性的,即满足基本生活需求。因此,这部分人只能通过社保政策兜底脱贫。井冈山即是这样做的。为了对贫困对象实现"因保尽保",井冈山推进贫困线和低保线"双线合一"。2016年,新增贫困户低保指标880名,同时贫困户低保标准实现了12%的增长。到2016年底,井冈山累计发放贫困户低保金1320万余元,红卡户人均享有2340元,扎扎实实兜住了贫困底线。从表2-1可以看出,井冈山因残致贫人数从2015年的1157人下降至2016年的327人,人均纯收入由2015年的4886元上涨至7010元,增长幅度高达30%;因缺劳动能力而致贫的人数从2015年的637人下降至2016年的157人,人均纯收入由2015年的5460元上涨至6122元,增长了11%。对于因病致贫者,井冈山加强医疗救助扶持。对于缺技术的贫困对象,井冈山积极开展农业技术、职业教育、产业创新等技术培训,让有劳动能力的贫困人口有一技之长。当然,任何一项扶贫措施并不是只满足某一类贫困对象的需求。对于一些多源性贫困问题,需要综合采取多种措施,以满足贫困对象的多源性脱贫需求。井冈山探索实施的资产收益扶贫模式就能够很好地满足所有贫困对象的需求。与此同时,同一类贫困对象在不同的扶贫阶段,其主要扶贫需求也存在差异,这就要求在不同阶段采取不同的扶贫措施。例如,针对技术缺乏型贫困对象的扶贫,首先是要通过技术培训或职业教育提高他们的职业技能,然后再让他们参与到各类产业扶贫当中。

---

① 陈成文.从"内卷化"看精准扶贫资源配置的矫正机制设计[J].贵州师范大学学报(社会科学版),2017(1):36-44.

表 2-1　　　　　井冈山贫困人口的主要致贫原因及扶贫效果

序号	主要致贫原因	2014 年 人数（人）	2014 年 人均纯收入（元）	2015 年 人数（人）	2015 年 人均纯收入（元）	2016 年 人数（人）	2016 年 人均纯收入（元）
1	交通条件落后	23	2918.3	8	4263.25	7	4523.86
2	缺技术	875	2436.80	365	3996.15	58	6768.19
3	缺劳动能力	1186	2282.41	637	5460.85	157	6122.01
4	缺土地	26	1842.15	18	1998.89	0	
5	缺资金	378	2535.71	144	4162.48	20	6902.20
6	病	7632	2419.39	4361	4533.9	875	5970.21
7	残	1887	2295.25	1157	4886.23	327	7010.52
8	学	378	2357.39	230	4856.9	15	8001.59
9	灾	119	2358.67	56	5014.1	13	6781.37
10	自身动力不足	210	2855.48	97	4522.13	22	4196.06
合计		12714		7073		1494	

资料来源：根据全国扶贫开发信息系统江西业务管理子系统中的数据整理。

从理论上总结脱贫攻坚的成功经验可以发现，井冈山正是深刻领会了习近平总书记的精准扶贫理论，并创造性地将其运用于实践之中，从而形成了独具特色的以满足贫困对象需求为导向的扶贫模式。由于这一模式注重了精准扶贫政策与农村贫困人口需求的互补性契合和一致性契合，因此，从本质上看它是一种以满足需求为导向"契合型扶贫模式"（见图 2-1）。这种"契合型扶贫模式"是习近平新时代中国特色社会主义扶贫开发思想在井冈山扶贫实践中的科学运用，也是马克思主义扶贫理论中国化的最新成果，具有面向全国的普适性推广价值。

（1）注重互补性契合。互补性契合度强调事物双方之间的互补性或补足性，意味着在事物双方之间，一方拥有另一方所没有的特性或特质，通过这种特性，彼此都能在某些方面满足对方的需求，由此产生出一种互补性契合感。互补性契合主要从供给—需求契合和要求—能力契合两个方面来测量。[①]

[①] 陈成文，李春根. 论精准扶贫政策与农村贫困人口需求的契合度 [J]. 山东社会科学，2017（3）：42-48.

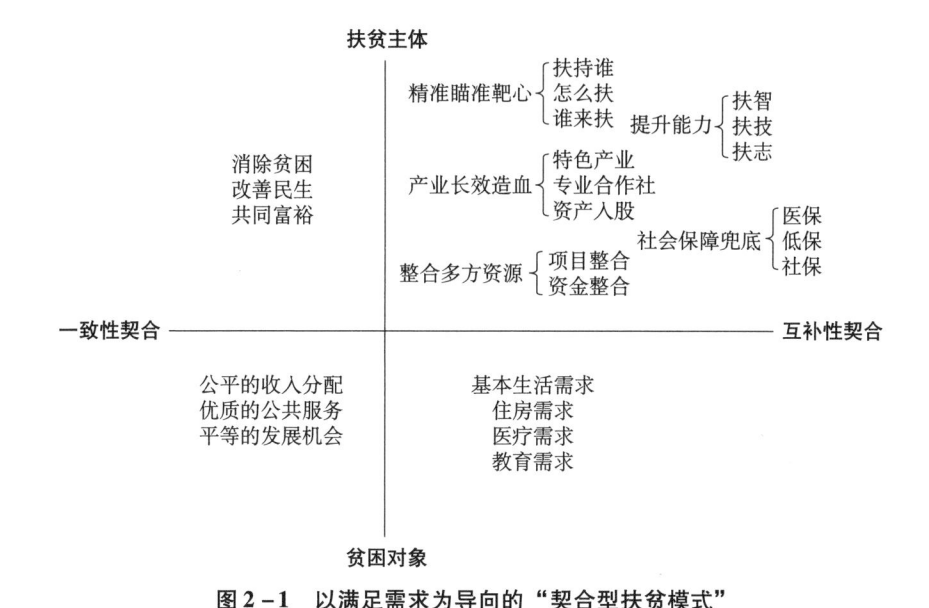

第二章 新时代"弱有所扶"的理论基础

```
                    扶贫主体
                         │
                         │           ┌扶持谁      ┌扶智
                         │  精准瞄准靶心│怎么扶  提升能力│扶技
                         │           └谁来扶      └扶志
      消除贫困             │           ┌特色产业
      改善民生             │  产业长效造血│专业合作社
      共同富裕             │           └资产入股              ┌医保
                         │                      社会保障兜底│低保
                         │           ┌项目整合              └社保
                         │  整合多方资源│资金整合
                         │           └
一致性契合 ────────────────┼──────────────── 互补性契合
                         │
      公平的收入分配         │  基本生活需求
      优质的公共服务         │   住房需求
      平等的发展机会         │   医疗需求
                         │   教育需求
                         │
                     贫困对象
```

图 2-1 以满足需求为导向的"契合型扶贫模式"

第一,注重供给—需求契合。供给—需求契合主要是指精准扶贫政策的供给与农村贫困人口需求之间的契合问题。[1] 以往的扶贫政策供给较少从供给—需求契合出发,导致政策实施效果无法达到预期目的。这是因为:一方面,以往的扶贫政策难以瞄准真正的贫困对象,导致大量贫困人口漏出;另一方面,以往的扶贫政策难以完全契合贫困根源,导致扶贫成效低下。井冈山现有的扶贫模式以"精准瞄准""长效造血""政策整合""社保兜底"为抓手,不断提高精准扶贫的供给—需求契合度。

一是精准瞄准靶心。这是井冈山实现率先脱贫的关键核心。精准,包含"扶持谁""怎么扶""谁来扶"等多方面精准的内涵。以往的粗放型扶贫工作存在着一系列问题,如贫困群众底数不清、致贫原因不明、扶贫举措针对性不强、扶贫资金和项目指向不准等。这些问题带来的结果就是扶贫政策供给不能很好地契合真正的贫困人口,以及贫困人口的真实需求。正因如此,习近平总书记将"对象精准"作为六大精准的首要环节。为了落实习近平总书记的"对象精准",井冈山率先提出"红蓝"两卡识别办法,并在实践中探索实施

---

[1] 陈成文,李春根. 论精准扶贫政策与农村贫困人口需求的契合度 [J]. 山东社会科学,2017(3):42-48.

"三卡"识别、"四卡"合一、"三表"公开等。

二是实施产业长效造血。发展产业是井冈山率先脱贫的根本。"输血"式扶贫只能解决贫困对象的基本生存需求问题。要解决贫困人口的长期发展问题，则必须提高贫困对象自身的"造血"能力。井冈山认识到，脱贫攻坚，一方面是扶业增收，另一方面是扶困解难，两个方面不可或缺。其中，发展产业，增加就业和提高收入，是根本之举。扶贫真正扶到根上，关键是提高困难群众的自我发展能力，实现"村村有主导产业""户户有增收门路"。井冈山认为，发展产业，既不能一蹴而就，更不能盲目蛮干，务必实事求是、因地制宜。因此，井冈山注重激活贫困对象的资源资产，探索了"三变"① 的产业"造血"模式，在产业扶贫过程中依托丰富的土地资源优势，大力发展"茶、竹、果"等优势特色产业，有效增强了贫困对象的"造血"能力。

三是整合多方资源。资源聚焦贫困，是井冈山实现率先脱贫的有力支撑。具体实践中，贫困人口与低保人口不衔接、"扶农"与"扶贫"不衔接、资金项目"大水漫灌"、社会力量扶贫碎片化等问题让井冈山深感资源聚焦贫困的重要性。井冈山在资源聚焦贫困方面总结出了两条经验：一是注重涉农政策与脱贫政策之间的衔接与整合。以脱贫摘帽为目标，以减贫成效为导向，实现惠农政策的"普惠式""区域式"投放向"差异化""特定化"投放转变。二是注重对口支援和多方协作。通过东西部扶贫协作、党员干部帮扶、爱心人士参与、企事业单位支持，井冈山构建了汇聚多方力量的精准扶贫大格局。

四是社会保障"兜底"。井冈山按照"社会保障兜底一批"的要求，健全完善社会保障、社会救助制度，提高保障水平，编密兜底保障网，重点强化对"无业可扶和无力脱贫贫困人口"的保障。让贫困群众不愁吃、不愁穿、基本生活有坚实保障，一个都不落、一个都不少地同步全面小康。在具体实施过程中，重点实现一个全覆盖，提高三项保障，健全三大体系。第一，严格按照"应保尽保"的要求，推进贫困线和低保线"双线合一"，实施贫困群众低保全覆盖；第二，切实提高贫困群众收入保障、医疗救助保障和养老服务保障；第三，健全临时救助体系、社会救助体系和精准识别体系。

---

① "三变"即变资源为资产，变资金为股金，变农民为股东。

第二,注重要求—能力契合。要求—能力契合主要是指精准扶贫政策对农村贫困人口的要求与农村贫困人口能力之间的契合问题。产业扶持、转移就业、易地搬迁、教育支持等这些脱贫方式属于开发性扶贫,具有明显的发展性。这种发展性扶贫本质上是一种以农村贫困人口的发展为核心的社会积极变迁。只有得到农村贫困人口的主动参与和积极支持,这种发展性扶贫才能够获得成功。[①] 在扶贫攻坚中,农村贫困人口的主动参与和支持程度直接决定着要求—能力契合的程度。为了提高要求—能力契合度,井冈山突出"志智"双扶,并将其作为战胜贫困的内生动力。物质扶贫固然重要,精神扶贫、文化扶贫更为重要。井冈山认识到"党和政府是扶持我们,并非抚养",最大的贫困是依赖心态,外部主导的扶贫既可能改变这种心态,也可能强化这种心态。因此,井冈山将"扶志""扶技""扶智"作为扶贫工作的三个重要要义。

一是通过"扶志"消除思想上的贫困。一方面,井冈山打破固有思维模式,创新资金补助方式,将发放生活补贴转变为发放产业奖补,重点扶持产业发展,引导贫困对象进城务工、自主创业,激发贫困群体自身想脱贫致富的源动力,从根本上摆脱"等靠要"的思想观念,彻底拔除贫困的"病根"。另一方面,井冈山加大脱贫攻坚宣传力度,深入挖掘贫困群众依靠自身努力脱贫致富的先进事迹,树立脱贫光荣的鲜明导向。

二是通过"扶技"消除能力上的贫困。提高农村贫困人口就业能力最直接、见效最快的方法就是提升他们的劳动技能。[②] "扶技"即是提升农村贫困人口的劳动技能。井冈山因地制宜、因户施策,在尊重个人意愿的基础上,充分挖掘个人所长,对有劳动能力的贫困人口进行技能培训,如讲授农业技术、开展职业教育,使他们都能拥有一技之长。同时,出台多项扶持政策鼓励大众创业,如向有创业意愿且具备一定创业条件的贫困人口开展免费的创业培训和创业指导,向符合规定条件的贫困人口提供创业担保贷款贴息扶持。截至2016年底,井冈山累计发放创业担保贷款560万元。井冈山还积极与园区企业沟通协调,鼓励园区企业对新招聘的扶贫对象开展岗前培训。截至2016年

---

① 陈成文,李春根. 论精准扶贫政策与农村贫困人口需求的契合度[J]. 山东社会科学,2017(3):42-48.

② 陈成文. 对贫困类型划分的再认识及其政策意义[J]. 社会科学家,2017(6):8-14.

底，井冈山共组织了869名红、蓝卡贫困劳动力参加精准扶贫就业技能培训。

三是通过"扶智"消除贫困代际传递。井冈山按照"全面改善，精准帮扶，多重资助，不落一生，扶智脱贫"的要求，建立到校、到户、到学生的教育精准扶贫平台，从幼儿园开始全程追踪到大学，按奖、贷、助、补、免等资助政策给予多元资助。通过内外兼修、"软硬兼施"、多管齐下，阻断贫困代际传递，打通教育扶贫的"中梗阻"。首先，做足外功，提升硬件水平。不断完善农村教学基础设施，增加图书数量，增设教学器材，让学生有个良好的学习环境。其次，勤练内功，提升软实力。主要措施包括：调结构，优化资源配置；抓培训，提升师资水平；提待遇，稳定师资队伍。最后，多管齐下，凝聚脱贫合力。主要措施包括：完善助学体系，疏通帮扶通道；打造"教育+互联网"模式，共享优质教育资源；吸纳社会资本，壮大扶贫力量。

（2）注重一致性契合。一致性契合度[①]主要是从价值理念角度来分析精准扶贫政策与农村贫困人口需求的契合问题。只有精准扶贫政策的核心价值理念与农村贫困人口脱贫的核心价值追求具有内在的一致性时，我国精准扶贫才能切实提高成效的可持续性。井冈山率先脱贫充分彰显了这种一致性契合的重要性。

从农村贫困人口的需求来看，吃穿不愁、学有所教、病有所医和住有所居固然是他们脱贫的核心价值追求，但是，公平的收入分配制度、优质的公共服务、平等的发展机会也是他们脱贫的核心价值追求。我国精准扶贫政策的核心价值理念是消除贫困，让农村贫困人口共享经济社会发展成果，促进农村贫困地区的可持续发展，最终实现共同富裕。这一核心价值理念既体现在社会主义本质和党的历史使命之中，又体现在精准扶贫的战略目标之中，也体现在精准扶贫的基本原则之中。[②] 2012年12月，习近平总书记在河北省阜平县考察时强调："消除贫困、改善民生、实现共同富裕，是社会主义的本质要求，是我

[①] 一致性契合度是指事物双方在某些特征方面的一致性或相似性程度。比如，个人的价值观、目标与工作的某些特性相符合，由此产生出一种"工作让我成为了我想成为的那种人"的一致性契合感。（相关内容参见陈成文，李春根. 论精准扶贫政策与农村贫困人口需求的契合度[J]. 山东社会科学，2017（3）．）

[②] 陈成文，李春根. 论精准扶贫政策与农村贫困人口需求的契合度[J]. 山东社会科学，2017（3）：42-48.

们党的历史使命。"① 党的十八大以来，党中央把脱贫攻坚纳入"四个全面"的战略布局，作为实现第一个百年奋斗目标的重点工作。2016年2月2日，习近平总书记在井冈山革命老区茅坪乡神山村考察时指出："我们要永远珍惜、永远铭记老区和老区人民的牺牲和贡献。加快老区发展步伐，做好老区扶贫开发工作，让老区农村贫困人口尽快脱贫致富，确保老区人民同全国人民一道进入全面小康社会，是我们党和政府义不容辞的责任。"井冈山牢记这份"义不容辞的责任"，牢记"全面建成小康社会，没有老区的全面小康，没有老区贫困人口脱贫致富，是不完整的"，将"让老区群众过上更加美好的生活"作为自身的使命，各级党员干部带头冲在脱贫攻坚第一线，带领贫困群众一块苦、一块干，共商脱贫致富大计。可以说，正是党和政府这份"义不容辞的责任"以及"让老区群众过上更加美好的生活"的历史使命与井冈山人民脱贫的核心价值追求天然地契合在了一起，才使得井冈山在全国率先实现脱贫。

---

① 习近平总书记系列讲话精神学习读本课题组. 习近平总书记系列讲话精神学习读本[M]. 北京：中共中央党校出版社，2013：71.

第三章

新时代"弱有所扶"：对象甄别与制度框架

民生建设是社会建设的关键环节。中国特色社会主义的新时代是民生建设的新时代。要推进新时代民生建设，就必须补齐"弱有所扶"的民生"短板"。而要补齐"弱有所扶"的民生"短板"，实现新时代"弱有所扶"的民生建设目标，就必须科学甄别"弱有所扶"的对象，正确构建新时代"弱有所扶"的制度框架。

一、研究背景

20世纪90年代中后期，伴随着我国经济体制改革的快速推进，下岗失业人员、城市农民工等弱势群体问题开始成为社会的突出问题，引起了我国政府和社会各界的高度关注。[1] 2002年3月，朱镕基总理在九届全国人大五次会议所作的《政府工作报告》中首次正式使用了"弱势群体"这一术语。由于研究的角度不同、侧重点不同，学者们对弱势群体的概念界定和类型划分也就不同。在实际研究中，学者们往往根据自己的具体研究内容，从不同的角度对弱势群体进行了各自的界定。[2] 比如，有学者将社会工作的服务对象视为弱势群体，从社会工作的角度指出"弱势群体是在遇到社会问题的冲击时自身缺乏应变能力而易于遭受挫折的群体"[3]。还有学者直接从经济收入的角度将弱势

---

[1] 王素芳. 关于图书馆服务弱势群体问题的研究与反思 [J]. 图书馆杂志, 2006 (5): 3-9.
[2] 钱再见. 当前中国社会弱势群体若干问题研究综述 [J]. 文史哲, 2003 (1): 156-158.
[3] 王思斌. 社会工作导论 [M]. 北京: 北京大学出版社, 2011.

群体看作是低收入群体中的一部分。① 综观已有研究，学术界关于弱势群体或社会弱者的内涵界定和类型划分主要有以下五种代表性观点。

1. 相对弱者说

这是一种从相对论角度认识和界定弱势群体的观点。马维娜认为，不应当对"弱势群体"作日常生活中已有的窄化、固化的单一理解，而应作为一个较为宽泛、不断变化的开放性概念使用，它更多指的是"此时此地"处境不利的特殊群体，且可能包括三种类型：一是被人们认定是弱势群体，实际上也的确处于不利处境的群体；二是人们以为是弱势群体，但实际上可能并非真正处于不利处境的群体；三是人们眼中的强势群体，可能被置于或变为弱势群体。她同时强调，所谓强势、弱势仅是相对而言，是在特定情境下的某种状态呈现，并非固定不变。② 李林指出："弱势群体是一个相对概念，在具有可比性的前提下，一部分人群（通常是少数）比另一部分人群（通常是多数）在经济、文化、体能、智能、处境等方面处于一种相对不利的地位。"③ 杨团认为，弱势群体"就是在社会各个群体中处于劣势的脆弱的一群"。同时，她指出："弱势群体不是一个一成不变的概念，它的形成和演变轨迹是社会在一定的发展时期政治经济文化综合作用的结果。"④ 姚本先等也指出："弱势群体只是一个相对的概念，并未形成真正意义上的严格群体，只是处于不利地位同类社会成员的简单集合。"据此，他们认为，贫困农民、下岗失业者、进城民工等是构成当前弱势群体的主要成分。⑤

2. 边缘群体说

这是一种将弱势群体等同于边缘群体的观点。张现成等指出，社会弱势群体是指由于各种原因而被边缘化或受到社会排斥的群体。⑥ 丁开杰从社会分层的角度将各类群体分为强势群体与弱势群体、主流群体与边缘群体，并指出弱

---

① 杨宜勇. 公平与效率——当代中国的收入分配问题 [M]. 北京：今日中国出版社，1997.
② 马维娜. 学校场域：一个关注弱势群体的新视角 [J]. 南京师大学报（社会科学版），2003 (2)：64-70.
③ 李林. 法治社会与弱势群体的人权保障 [J]. 前线，2001 (5)：23-24.
④ 杨团. 弱势群体及其保护性社会政策 [J]. 前线，2001 (5)：21-22.
⑤ 姚本先，刘世清. 论弱势群体子女的教育公平 [J]. 教育发展研究，2003，23 (8)：57-59.
⑥ 张现成，苏秀艳，王景璐，等. 大型体育赛事举办与改善民生的耦合路径 [J]. 北京体育大学学报，2015，38 (1)：25-30.

势群体或边缘群体包括农民工群体、新贫困群体以及新失业群体、城市新贫困家庭群体、女性就业与失业群体、残疾人群体、老年人群体、未成年人群体、失地农民与新移民群体等。① 王欣等认为，弱势群体是社会中一些生活困难、能力不足或被边缘化、受到社会排斥的散落人群，并根据以上定义将我国弱势群体划分为儿童、老人、精神疾病患者、失业者、下岗工人、农民工、非正规就业者以及在劳动关系中处于弱势地位的人。② 郭艳君等认为，弱势群体主要是指那些在身体上、智能上、生存技能上存在一定劣势，或者是受社会发展与结构的影响，导致其在经济收入、所受教育、日常生活等方面处于劣势地位，难以抵抗外界冲击，遭到社会排斥而逐渐被边缘化的社会群体。据此，他们将弱势群体划分为生理性弱势群体与非生理性弱势群体两大类。③ 鲍威等指出，进城务工人员游离于城市主流社会的边缘，遭遇社会排斥，具有较强的被剥夺感和不安感，其结果是产生了一个规模日益扩大、脆弱化程度不断加深的新弱势群体。④ 薛晓明将弱势群体划分为生理性弱势群体（残疾人、老年人等）和阶层性弱势群体（农民工、下岗失业人员等），并认为阶层性弱势群体是在市场化过程中处于边缘化的人群。⑤

3. 机会匮乏说

这是一种将弱势群体等同于在发展过程中缺乏各类正常机会的社会群体的观点。程慧认为，弱势群体是指那些由于某些障碍及缺乏经济、政治和社会机会而在社会上处在不利地位的人群，可将其划分为"生理性弱势群体"和"社会性弱势群体"两大类，具体包括流动人员、下岗失业人员、其他贫困人员、身体残疾人员等。⑥ 张融融认为，弱势群体就是缺乏经济、政治和社会机

---

① 丁开杰. 社会排挤与体面劳动问题研究 [M]. 北京：中国社会出版社，2012.
② 王欣，孔荣，王雷. 基于弱势群体概念模型的我国农民工健康问题研究 [J]. 西北农林科技大学学报（社会科学版），2014（5）：43-49.
③ 郭艳君，廖星星. 我国弱势群体信息获取保障的现状及意义 [J]. 图书情报导刊，2015（15）：100-102.
④ 鲍威，迟春霞，麻嘉玲. 增能理论视角下进城务工人员的教育培训效用——北京大学平民学校的探索 [J]. 教育学术月刊，2018（2）：47-55.
⑤ 薛晓明. 弱势群体概念之辨析 [J]. 生产力研究，2003（6）：124-125.
⑥ 程慧. 公共图书馆面向弱势群体的知识援助——析浙江省长兴县图书服务弱势群体之举措 [J]. 河南图书馆学刊，2008（4）：107-109.

会，在社会上处于不利地位的人群，主要包括儿童、老年人、失业者和贫困者，在有些国家还包括单身母亲、吸毒者、酗酒者、少数民族等。[①] 尹志刚指出，社会转型期的弱势群体是指在经济、文化、体能、智能、处境等方面处于一种不利的地位，无法获得各类稀缺资源，导致生存困难和发展机会匮乏的那部分人群。他同时指出，弱势群体的本质特征集中表现在经济生活的贫困和低质量，精神生活的压抑和焦虑，抵御风险力量的脆弱，以及发展机会的匮乏等诸方面。[②] 陆士桢等认为，弱势群体就是在我国社会转型过程中容易受到排挤或打击，缺乏政治、经济和社会机会，没有或很少有能力获得自己想拥有的东西，个人和家庭生活达不到社会认可的最低标准，处于社会权力结构网络的底层的社会成员的集合；其主要包括下岗职工、困难企业职工、城乡贫困人口、贫困地区群众、受灾地区群众、体弱多病的离退休人员、伤残病人、特困户、孤寡老人、儿童等。[③]

4. 资源分配说

这是一种将弱势群体等同于无法公平公正获得各类社会资源的社会群体的观点。吴鹏森认为，弱势群体是指由那些在社会资源的分配过程中处于不利地位的人们所组成的社会群体。他将弱势群体划分为结构性弱势群体和功能性弱势群体两大类，结构性弱势群体主要包括农民工、下岗工人等由于社会结构不合理或社会结构大变动等造成的社会群体，功能性弱势群体主要包括残疾人员、退休人员、文化程度过低和年龄较大的失业人员等。[④] 吕春将城镇弱势群体界定为"那些生活在城市、在社会资源的分配过程中处于不利地位、生活处于相对贫困状态、无力支付医疗费用以及易'因病致贫，因病返贫'的人群"，并指出城镇弱势群体主要包括下岗职工、失业人员、打零工维持生计的人、残疾人和孤寡老人、进城的农民工以及较早退休的"体制内"人员等。[⑤]

[①] 张融融. 弱势群体泛化的心理成因分析及预防［J］. 领导科学论坛，2017（23）：12-13.

[②] 尹志刚. 论现阶段我国社会弱势群体［J］. 北京教育学院学报：社会科学版，2002（3）：1-9.

[③] 陆士桢，陆玉林，吴鲁平. 社会排斥与社会整合——城市青少年弱势群体现状与社会保护政策研究［J］. 中国青年社会科学，2004（5）：1-11.

[④] 吴鹏森. 论弱势群体的"社会报复"［J］. 江苏行政学院学报，2003（1）：58-63.

[⑤] 吕春. 城镇弱势群体医疗保障机制的构建及实施［J］. 人民论坛，2012（7）：154-155.

史利玢认为,弱势群体是指在一定历史条件下形成的、由于社会资源分配的失衡所引发的经济利益的贫困性、生活质量的低层次性、承受力的脆弱性和竞争能力的劣势性的特殊社会群体。① 马用浩认为,弱势群体普遍具有强烈的社会分配不公正、不公平感以及相对剥夺感和社会不满感,尤其是失业、下岗工人等弱势人群会倾向于把自己的弱势地位归结于党和政府的政策。②

5. 综合特征说

这是一种认为弱势群体是具有多种综合特征的社会群体的观点。朱力认为,弱势群体具有以下综合特征:经济收入低于社会人均收入水平;恩格尔系数较高;生活质量低;心理压力大;缺乏改变现状的能力。基于此,他将弱者划分为贫困者、残疾人、精神病患者、退休者、失业者和半失业者。③ 汪昌华认为,弱势群体是指在社会资源分配上经济利益的贫困性、社会权力的边缘化、社会声望影响的漠视化,从而导致该群体生活质量低和社会承受力脆弱,无法与其他群体进行正常的社会竞争与共同发展,不得不退出主流社会,形成一个具有共同特征的底层社会群体。④ 巩建华认为,弱势群体指那些在社会资源的分配过程中处于不利地位、竞争能力低下、收入微薄、就业不稳定、生活困难、承受能力弱、社会适应能力差、被排除在主流社会之外的无助群体,主要包括鳏寡老人、流浪者、残障者、下岗职工、失业者、进城农民工、退休人员等。⑤ 陈吉学认为,弱势群体是指在社会经济发展的一定历史阶段,由于社会结构的变化和社会关系的失调,以及自然的或者个体自身的某种原因,在物质生活条件、权力和权利、社会声望、竞争能力以及发展机会等方面处于社会分层结构中最底层的一个特殊群体,主要由城市下岗失业者、务工人员、农村贫困群体、残疾体弱者、儿童、老年人和妇女等组成。⑥

上述五种观点都从一定角度对弱势群体进行了界定和类型划分,对新时代

---

① 史利玢. 浅析我国社会弱势群体法律保护的若干问题 [J]. 法制博览, 2016 (14): 245.
② 马用浩. 弱势群体与改革——关于社会转型期弱势群体问题的深层次思考 [J]. 理论与改革, 2002 (6): 56-59.
③ 朱力. 脆弱群体与社会支持 [J]. 江苏社会科学, 1995 (6): 130-134.
④ 汪昌华. 论班级弱势学生群体的社会资本缺失 [J]. 合肥师范学院学报, 2010 (5): 107-110.
⑤ 巩建华. 中国社会工作的总体性公共政策分析 [J]. 唯实, 2010 (7): 78-81.
⑥ 陈吉学. 新时期我国社会弱势群体问题研究 [D]. 南京: 南京大学, 2013.

"弱有所扶"的对象甄别与制度框架设计具有一定启迪意义。但是，它们又都存在着明显的局限和不足。第一种观点过于空洞，既不利于我们正确认识弱势群体的科学内涵和外延边界，也不利于我们正确构建"弱有所扶"的制度框架。第二至第四种观点具有很大的片面性，它们只是分别揭示了弱势群体的社会排斥性、机会匮乏性和资源分配的不公性，难以使我们全面把握弱势群体的本质特征，因为弱势群体的这三种属性是相互包容、相互交叉的，如社会排斥必然会带来机会的匮乏和资源分配的不公，资源分配不公也必然会导致机会匮乏。第五种观点虽然从多维视角界定了弱势群体的内涵属性，但是从本质上看，它只是第二至第四种观点中部分观点的简单组合。这就意味着，无论是"相对弱者说""边缘群体说""机会匮乏说""资源分配说"，还是"综合特征说"，都没有科学揭示弱势群体的本质内涵和外延边界，这就必然影响到新时代"弱有所扶"的对象甄别和制度框架设计。众所周知，要实现新时代"弱有所扶"的民生建设目标，首先就必须对新时代"弱有所扶"的对象进行科学甄别。只有对新时代"弱有所扶"的对象进行科学甄别，才能正确构建新时代"弱有所扶"的制度框架。

二、新时代"弱有所扶"的对象甄别

弱势群体的出现是社会结构层次分化的必然结果。社会结构是指社会成员在社会位置上的分布方式，而社会分化则包括横向上的异质性变化和纵向上的不平等性变化。其中，社会结构在纵向上的不平等性变化也被称为社会分层。社会分层是弱势群体产生的一个重要原因。社会分层与社会不平等密切相关，社会不平等引起社会分层，而社会分层又带来新的不平等。弱势群体正是在这种互为因果的关系作用下产生的。在社会结构中，不同阶层对财富、权力、机会、知识、技能、荣誉等社会资源的占有存在很大的差异性，其中占有社会资源最少的阶层就是弱势群体。因此，从社会结构意义上来看，弱势群体就是一个在社会资源分配上具有经济利益的贫困性、生活质量的低层次性和承受力的脆弱性的特殊社会群体。[①] 具体而言，弱势群体在经济利益上的贫困性必然导

---

① 陈成文. 社会学视野中的社会弱者[J]. 湖南师范大学社会科学学报, 1999 (2): 12-16.

致其生活质量上的低层次性；同时，弱势群体在财富、权力、机会、知识、技能、荣誉等社会资源占有方面的不利处境也必然会带来其生理和心理上的脆弱性。据此，我们可以从经济收入维度、社会地位维度、体质维度、精神维度、能力维度五个方面，将弱势群体的类型划分为经济型弱势群体、社会型弱势群体、生理型弱势群体、心理型弱势群体和文化型弱势群体五类。

1. 经济型弱势群体

经济型弱势群体主要从经济收入维度来划分。马克思主义社会学认为，最基本的、具有决定意义的经济利益差别是其他一切社会差别的基础，决定着其他一切社会差别。可见，经济利益是抽象弱势群体在社会资源分配上的共同差别的支配性指标。[①] 在社会阶层结构中，凡是经济收入低（收入水平处于社会人均收入水平之下）、生活水准低（主要收入用于基本食物支出）以及生活处境难（收入来源不稳定、缺乏劳动能力，生计维持困难）的贫困人群，均属于弱势群体。也就是说，经济收入是界定弱势群体的一个具有普遍意义的标准。从我国的现实情况来看，弱势群体最具明显的特征是收入低、容易失业、生活保障能力差，尤其在农村贫困地区，弱势群体基本上徘徊在贫困线边缘。[②] 因此，可以将当前我国的经济型弱势群体划分为两大类：一类是城市贫困人口，主要包括城市失业人员、"三无"人员、流浪乞讨人员等；另一类是农村贫困人口，主要包括最低生活保障对象、特困供养对象、受灾救助对象等。

社会结构转型是一部分弱势群体低收入问题产生的一个重要因素。其主要表现在两个方面：一方面，随着我国经济体制从传统的计划经济体制向社会主义市场经济体制转变，社会结构也产生了转型，即从传统社会向现代社会、从农业社会向工业社会、从封闭性社会向开放性社会转变。这是一个打破以往所形成的社会结构的历史过程。在这个过程中，随着新的现代产业的不断发展，就业结构会随着产业结构的调整而调整，从而导致一部分传统产业中的就业人

---

① 陈成文. 社会学视野中的社会弱者 [J]. 湖南师范大学社会科学学报，1999（2）：12 - 16.
② 陈成文. 从"内卷化"看精准扶贫资源配置的矫正机制设计 [J]. 贵州师范大学学报（社会科学版），2017（1）：36 - 44.

员难以适应新的产业和行业，进而沦为失业人员。[1] 另一方面，我国在制度变迁过程中所采取的价格双轨制、增量改革、试验推广等非均衡发展战略，也是弱势群体低收入问题形成的一个重要原因。受这种非均衡发展战略的影响，获得改革优先权的地区和产业吸走了其他地区或产业中的大量资源，致使地区间、产业间、企业间的发展呈现出极不平衡性，进而带来收入分配的不公平，这也表明了为什么大量经济型弱势群体基本上出现在没有改革优先权的地区和行业。根据《中国家庭财富调查报告（2017）》，2016 年我国东部地区的家庭人均财富为 242604 元，而中部地区和西部地区分别为 119768 元和 92304 元。东部地区的家庭人均财富分别是中部地区和西部地区的 2.02 倍和 2.62 倍。[2] 国家统计局的数据资料显示，我国基尼系数早在 2000 年就超过了 0.4 的警戒线，到 2012 年已达到 0.474，接近收入差距悬殊的标准。2013 年为 0.473，2014 年为 0.469，2015 年为 0.462，2016 年为 0.465。[3] 这表明，我国收入差距问题严重，弱势群体在收入分配中的不利处境日益严峻。

2. 社会型弱势群体

社会型弱势群体主要从社会地位维度来划分。从社会地位维度来看，社会型弱势群体主要包括农村"三留守人员"（留守妇女、留守儿童、留守老人）、困境儿童、城市高龄老人和退役军人等。受中国城乡二元社会结构的影响，农民整体上属于社会弱势群体，而农民中的"三留守人员"则更是处于弱势群体中更加弱势的地位。农村"三留守人员"的弱势主要体现在发展能力方面的弱势和社会权利方面的弱势。因自身生理条件、年龄约束，以及社会参与机会、社会保障水平等方面的限制，农村"三留守人员"很难依靠自身力量维持其个人或家庭的基本生活，在政治和社会生活上往往处于边缘或被排斥的地位。[4] 农村留守妇女方面，受传统性别分工的影响，农村留守妇女往往很难获

---

[1] 陈成文. 对贫困类型划分的再认识及其政策意义 [J]. 社会科学家, 2017 (6): 8-14.
[2] 2017 中国家庭财富报告. 家庭人均财富 16.9 万元 [EB/OL]. http://www.sohu.com/a/143057534_35389.
[3] 统计局. 2016 年基尼系数为 0.465 较 2015 年有所上升 [EB/OL]. http://www.chinanews.com/cj/2017/01_20/8130559.shtml.
[4] 万兰芳, 向德平. 精准扶贫方略下的农村弱势群体减贫研究 [J]. 中国农业大学学报 (社会科学版), 2016 (5): 46-53.

得家庭以外的市场就业机会，因此无法获得稳定的经济收入，物质上容易陷入贫困；同时，受农村男权思想的影响，农村留守妇女虽然在人数上已经成为农村的绝对主体，但在社会权利上仍然遭到排斥，对社区公共事务的参与较少。农村留守儿童方面，随着父母外出务工，留守儿童多由老人照顾。由于长期缺少父母的关爱，留守儿童在生活和学习中往往容易陷入焦虑，并最终影响到其身心健康和社会交往。农村留守老人方面，受社会转型影响，农村青壮年劳动力大量流入城市，农村家庭逐步变得"老龄化"和"空心化"。农村留守老人由于劳动能力逐渐丧失无法从事大量的农业生产，经济收入来源不稳定；同时缺少照料和帮助，精神上难以得到慰藉。城市高龄老人方面，由于城市家庭规模的小型化、家庭结构的单一化以及代际亲情照料的淡薄化，城市高龄老人极易产生焦虑，家庭经济收入来源单一的城市老年人则更容易陷入贫困。[①]

根据国务院2016年6月13日发布的《国务院关于加强困境儿童保障工作的意见》，困境儿童包括因家庭贫困导致生活、就医、就学等困难的儿童，因自身残疾导致康复、照料、护理和社会融入等困难的儿童，以及因家庭监护缺失或监护不当遭受虐待、遗弃、意外伤害、不法侵害等导致人身安全受到威胁或侵害的儿童。[②] 现代社会，家庭逐渐小型化，家庭为其成员提供社会支持的功能日益弱化。在失去传统大家庭支持的情况下，小型家庭一旦遭遇突发事件，或家庭结构出现损伤，或亲子关系出现问题时，就极易导致困境儿童问题。因家庭结构出现问题或亲子关系不当造成的困境儿童，成年后往往亲职能力不足，进而形成恶性循环。相关研究发现，城市困境儿童的父母往往存在长期服刑在押、吸毒、酗酒、家暴等情况，这些父母有相当一部分在其成长过程中存在被爱不当或亲情缺失，从而导致其成年后亲职能力不足。[③] 由于我国困境儿童社会保护体系建设起步较晚，因此，当前困境儿童数量较多。根据第六次全国人口普查数据，民政部估算中国困境儿童有数百万人。

---

① 叶祝发，杨宜勇. 人口老龄化进程中城市养老问题及对策[J]. 宏观经济管理，2015（3）：43-45.
② 国务院关于加强困境儿童保障工作的意见[EB/OL]. http://www.gov.cn/zhengce/content/2016-06/16/oontent SOR2800.htm.
③ 童文莹. 城市困境儿童救助的效果评价与政策选择——基于N市的经验研究[J]. 中州学刊，2017（8）：73-78.

3. 生理型弱势群体

生理型弱势群体主要从体质维度来划分。脆弱性是弱势群体在承受力上的共同特征。[①] 有些家庭可能暂时生活得还可以，然而一旦有家庭成员患上重特大疾病就会变得极度脆弱而陷入贫困。世界卫生组织（WHO）将灾难性医疗支出定义为"一个家庭强制性医疗支出大于或等于扣除基本生活费（食品支出）后家庭剩余收入的40%"。[②] 一旦某个家庭出现灾难性医疗支出，那么这个家庭就有极大可能陷入贫困。这是因为重特大疾病会严重影响家庭成员的劳动和就业能力，导致家庭生活状况不断恶化。也就是说，疾病（特别是重特大疾病）往往是弱势群体形成的一个重要原因。就我国的现实情况而言，残疾人（包括生理残疾人和智力残疾人）、慢性疾病患者、重特大疾病患者、工伤人员这四大类脆弱群体是典型的生理型弱势群体。

从我国的现实情况来看，疾病一直是农村贫困人口致贫的首要原因。病与贫之间往往会出现一种恶性循环，即"疾病—支出加大—贫困加深—无力医治—疾病加重……"。尽管 2013~2016 年 4 年间，我国农村贫困人口每年减少都超过 1000 万人，累计脱贫 5564 万人，贫困发生率从 2012 年底的 10.2% 下降到 2016 年底的 4.5%，但是根据国务院扶贫办于 2016 年底所进行的"回头看"数据统计显示，因病致贫、因病返贫户的占比不仅没有下降，反而上升到 44.1%，与 2013 年的 42.4% 相比，增加了近两个百分点。[③] 这就说明，疾病型贫困已成为我国脱贫攻坚战中最难啃的"硬骨头"。这也说明，要实现新时代"弱有所扶"，就必须高度重视生理型弱势群体。

4. 心理型弱势群体

心理型弱势群体主要从精神维度来划分。长期以来，精神健康障碍患者由于被扣上了"丧失理智"的帽子，往往沦为被社会排斥的边缘群体，且不被认为是弱者。事实上，精神健康障碍患者属于典型的弱势群体，因为他们在生活、工作、学习、人际交流，甚至医疗等方面均面临着比其他疾病患者更多的

---

① 陈成文. 社会学视野中的社会弱者 [J]. 湖南师范大学社会科学学报，1999（2）：12-16.
② 宋宝香，孙文婷. 商业保险机构参与医疗保障体系的模式比较研究——以城乡居民大病保险为例 [J]. 中国卫生管理研究，2016（1）：84-103.
③ 陈成文. 牢牢扭住精准扶贫的"牛鼻子"——论习近平的健康扶贫观及其政策意义 [J]. 湖南社会科学，2017（6）：63-70.

困难。由于因病丧失（或削弱）了工作和生活能力，再加上辨认能力和行为控制能力的不足，精神健康障碍患者往往处于各种人际关系（爱情、亲情、友情等）被破坏，生存和发展空间被压缩的不利处境。[1] 世界卫生组织曾发表公报指出，全世界有多达4.5亿的精神健康障碍患者，这些患者多数生活在中低收入国家，他们中绝大多数人既享受不到权利的保护，也得不到合适的精神卫生治疗，甚至还遭到社会的不理解、指责和歧视。[2] 可以说，社会结构层面带来的社会压迫性质的社会关系是影响精神健康障碍患者康复的最大障碍。

相关调查结果显示，在我国15周岁以上的人群中，患有各类精神健康障碍的人数已超过1亿人，其中1600万人属于重度精神健康障碍患者，其余大多数为抑郁症、自闭症等精神健康障碍或心理行为障碍患者。[3] 受历史和文化等因素的影响，这些精神健康障碍患者长期遭受歧视，他们不但得不到及时有效的医疗救治，其生存的社会空间也往往受到各种人为因素的干扰，处于高度紧张状态。就我国的现实情况而言，可以将这些心理型弱势群体划分为两大类：一类是轻度心理疾病患者，也就是一般精神健康障碍患者，主要包括强迫症、焦虑症、恐怖症、疑病症、神经衰弱以及人格障碍等；另一类是重度心理疾病患者，也就是严重精神健康障碍患者，主要包括精神分裂症、躁狂抑郁性精神病、更年期精神病、偏执性精神病以及各种器质性病变伴发的精神病等。

5. 文化型弱势群体

文化型弱势群体主要从能力维度来划分。文盲半文盲属于典型的文化型弱势群体。列宁曾指出："文盲是处在政治之外的。"[4] 这是因为文盲在行使自己的政治权利时，往往会因为文化水平低而无法真实有效地参与政治。由于缺乏基本的读、写、算能力，文盲半文盲群体无法了解和掌握现代社会所必需的最基本的生活常识和技能，更无法获得可持续的学习能力，致使他们无法融入现代社会，也无法去争取自身应有的权利。由于法律意识淡薄，对《劳动法》

---

[1] 张国林，梁成智，李芳. 定西市2010—2012年重性精神疾病流行特征分析 [J]. 西部中医药，2016（1）：88-90.

[2] 范勇. 精神疾病无责任能力23例临床分析 [J]. 云南科技管理，2008（5）：110-111.

[3] 我国15岁以上精神疾病患者超过1亿人，你关注自己的心理健康了吗？[EB/OL]. http://www.sohu.com/a/1325fi4750_464362.

[4] 列宁全集：第42卷 [M]. 北京：人民出版社，1987：200.

《民法》等缺乏了解，他们在与企业签订劳动合同过程中对合同款项缺乏基本认识，一旦自身权益受到侵害，往往选择忍气吞声。[1] 而文盲也是广大农村贫困地区致贫的一个重要原因，在一些农村贫困地区往往会出现"文盲—无科技—贫困—文盲"的恶性循环。有学者研究发现，农村小学及小学以下文化水平劳动力人口比重与农村绝对贫困发生率呈正相关，农村初中及初中以上文化水平劳动力人口比重与农村绝对贫困发生率呈负相关。其中，农村文盲或半文盲劳动力人口比重与农村绝对贫困发生率的正相关度最大。[2] 另有研究显示，与文盲相比，接受小学教育的贫困发生机会比率为26.6%，比文盲陷入贫困的概率低73.4%；接受初中教育的贫困发生机会比率为23.2%，比文盲陷入贫困的概率低76.8%；接受高中（中职）教育的贫困发生机会比率为9.2%，比文盲陷入贫困的概率低90.8%。[3]

在许多国家，高辍学率与低质量的基础教育是青壮年文盲形成的主要原因。[4] 我国受区域与城乡经济社会发展不均衡的影响，文盲人口的分布有其显著特征，少数民族地区、革命老区以及中西部的贫困农村地区皆为文盲人口的重灾区。这些地区之所以成为文盲人口的重灾区，主要原因是基础教育落后。另外，老年人是文盲人口较为集中的人群。根据第六次全国人口普查数据，我国文盲人口为5465.6万人，虽然与第五次全国人口普查结果相比，文盲率由6.72%下降为4.08%，但受20世纪50年代中国贫穷落后等相关因素的影响，当前65岁以上的老年人占据了文盲人口的大多数。[5]

从社会结构意义上对新时代"弱有所扶"的对象进行甄别，将弱势群体划分为经济型弱势群体、社会型弱势群体、生理型弱势群体、心理型弱势群体和文化型弱势群体五种类型，具有非常重要的社会政策意义。

第一，可以避免目前对弱势群体的对象识别偏差，为"弱有所扶"制度

---

[1] 何洪周．为弱势群体撑开法律保护伞［J］．人民论坛，2017（19）：98-99．
[2] 屠明将，刘义兵．论新时期扫盲教育转型之必然性与路径选择［J］．河北师范大学学报（教育科学版），2018（2）：87-91．
[3] 张永丽，刘卫兵．"教育致贫"悖论解析及相关精准扶贫策略研究——以甘肃14个贫困村为例［J］．经济地理，2017（9）：167-176．
[4] 吴凡．面向2030的教育质量：核心理念与保障模式——基于联合国教科文组织等政策报告的文本分析［J］．教育研究，2018（1）：132-141．
[5] 胡云霄．老年人教育背景、年龄对言语流畅性的影响［D］．长春：吉林大学，2017．

框架的构建提供客观依据。对弱势群体进行科学甄别，是"扶弱"的第一步，更是实现"弱有所扶"的关键所在。当前一些学者将"弱有所扶"简单等同于扶贫。产生这种认识误差的根本原因，即在于未能很好地认识弱势群体类型的多样性。弱势群体类型的多样性决定了弱势群体帮扶需求的多样性。也就是说，并不只有贫困对象才是弱势群体。贫困或者低收性只是界定弱势群体的某一属性。因此，如果不能正确认识弱势群体的各种类型，我们就有可能把一些不该属于弱势群体的社会群体归入其中，而把一些应该属于弱势群体的社会群体排除在外，从而使人们难以科学区分不同弱势群体的外延边界。其最终结果是难以为"弱有所扶"政策框架的制定提供客观依据，致使"弱有所扶"政策出现瞄准偏差。从经济收入维度、社会地位维度、体质维度、精神维度、能力维度，将弱势群体划分为经济型弱势群体、社会型弱势群体、生理型弱势群体、心理型弱势群体和文化型弱势群体，既全面客观地认识到了弱势群体的多样性，又为"弱有所扶"的对象甄别提供了确定性，这就为"弱有所扶"制度框架的构建提供了客观依据。

第二，可以正确把握弱势群体的主导性制度需求，为提升制度框架的契合度提供客观依据。任何供给都必须考虑需求，而基于需求或者能够充分契合需求者需要的供给才可能成为有效供给。我们构建的制度框架只有充分契合服务对象的实际需求，才能成为有效的制度供给。[①] 换言之，要实现"弱有所扶"这一民生建设目标，就必须切实提升"弱有所扶"制度框架的契合度。而要切实提升"弱有所扶"制度框架的契合度，就必须弄清楚"扶什么"和"扶谁"的问题。"扶"有两层含义：一是帮助、援助，主要依赖于社会保险、社会救助和优抚安置等制度；二是扶持、关爱，主要依赖于社会福利和慈善事业等制度。要科学界定"扶谁"的问题，就必须解决"弱有所扶"的对象精准甄别问题。因此，对"弱有所扶"的对象进行精准甄别，是提升制度框架契合度的客观依据。

[①] 陈成文，李春根. 论精准扶贫政策与农村贫困人口需求的契合度［J］. 山东社会科学，2017（3）：42－48.

三、新时代"弱有所扶"的制度框架

按照制度主义学派的观点,制度需求是制度构建的客观依据,制度安排是由制度对象的主导性需求决定的。这就意味着,正确构建新时代"弱有所扶"的制度框架,必须以满足弱势群体的主导性需求为目标取向。要正确构建新时代"弱有所扶"的制度框架,首先就必须客观把握弱势群体的主导性需求。经济型弱势群体的主导性需求主要包括经济扶助、就业扶助、养老扶助、医疗扶助和住房扶助等方面;社会型弱势群体的主导性需求主要包括关爱服务、教育扶助、养老扶助、医疗扶助、就业扶助和法律援助等方面;生理型弱势群体的主导性需求主要包括医疗扶助、就业扶助、关爱服务和康复服务等方面;心理型弱势群体的主导性需求主要包括医疗扶助、关爱服务和康复服务等方面;文化型弱势群体的主导性需求主要包括职业培训、技能培训和就业扶助等方面。由于不同弱势群体的主导性需求存在一定的重叠性,因此必须对其制度安排进行科学整合。只有进行科学整合,才能优化新时代"弱有所扶"的制度框架。立足满足弱势群体主导性需求的目标取向,实现新时代"弱有所扶"的制度框架主要包括社会保险制度、社会救助制度、社会福利制度、优抚安置制度和慈善事业制度五个方面。

1. 实现新时代"弱有所扶"的社会保险制度安排

作为一种有效的再分配制度,社会保险在看病、养老等方面可以为弱势群体提供有效保障,特别是医疗保险,能有效化解弱势群体因疾病治疗所带来的经济风险,是推进"弱有所扶"这一民生目标建设的有效手段。从现实情况来看,与弱势群体息息相关的社会保险制度主要是养老保险、医疗保险、失业保险和老年人长期护理保险。要实现新时代"弱有所扶"的民生建设目标,就必须加强养老保险、医疗保险、失业保险和老年人长期护理保险等方面的制度建设。第一,从养老保险方面来看,当前我国弱势群体(特别是农村弱势群体)养老保险的保障水平较低,还有相当一部分弱势群体被排斥在基本养老保险之外。主要原因在于:我国现行社会养老保险制度仍然处于多轨并存、封闭运行的状况,目前有机关事业单位、城镇职工、城乡居民三种不同的养老保险制度,这些不同的社会养老保险基于身份区分,缴费和保障待遇差异较大。因此，急需建立弱势群体养老保险补贴制度，对抚养压力较大、赡养负担较重的弱势群体给予养老保险缴费补贴，确保弱势群体不被排斥在养老保险制度之外，并能够选择合适水平的缴费档次。与此同时，政府在养老保险制度改革过程中要逐步消除身份"壁垒"，缩小制度差异，不断提高养老金待遇。第二，从医疗保险方面来看，尽管当前我国医疗保险已经实现广覆盖，截至2017年底，我国基本医疗保险参保人数达到11.77亿人①，但是农村医疗保险的报销比例（特别是三级医院的报销比例）还有待进一步提高，生理型弱势群体，特别是广大农村地区的生理型弱势群体仍然面临着较高的医疗自负费用。因此，必须制定针对弱势群体的倾斜性医疗保险政策。基本医疗保险制度和大病医疗保险制度都要对弱势群体实行政策倾斜，要差异化地提升其对弱势群体的医疗保障水平。要进一步提高农村基本医疗保险制度的各项报销（补偿）比例，降低大病医疗保险报销起付线，特别是要提高贫困户在县域医疗机构就诊的报销比例，逐步提高给他们造成较大医疗负担的慢性疾病费用报销比例。② 第三，从失业保险方面来看，当前我国失业保险的主要参保对象为城镇企事业单位职工，弱势群体的参保率还很低。相对其他群体而言，弱势群体由于收入较低、工作不稳定，用人单位往往不为其购买失业保险。然而，弱势群体往往又更容易失业，这就使得弱势群体的基本生活权益更加缺乏保障。因此，急需扩大失业保险制度的覆盖范围，针对弱势群体实行差异化的失业保险缴费政策。要适当缩短弱势群体失业保险的缴费期限，同时延长弱势群体失业救济金的领取时间。第四，从老年人长期护理保险建设方面来看，目前我国仍处于制度滞后状态。相关统计资料显示，当前我国半护理老人的护理费用占城镇老人可支配收入的65%，全护理老人的护理费用占城镇老人可支配收入的80%。③ 群众戏言："家有一个失能失智老人，压垮一家人。"尽管当前我国青岛、上海等城市已经开展长期护理保险试点工作，在减轻失能老人负担方面取得了一定的效果，但保障范围较窄、护理水平不高等问题较为突出。因此，必

---

① 参见人社部举行2017年第四季度新闻发布会。
② 陈成文.从"因病滞贫"看农村医疗保障制度改革［J］.探索，2017（2）：74-80.
③ 两会呼声：建立老年人长期护理保险制度［EB/OL］. http：//mzzt.mca.gov.cn/article/elyllh/dbwyjy/201603/20160300880733_shtml.

须尽快出台《长期护理保险法》，为长期护理保险顺利实施提供保障。与此同时，要完善筹资机制，明确政府、企业和个人责任，加快培育能提供长期照料服务的专业机构。

2. 实现新时代"弱有所扶"的社会救助制度安排

作为社会托底保障体系的重要组成部分，社会救助是助力"弱有所扶"的重要手段。通过上述对经济型弱势群体、社会型弱势群体、生理型弱势群体、心理型弱势群体和文化型弱势群体五类对象的制度需求分析可以发现，实现新时代"弱有所扶"民生目标的社会救助制度应该包括最低生活保障制度、特困人员供养制度、受灾人员救助制度、医疗救助制度、教育救助制度、住房救助制度、就业救助制度、心理救助制度八个方面。虽然2014年5月1日起实施的《社会救助暂行办法》（以下简称《办法》）也规定了最低生活保障、特困人员供养、受灾人员救助、医疗救助、教育救助、住房救助、就业救助和临时救助八个方面的社会救助内容，但是其中明显缺少针对心理型弱势群体的心理救助内容。众所周知，心理救助具有降低因自然灾害、意外事故或精神障碍等因素引致的身心损害与社会风险的社会功能。因此，要实现新时代"弱有所扶"的民生建设目标，就必须走出传统的认识误区，将心理救助纳入社会救助制度体系之中。正如党的十九大报告中所指出的："加强社会心理服务体系建设，培育自尊自信、理性平和、积极向上的社会心态。"可以说，只有健全针对心理型弱势群体的心理救助体系，加强对心理型弱势群体的人文关怀、心理疏导、心理危机干预和心理康复治疗，才能帮助心理型弱势群体融入社会，预防和减少心理型弱势群体极端案（事）件的发生。此外，要实现新时代"弱有所扶"的民生建设目标，还必须着力解决当前社会救助制度的"碎片化"[①]问题。这种"碎片化"，集中表现为管理体制的"非系统化"和项目安排的"割裂化"。管理体制的"非系统化"表现为管理主体的"多山分治"。《办法》中规定的八个方面的救助项目，涉及民政部门、财政部门、卫生部门、人社部门、住建部门、教育部门等多个管理部门。这种"多山分治"的局面不仅提高了社会救助的管理成本，而且导致弱势群体不能及时有效地获

[①] 陈成文，王祖霖."碎片化"困境与社会力量扶贫的机制创新[J].中州学刊，2017（4）：81–86.

得社会救助，影响了社会救助政策的可及性。项目安排的"割裂化"主要是指社会救助项目与其他相关制度（社会保险、社会福利、慈善事业等）之间缺乏有机衔接的状态。如就业救助与失业保险未能实现信息和资源共享、医疗救助与医疗保险机制衔接不足等。因此，当前必须对社会救助制度进行有效整合。一是要有效协调社会救助管理部门之间的关系，加强各个管理部门之间的合并与调整，避免交叉管理和分散管理。二是要提升社会救助项目之间的衔接度，实现对弱势群体的社会救助项目的有机衔接。三是要增强社会救助与社会保险、社会福利、慈善事业之间的衔接度，使之相互补充，共同发挥救助作用。

3. 实现新时代"弱有所扶"的社会福利制度安排

作为现代国家制度的一个重要组成部分，社会福利制度在改善人民福祉、维护社会稳定等方面起着至关重要的作用，是实现新时代"弱有所扶"的重要抓手。从现实情况来看，与弱势群体息息相关的社会福利制度主要是社会服务制度和社会服务设施建设制度。要实现新时代"弱有所扶"的民生建设目标，就必须着力健全以社会服务和社会服务设施为核心的社会福利制度体系。社会服务包括以全体社会成员为对象的普遍服务和以老年人、残疾人、无依靠儿童、优抚安置对象、贫困者等弱势群体为对象的特殊服务。从服务福利的角度来看，社会服务就是国家和社会为满足全体社会成员尤其是生活困难群体的需求，保证和提高其生活质量而开展的各种社会活动、社会工作和社会事务的总称，涉及民众生活的各个领域，主要包括社区服务、社会工作服务、专项社会事务服务，以及养老、健康、教育、就业、住房、环境等与基本生活紧密相关的各类服务。[①] 社会服务与社会救助的最大区别在于：社会救助主要表现为经济给付且无须偿还，而社会服务表现为以劳动形式为主的服务供给。[②] 社会服务设施是社会服务的重要载体。我国的社会服务设施应该包括四个方面：以照顾为主的社会服务设施（老人、残疾人、精神病人、"三无"人员等弱势群体的供养和康复机构）、以培训为主的社会服务设施（针对儿童教育、妇女职

[①] 毕天云.论普遍整合型社会福利体系［J］.探索与争鸣，2011（1）：51-54.
[②] 王磊，梁誉.以服务促发展：发展型社会政策与社会服务的内在逻辑析论［J］.理论导刊，2016（3）：26-29.

业培训、残疾人就业培训、退役军人职业培训、失业人员培训等）、以咨询为主的社会服务设施（提供婚姻家庭咨询、社会适应咨询和政策法律咨询等）、以资产建设为主的社会服务设施（提供创业服务、金融服务、个人发展账户服务等）。当前，我国社会服务制度和社会服务设施也存在整合不足的"碎片化"问题。涉及社会服务的各部门之间衔接性差，缺少有效的整合机制，严重削弱了社会服务的对口性、对应性和专业性。英国著名经济学家贝弗里奇在《社会保险和相关服务》报告中提出了社会福利的"3U"原则：普惠性原则、统一性原则和均一性原则。[①] 统一性原则即是要建立大一统的福利行政管理机构。由此可见，当前我国有必要加强福利部门之间的合并与调整，实现福利管理机构的统一性。在社会服务设施建设方面，则要注重资源整合、优势互补，要广泛调动社会力量积极参与和兴办多种形式的社会服务设施，有条件的地方可集中打造多功能于一体的综合福利园区。

4. 实现新时代"弱有所扶"的优抚安置制度安排

优抚安置在社会保障体系中占据十分突出的地位，是国家必须优先安排的保障制度，因而也是实现新时代"弱有所扶"的推进器。从现实情况来看，当前我国的优抚安置对象包括残疾军人、"三属"人员、"三红"人员、在乡老复员军人、参战退役人员、涉核退役人员、带病回乡退伍军人、老年烈士子女、60岁以上农村老兵、参与铀矿开采军队退役人员、安置在岗退役人员、自谋职业退役人员、军休干部、无军籍职工等14类人员。[②] 可以说，实现新时代"弱有所扶"的优抚安置制度应该包括保障军烈属、复员退伍军人、残疾军人及其家属权益等方面的制度建设。然而，当前我国"养老式""包办式"的退役军人安置办法已无法适应新时代"弱有所扶"的客观要求。因此，要实现新时代"弱有所扶"的民生建设目标，就必须建立发展性的退役军人优抚安置制度。目前的当务之急是从制度层面解决好退役军人的就业问题。关于退役军人的就业问题，国家以往的政策主要是采取机关单位和国有企事业单位接收安置的办法。这一主要的安置途径使得机关单位和国有企事业单位成为

---

① 劳动和社会保障部社会保险研究所. 贝弗里奇报告: 社会保险和相关服务 [M]. 北京: 中国劳动出版社, 2004.
② 陈建平. 当前优抚安置对象的服务管理需求研究 [D]. 长沙: 湖南师范大学, 2014.

退役军人安置去向的"香饽饽",退役军人都向往着能够安排到这样的岗位上。这一方面使得不同类型的退役军人以此为由互相攀比,要求解决待遇差别问题;另一方面,每年一定量的强制性指标划拨也给这些机关单位和国有企事业单位带来人员安置压力。事实上,在中国企业的多元类型中,民营中小企业的规模和经营方式决定了其在吸纳社会闲散劳动力和安置社会弱势群体就业方面作用和责任更大。也就是说,应该制定相应的优惠政策(如税收优惠政策、金融优惠政策等)引导和吸引民营中小企业为退役军人提供就业岗位。除此之外,解决退役军人就业问题的另一个有效办法是对退役军人进行有针对性的职业技能培训、就业指导和创业支持等服务。上述有关退役军人就业问题解决途径的具体实施效果还有赖于退役军人管理体制机制的科学化和系统化。可喜的是,2018年4月,中华人民共和国退役军人事务部正式挂牌成立。这为我国退役军人的管理体制由"碎片化"走向"整合化",运行机制由"行政化"走向"法制化",待遇标准由"差别多元化"走向"公平规范化"提供了契机。

5. 实现新时代"弱有所扶"的慈善事业制度安排

慈善事业是建立在社会捐赠基础上的一种社会保障制度。[1] 更确切地说,它是建立在众多社会成员之间的,一种无偿的、对不幸无助人群的一种自愿性援助行为。作为社会第三次分配的重要方式,慈善事业是社会文明和谐的重要标志,也是实现新时代"弱有所扶"的润滑剂。英国出台的世界上第一部慈善事业法律——《慈善用途法》中列举的慈善行为的第一条就是"救济老人、弱者和穷人"。[2] 2016年是我国慈善事业发展的一个重要转折点,经过长达10年的调研和起草,《中华人民共和国慈善法》(以下简称《慈善法》)正式颁布实施。根据《中国慈善发展报告(2017)》的统计数据,2016年中国社会捐赠额达到1346亿元,比2015年(约992亿元)增长了近26%。尽管在《慈善法》的带动下我国慈善事业迎来了高速发展,但总体发展水平与发达国家相

---

[1] 罗竖元,李萍. 论慈善意识的培育与慈善事业的发展[J]. 湖北社会科学,2009(2):52 - 55.

[2] 李永军. 论《慈善法》的理解与完善建议[J]. 北京航空航天大学学报(社会科学版),2017(3):35 - 40.

比还存在较大差距。《2016年度中国慈善捐助报告》显示，2016年美国慈善捐赠总额约为25706.6亿元，占GDP的2.1%，人均捐赠约为7957.1元。[①] 因此，要实现新时代"弱有所扶"的民生建设目标，就必须推动慈善事业的健康快速发展。这就要求：第一，要壮大慈善组织。当前我国慈善组织在慈善事业的发展中发挥的作用还很有限。究其原因，一方面是监管问题，慈善组织管理部门体制机制的"非系统化"和"非整合化"导致慈善组织缺乏规范化管理，资金募捐、运作和支出不透明，由此带来慈善组织缺乏公信力，继而阻碍慈善组织的发展壮大；另一方面是协调运行问题，在我国各类慈善行动中，政府和慈善组织往往缺乏合作，致使各类资源难以有效整合形成合力，往往带来慈善救助资源浪费以及救助覆盖面过窄，继而提高了慈善组织的慈善救助成本。第二，要培育慈善文化。发达国家慈善事业的发展主要得益于其慈善理念、志愿精神渗透于社会文化的各个角落。如美国人认为，向弱者提供慈善救助是优秀公民的义务。[②] 第三，要规范互联网慈善。随着互联网和自媒体的快速发展，"互联网+慈善"成为了一种响应速度快、募捐效率高的新型慈善模式。但当前我国互联网慈善监管体制机制的不规范，为这一新型慈善模式带来了挑战。因此，必须进一步完善相关法律法规，优化相关监管机制，使"互联网+慈善"走向规范化。

---

① 2016年我国全年接收国内外款物捐赠共计1392.94亿元［EB/OL］. 新华网，http://www.xinhuanet.com/gongyi/2017-11/02/c_129731482.htm.

② 陈成文，陈建平. 社会组织与贫困治理：国外的典型模式及其政策启示［J］. 山东社会科学，2018（3）：58-66.

第四章

社会保险与实现新时代"弱有所扶"

"弱有所扶"是新时代民生建设的关键内容,实现"弱有所扶"是补齐新时代民生"短板"的必由之路。党的十九大报告指出:"增进民生福祉是发展的根本目的。必须多谋民生之利、多解民生之忧,在发展中补齐民生短板、促进社会公平正义,在幼有所育、学有所教、劳有所得、病有所医、老有所养、住有所居、弱有所扶上不断取得新进展,深入开展脱贫攻坚,保证全体人民在共建共享发展中有更多获得感,不断促进人的全面发展、全体人民共同富裕。"可见,要推进新时代民生建设,就必须补齐"弱有所扶"的民生"短板"。[1] 之后,党在《中共中央关于坚持和完善中国特色社会主义制度推进国家治理体系和治理能力现代化若干重大问题的决定》中提出了"完善覆盖全民的社会保障体系"的要求,要"坚持应保尽保原则,健全统筹城乡、可持续的基本养老保险制度、基本医疗保险制度,稳步提高保障水平"。在我国,由社会保险、社会福利、社会救助和社会优抚安置构成的社会保障网络是保障和改善民生的基础性工程。其中,社会保险是社会保障网络的核心,在谋民生之利、解民生之忧上发挥着重大作用。新时代"弱有所扶"的实现离不开社会保险的支撑。因此,要实现新时代"弱有所扶",就必须加强社会保险的制度建设,推进社会保险制度适应新时代社会主要矛盾转变和民生建设的需要。

---

[1] 陈成文,陈建平,洪业应. 新时代"弱有所扶":对象甄别与制度框架[J]. 学海,2018(4).

一、社会保险的基本构成

社会保险是指国家通过立法举办并资助实施的，采用风险集中管理技术，以被保险人及其利益关系人缴费为主形成的共同基金对被保险人因年老、疾病、死亡、失业、伤残、生育等社会风险所导致的损失，依照法律规定的条件及方式对被保险人及受其扶养的家庭成员予以经济补偿，从而确保其基本收入安全的社会经济制度。[1] 在我国，社会保险是一种强制性保险，主要包括基本养老保险、基本医疗保险、失业保险、工伤保险、生育保险。

（一）基本养老保险

基本养老保险是国家为了保障劳动者退休后的基本生活而强制建立和实施的一种社会保险制度。目前，我国基本养老保险实行社会统筹与个人账户相结合的筹资模式，即"统账结合"。一方面，劳动者按照一定的工资比例认缴基本养老费用，以建立个人账户；另一方面，用人单位基本按照劳动者工资的一定比例缴纳养老费用，纳入社会统筹。"统账结合"的社会基本养老保险制度，覆盖了企业职工、城乡居民、机关事业单位工作人员三个不同人口群体；农民工可以在企业职工基本养老保险制度和城乡居民基本养老保险制度中选择其一参保。[2] 根据《中华人民共和国社会保险法》（2018年修正）第十条的规定："职工应当参加基本养老保险，由用人单位和职工共同缴纳基本养老保险费。无雇工的个体工商户、未在用人单位参加基本养老保险的非全日制从业人员以及其他灵活就业人员可以参加基本养老保险，由个人缴纳基本养老保险费。公务员和参照公务员法管理的工作人员基本养老保险的办法由国务院规定。"由于受历史因素的影响，我国基本养老保险形成了企业职工基本养老保险制度、城乡居民基本养老保险制度、机关事业单位工作人员基本养老保险制度并存局面。这三种基本养老保险制度在投保主体和保费来源上存在差异。具体见表4-1。

---

[1] 李志明，彭宅文. 社会保险概念再界定［J］. 学术研究，2012（7）.
[2] 张思锋，李敏. 中国特色社会养老保险制度：初心、改革、再出发［J］. 西安交通大学学报（社会科学版），2018（6）.

表4-1　　　　　　　　　三种基本养老保险制度比较

制度类型	投保主体	参保方式
企业职工基本养老保险制度	与企业签订劳动合同的职工	企业缴纳20%，职工个人承担8%
城乡居民基本养老保险制度	非国家机关和事业单位工作人员及不属于职工基本养老保险制度覆盖范围的城乡居民	个人缴费、集体补助、政府补贴
机关事业单位工作人员基本养老保险制度	公务员与事业单位工作人员	单位缴纳工资的20%，个人缴纳工资的8%

(二) 基本医疗保险

基本医疗保险是指通过用人单位与个人缴费，建立基本医疗保险基金，参保人员患病就诊产生医疗费用后，由基本医疗保险机构对其给予一定的经济补偿的一项社会保险制度。与基本养老保险制度相同，由于城乡二元制度的影响，我国未在全国范围内建立城乡统一的基本医疗保险制度，形成了城镇职工基本医疗保险制度、城镇居民基本医疗保险制度与新型农村合作基本医疗保险制度"三足鼎立"的现状（见表4-2）。1998年，国务院在《关于建立城镇职工基本医疗保险制度的决定》中明确指出："城镇所有用人单位及其职工都要参加基本医疗保险，实行属地管理；基本医疗保险费用由用人单位和职工双方共同负担；基本医疗保险基金实行社会统筹和个人账户相结合。"至此，城镇职工基本医疗保险制度在我国正式建立。然而，城镇职工基本医疗保险制度仅仅覆盖了在企业、机关、事业单位、社会团体、民办非企业单位工作的城镇职工、灵活就业人员和农民工，把农民和城镇非就业人员排除在保障之外。为了保障农民和城镇非就业人员的权益和实现基本医疗保险覆盖城乡居民的目标，我国于2003年颁布《关于建立新型农村合作医疗制度的意见》，开始试点新型农村合作基本医疗保险制度；于2007年颁布《国务院关于开展城镇居民基本医疗保险试点的指导意见》，开始城镇居民基本医疗保险制度试点。随着新型农村合作基本医疗保险制度和城镇居民基本医疗保险制度的建立，我国基本实现了基本医疗保险覆盖城乡居民。

表4-2 三种基本医疗保险制度比较

制度类型	覆盖人群	参保方式
城镇职工基本医疗保险制度	在企业、机关、事业单位、社会团体、民办非企业单位工作的城镇职工、灵活就业人员和农民工	用人单位缴纳职工工资的6%，个人的缴纳工资的2%
城镇居民基本医疗保险制度	未参加城镇职工基本医疗保险制度的城镇居民，包括未成年人、个体工商户、无业人员、大学生等城镇非从业居民	个人缴费与政府适当补助相结合
新型农村合作基本医疗保险制度	农村全体居民	家庭缴费、集体扶持与政府补助相结合

（三）失业保险

失业保险是国家通过立法强制实行的，由社会集中建立基金，对因失业而暂时中断生活来源的劳动者提供物质帮助的一项制度。[①] 失业保险是工业文明的产物。在农业文明中，土地是农民的"命根子"，农民的吃穿都要向土地索取。随着工业化进程的不断推进，农民不断涌入城市变成了工人，农业用地变成了城市用地和工业用地，生产关系发生了巨变。农民离开了土地，成为了工人，就存在失业的风险。失业是一种无法依靠个人和家庭的力量来完全抵御的经济风险，它会严重威胁到失业者及其家庭基本生活的维持。因此，为了保障失业人员及其家庭在失业期间的基本生活，促进其再就业，国家建立了失业保险制度。根据《中华人民共和国社会保险法》（2018年修正）第四十四条的规定："职工应当参加失业保险，由用人单位和职工按照国家规定共同缴纳失业保险费。"在参保方式上，失业保险采用用人单位与职工共同承担保费的方式，用人单位按照本单位工资总额的2%缴纳保费，职工按照本人工资的1%缴纳保费。在参加失业保险满一年后，职工因非本人意愿中断就业，只要其已办理失业登记且有求职要求，就可以领取失业保险金。一般来说，失业保险金要高于当地城市居民最低生活保障标准，且低于当地最低工资标准。

（四）工伤保险

工伤保险是指"为了保障因工作遭受事故伤害或者患职业病的职工获得

---

① 蒋万庚.论失业保险功能的反思与定位［J］.广西大学学报（哲学社会科学版），2018（8）.

医疗救治和经济补偿,促进工伤预防和职业康复,分散用人单位的工伤风险"而建立的一种社会保险制度。工伤保险制度起源于德国。1884年,在工业化生产、工人伤亡事故剧增的背景下,德国颁布了《伤亡事故保险法》,不仅建立世界上的第一个工伤保险制度,而且还确立了"无过失补偿"这一人身伤害权力救济制度。[①]《伤亡事故保险法》规定,所有工业及商业部门内的员工(包括实习人员)都享有伤亡事故保险,只要员工在工作中和上下班途中发生伤亡事故或患得职业病,都可取得伤亡事故保险赔偿。我国工伤保险制度始于1951年的《中华人民共和国劳动保险条例》,该条例规定在"有工人职员一百人以上的国营、公私合营、私营及合作社经营的工厂、矿场及其附属单位,铁路、航运、邮电的各企业单位与附属单位,工、矿、交通事业的基本建设单位,国营建筑公司"范围内实施工伤保险制度,保费由用人单位缴纳。随着改革开放的不断推进,我国社会主义市场经济体制得到不断完善,原有的工伤保险制度已经不适应经济社会发展的需求,亟须进行完善。2010年,国务院对2004年颁布的《工伤保险条例》进行了修改,把参保范围扩大到"中华人民共和国境内的企业、事业单位、社会团体、民办非企业单位、基金会、律师事务所、会计师事务所等组织和有雇工的个体工商户",并实行差别保费机制,根据不同行业的工伤风险程度确定不同的保费。

(五) 生育保险

生育保险是国家通过立法,在怀孕和分娩的女性劳动者暂时中断劳动时,由国家和社会提供医疗服务、生育津贴和产假的一种社会保险制度。生育保险的实施是维护女性职工合法权益和促进社会劳动力再生产的重要举措。由于生理原因,女性职工在怀孕和分娩期间,必然无法正常工作,必要时需停止工作。在生育保险制度、《女职工劳动保护规定》和《中华人民共和国妇女权益保障法》等女性职工劳动保护法律法规制定、实施之前,女性职工在怀孕和分娩期间,就可能面临着被解雇而丧失生活来源的风险。《中华人民共和国社会保险法》(2018年修正)第五十三条的规定:"职工应当参加生育保险,由

---

① 孙树菡,朱丽敏. 现代工伤保险制度:发展历程及动力机制[J]. 湖南师范大学社会科学学报, 2010(1).

用人单位按照国家规定缴纳生育保险费，职工不缴纳生育保险费。"当女性职工参加生育保险后，就可以在怀孕和分娩期间享有生育津贴、生育医疗待遇和产假。其中，生育津贴按照上一年度单位职工月平均工资发放；生育医疗待遇包括因生育所产生的检查费、接生费、手术费、住院费和药费等费用由生育保险基金支付。可见，生育保险制度的实行不仅保障了女性职工在怀孕和分娩期间的基本生活，而且还保证了女性职工及其胎儿的健康，有利于人口质量的提升和劳动力的再生产。

二、社会保险制度：实现新时代"弱有所扶"的推进器

现代社会是一个风险社会，风险充斥在社会的各个角落。风险治理是保险的基本职能。保险作为一种古老的风险治理方式，向社会提供各类风险治理是其本性使然，有参与社会治理的本质属性和天然优势。[1] 社会保险是现代社会保障体系的主要构成部分和异常重要的民生保障制度安排，关乎社会成员的养老、医疗、工伤、失业、生育与护理权益。[2] 自产生以来，社会保险在调节收入分配、维护社会公平、稳定社会生活等方面发挥了重要的积极作用。20世纪40年代，贝弗里奇更是在著名的《贝弗里奇报告》中指出，社会保险是"摆脱贫困之路"的关键。[3]

"扶"是"弱有所扶"的重要方面，解决的是"怎么扶"的问题，即制度、机制问题。在我国，作为一种有效的再分配制度，社会保险在看病、养老和就业等方面可以为弱势群体提供有效保障，能有效化解弱势群体因年老、疾病、死亡、失业、伤残和生育等所带来的经济风险，是推进实现"弱有所扶"这一民生目标建设的有效手段。从现实情况来看，与弱势群体息息相关的社会保险制度主要是基本养老保险、基本医疗保险、失业保险和生育保险。[4] 弱势群体是由于某些障碍及缺乏经济、政治和社会机会，而在社会上处于不利地位

---

[1] 卓志，孙正成. 现代保险服务业：地位、功能与定位［J］. 保险研究，2014（11）.
[2] 郑功成. 中国社会保险法制建设：现状评估与发展思路［J］. 探索，2020（3）.
[3] 贝弗里奇. 贝弗里奇报告——社会保险和相关服务［M］. 北京：中国劳动社会保障出版社，1995：24-28.
[4] 陈成文，陈建平，洪业应. 新时代"弱有所扶"：对象甄别与制度框架［J］. 学海，2018（4）.

的人群，其主要包括儿童、老年人、残疾人、精神病患者、失业者和贫困者。① 社会保险对于弱势群体的帮扶具体体现在四个方面：第一，基本养老保险保障了老年群体的基本生活；第二，基本医疗保险保障了生理型弱势群体的基本生活；第三，失业保险保障了失业群体的基本生活；第四，生育保险保障了女性劳动者在怀孕和分娩期的基本生活。

（一）基本养老保险是保障老年弱势群体基本生活的重要支撑

基本养老保险是国家和社会根据一定的法律和法规，为解决劳动者在达到国家规定的解除劳动义务的劳动年龄界限，或因年老丧失劳动能力退出劳动岗位后的基本生活而建立的一种社会保险制度。基本养老保险对老年群体的帮扶主要体现在其强制性、互济性和社会性方面。在强制性方面，社会保险通过国家立法强制实行，要求政府、企业和个人共同缴纳基本养老保险费，任何个人和企业不得违反。这意味着，劳动者在工作期间，就已经通过个人和企业或政府缴费共同缴纳基本养老保险费用，为保障其退出劳动岗位后的基本生活积蓄资金。这些资金在基本养老保险基金管理机构的运营下，实现保值增值。当劳动者达到法定退休年龄后，就可以每月从社保机构中领取养老金，以保障其在失去收入来源情况下的基本生活得以维系。在互济性方面，基本养老保险基金由国家统一使用和支付，在劳动者缴纳基本养老保险费用的同时，退休的老年群体也在领取养老金。也就是说，在同一时期，劳动者缴纳的基本养老保险费用及其产生收益的一部分会由退休的老年群体享用。基本养老保险的这一互济性能够持续的保障社会养老资金的充裕，防止养老资金链的断裂，从而提升老年群体基本生活的保障水平。在社会性方面，基本养老保险覆盖面广，对大部分老年群体的基本生活进行可保障。2019年，全国参加城镇职工基本养老保险人数为43488万人，城乡居民基本养老保险参保人数53266万人。② 随着基本养老保险制度的优化和人们保险意识的增强，参加基本养老保险的人数将会持续增长，越来越多的老年群体将会从基本养老保险制度中获益。可以发现，基本养老保险为退休或丧失劳动能力后无收入来源的老年群体提供了一份必要

---

① 王思斌. 社会转型中的弱势群体［J］. 中国党政干部论坛，2002（3）.
② 中华人民共和国人力资源和社会保障部. 2019年度人力资源和社会保障事业发展统计公报［EB/OL］. www.mohrss.gov.cn/SYrlzyhshbzb/zwgk/szrs/tjgb/202006/t20200608_375774.html.

的生活保障，为实现老有所养、老有所依、老有所乐、老有所安的养老事业目标奠定重要的制度支撑。

(二) 基本医疗保险是提升生理型弱势群体风险化解能力的重要途径

基本医疗保险是针对疾病患者的一项社会保障制度安排。疾病（特别是重特大疾病）往往是弱势群体形成的一个重要原因，特别是对农村贫困人口而言，疾病一直是其致贫的首要原因。生理型弱势群体包括残疾人（包括生理残疾人和智力残疾人）、慢性疾病患者、重特大疾病患者、工伤人员这四大类典型脆弱群体。对于生理型弱势群体来说，医疗费用是其一项重大支出。按照世界卫生组织（WHO）对灾难性医疗支出的定义，"如果强制性医疗支出大于或等于扣除基本生活费（食品支出）后家庭剩余收入的40%，该家庭即产生了灾难性医疗支出"[1]。这就意味着，当一个家庭产生了灾难性医疗支出，也就很可能因此陷入贫困。而疾病严重程度、医疗费用急剧增长、基本医疗保险覆盖率与补偿率较低是导致灾难性医疗支出的主要原因。[2] 现阶段，我国形成了以城镇职工基本医疗保险、城镇居民基本医疗保险和新型农村合作医疗三项制度为主体的城乡基本医疗保险制度，基本实现了对城乡居民基本医疗保险的覆盖。[3] 随着我国基本医疗保险制度的不断完善，其覆盖率与补偿率逐渐提升，极大地减轻了生理型弱势群体的医疗负担，从制度上增强了生理型弱势群体的医疗风险化解能力。

(三) 失业保险是保障失业弱势群体基本生活的重要方式

失业保险对失业人员这一弱势群体的帮扶作用主要体现在保障基本生活和促进再就业两个方面。在保障失业人员基本生活方面，失业保险通过建立失业基金，为投保的失业人员提供失业保险金，以维持其暂时失业期间的基本生活，起到一个生活稳定器的作用。2019年，全国参加失业保险人数为20543

---

[1] 褚福灵. 灾难性医疗支出研究 [J]. 中国医疗保险, 2016 (3).
[2] 左延莉, 王小万, 代涛. 三城市六种疾病住院病人灾难性医疗支出研究 [J]. 卫生经济研究, 2008 (11).
[3] 施锦明. 论我国医疗保险制度的实践与创新 [J]. 东南学术, 2012 (4).

万人；共为461万名失业人员发放了不同期限的失业保险金，人均水平1393元。① 在促进失业人员再就业方面，失业保险可以为失业人员的职业培训和职业介绍等提供资金支持。《失业保险条例》第十条规定，失业保险基金的支出，可用于职业培训、职业介绍等方面的补贴。同时，《中华人民共和国就业促进法》规定："国家建立健全失业保险制度，依法确保失业人员的基本生活，并促进其实现就业。"也就是说，失业保险既可以为失业人员提供基本的生活保障，也可以为他们提供就业培训和就业指导方面的服务，帮助他们实现再就业。② 有学者甚至指出，未来失业保险制度最终目的是提升劳动者素质、促进就业稳定、扩大就业机会，整合失业给付、职业训练、就业服务和就业稳定措施为一体，而不是消极的失业救济。③

（四）生育保险是保障女性弱势群体基本生活的重要手段

生育保险是一项专门针对女性弱势群体的社会保险制度。根据社会地位维度来划分，怀孕和分娩的妇女属于社会型弱势群体，其由于身孕和分娩的缘故，无法继续正常参与工作，导致了工资收入的暂时性降低甚至丧失。在工资收入降低甚至丧失的情况下，怀孕和分娩的女性劳动者的生育支出却不断增加，这势必会对其及家庭的正常生活产生影响。生育保险的设立则能够极大地缓解怀孕和分娩的女性劳动者的生育负担。一方面，用人单位为职工缴纳生育保险费形成生育保险基金。当职工有身孕时，生育保险基金则向其支付生育检查费、接生费、手术费、住院费和药费等医疗费用，进而缓解其生育的经济压力；另一方面，生育基金还为身孕职工提供生育津贴。在职工生育享受产假期间，生育基金按用人单位上年度职工的月平均工资计发生育津贴，以补偿职工在产假期间工资收入的损失。国家统计局数据显示，2019年，全国参加生育保险人数有21432万人；生育保险基金收入861.36亿元，支出792.07亿元。可见，在生育保险的保障下，怀孕和分娩的女性劳动者既享受了相关的医疗服

---

① 中华人民共和国人力资源和社会保障部：2019年度人力资源和社会保障事业发展统计公报[EB/OL]．中国政府网，www.mohrss.gov.cn/SYrlzyhshbzb/zwgk/szrs/tjgb/202006/t20200608_375774.html．
② 蒋万庚．论失业保险功能的反思与定位[J]．广西大学学报（哲学社会科学版），2018（8）．
③ 谭金可．从失业保险转向就业保险的加拿大经验与启示[J]．财经问题研究，2016（3）．

务，减少了生育的医疗支出；也获得了生育津贴，维持了基本生活所需。

三、社会保险制度的现实困境

任何制度都是建立在一定的社会、经济、政治基础之上，并受制于社会、经济、政治状况。社会保险制度的建立自然也受制于当时的社会、经济、政治状况。随着社会经济的快速发展变化，社会保险制度出现一些不良反应。从现实情况来看，我国社会保险制度存在法制建设滞后、长期护理保险发展缓慢、缴费机制不合理、统筹层次较低等问题，严重影响了社会保险制度保障功能的充分发挥，不利于实现新时代"弱有所扶"的民生目标。

（一）社会保险法制建设滞后

社会保险是社会保障体系的核心部分，它与商业保险的最重要区别是法律赋予了其强制性的特征，必须按照法律规定执行。我国社会保险法制建设历经了两次重大的调整：一是1951年《中华人民共和国劳动保险条例》的制定与实施，我国建立起了符合社会主义计划经济要求的劳动保险制度；二是2011年《社会保险法》的实施，我国建立起了适应社会主义市场经济需求的社会保险制度。实施改革开放政策后，我国经济、社会发生了翻天覆地的变化，劳动保险制度已经失去了经济、社会基础，亟须进行变革。此后，我国进入了现代社会保险制度的改革与探索时期。然而，在破旧立新的渐进改革中，存在着法制建设滞后的问题。这种滞后性主要体现在两个方面：一是主要依靠政策性文件实施的现状正在影响着新的制度走向成熟、定型。[①] 目前，我国社会保险制度的执行依据主要包括全国人大制定的相关法律、国务院及其主管部门发布的相关行政法规和政策性文件、地方政府出台的相关地方性政策。其中，国务院及其主管部门发布的相关行政法规和政策性文件、地方政府出台的相关地方性政策指导着社会保险的制度的具体操作。二是《社会保险法》未能对社会现实的变化及时作出更改。例如，《社会保险法》第二十条和第二十二条分别规定了"国家建立和完善新型农村社会养老保险制度"和"国家建立和完善城镇居民社会养老保险制度"。然而，国务院于2014年颁布的《国务院关于

---

① 郑功成. 中国社会保险法制建设：现状评估与发展思路［J］. 探索，2020（3）.

建立统一的城乡居民基本养老保险制度的意见》中，提出"将新农保和城居保两项制度合并实施，在全国范围内建立统一的城乡居民基本养老保险制度"。在实际中，新型农村社会养老保险制度与城镇居民社会养老保险制度已经整合为统一城乡居民基本养老保险制度。因此，新型农村社会养老保险制度和城镇居民社会养老保险制度已经成为历史事物，现实中已经不存在。也正是由于法制建设的滞后，导致了社会保险强制性不足，不缴、欠缴保险费和选择性参加现象严重。

（二）长期护理保险发展缓慢

根据乌尔里希·贝克的风险社会理论，风险是永恒存在的，人类历史上各个时期的各种社会形态从一定意义上说都是一种风险社会。[①] 随着社会的不断发展，风险的种类愈加多样化，新的社会风险层出，现有的社会保险险种已无法帮助人们有效的抵御社会风险。2019年国民经济和社会发展统计公报显示，2019年末，我国65周岁及以上人口数量为17603万人，占总人口数的12.6%。[②] 随着我国老龄化程度的日益加深，老年人的长期护理风险急剧上升，依靠基本养老保险和基本医疗保险已经无法完全满足养老年人的护理需求。因此，亟须建立长期护理保险制度。2016年，人力资源和社会保障部办公厅发布的《关于开展长期护理保险制度试点的指导意见》将江西省上饶市、吉林省长春市等15个城市作为长期护理保险试点城市，并指出："建立长期护理保险，有利于保障失能人员基本生活权益，提升他们体面和有尊严的生活质量，弘扬中国传统文化美德；有利于增进人民福祉，促进社会公平正义，维护社会稳定；有利于促进养老服务产业发展和拓展护理从业人员就业渠道。"2020年，国家医保局会同财政部印发的《关于扩大长期护理保险制度试点的指导意见》提出了"扩大试点范围"的要求，在原有15个试点城市的基础上，又增加了北京市、天津市等14个城市。虽然我国长期护理保险试点工作取得了一定的成效，为部分失能老人提供了长期护理保险；但是长期护理保险

[①] 乌尔里希·贝克，王武龙．从工业社会到风险社会（上篇）——关于人类生存、社会结构和生态启蒙等问题的思考［J］．马克思主义与现实，2003（3）．

[②] 国家统计局：中华人民共和国2019年国民经济和社会发展统计公报［EB/OL］．国家统计局官网，http://www.stats.gov.cn/tjsj/zxfb/202002/t20200228_1728913.html．

推进缓慢，离建立全国性的长期护理保险制度还有较长的距离，大部分的失能老人仍面临着长期护理风险。

(三) 社会保险筹资机制不合理

目前我国社会保险的筹资实行缴费机制，即社会保险基金由居民、用人单位和政府三方出资筹集。然而，这样的社会保险缴费机制会对财政造成极大的压力，不利于社会保险制度的可持续运行。社会保险的强制发生性这一本质特征，决定了社会保险的筹资工具天然是税收，也决定了利用社会保险缴费的形式为社会保险筹资注定要失败。① 此外，过高的社会保险缴费负担，给企业和参保者个人带来了沉重负担。一方面，一些中小企业和易受社会风险侵袭的弱势群体被排除在制度覆盖范围之外。目前，我国用人单位和职工个人共同承担的社会保险费用已达到工资的40%以上，这不仅大大降低了人们的可支配收入，而且迫使一些用人单位和个人逃避缴纳社会保险费。在发达国家中，北美和亚太地区的发达国家费率较低，如美国、日本、韩国的费率分别为16.01%、25.24%和15.13%；欧洲发达国家的费率较高，如法国、德国、意大利的费率分别为45.04%、41.53%和40.86%。② 虽然我国社会保险费率水平和欧洲发达国家相当，但待遇水平则远远低于这些国家。另一方面，社会保险基金大量结余，增加了社会保险基金的贬值风险。2019年末，基本养老保险基金累计结存62873亿元，失业保险基金累计结存4625亿元，工伤保险基金累计结存1783亿元，三项社会保险基金共结余69281亿元。③ 如何保证社会保险基金保值增值，是一个重要的现实课题。

(四) 社会保险统筹层次较低

党的十九届四中全会通过的《中共中央关于坚持和完善中国特色社会主义制度推进国家治理体系和治理能力现代化若干重大问题的决定》指出："坚持应保尽保原则，健全统筹城乡、可持续的基本养老保险制度、基本医疗保险

---

① 龙卓舟．试论社会保险制度的筹资工具［J］．税务研究，2008 (4)．
② 杨翠迎，汪润泉，程煜．费率水平、费率结构：社会保险缴费的国际比较［J］．经济体制改革，2018 (2)．
③ 中华人民共和国人力资源和社会保障部：2019年度人力资源和社会保障事业发展统计公报［EB/OL］．中国政府网．www.mohrss.gov.cn/SYrlzyhshbzb/zwgk/szrs/tjgb/202006/t20200608_375774.html．

制度，稳步提高保障水平。加快建立基本养老保险全国统筹制度。"然而，到目前为止，我国社会保险城乡统筹层次低，在制度、对象、标准、管理上未实现完全统一，还存在明显的城乡差异。在社会保险制度方面，我国仍然存在城乡分割的问题，城市实行一套社会保险制度，农村实行另一种制度。以基本医疗保险制度为例，城市实行城镇职工基本医疗保险制度和城镇居民基本医疗保险制度，大部分农村实行新型农村合作基本医疗保险制度。新型农村合作基本医疗保险与城镇职工基本医疗保险制度、城镇居民基本医疗保险在管理上相互独立，缴费、资金管理和报销等方面互不相通。同时，我国还未实现社会保险基金全国统筹。虽然城镇职工基本养老保险已经初步建立了省级基金统筹制度，但是还没有建立全国的养老保险基金统筹制度，养老保险基金的互助共济作用未得到充分发挥。社会保险基金的集中统筹是充分发挥社会保险制度保障功能的重要前提。社会保险基金统筹层次越高，越有利于发挥社会保险的互助共济作用，越有利于提升社会保险帮扶弱势群体的功能。

四、优化社会保险制度，推动新时代"弱有所扶"

作为社会保障体系的核心，社会保险凭借其普遍性、互济性和强制性，为社会公众提供了基本的养老、医疗、生育、失业保障，增强了参保人的社会风险抵抗能力。对于弱势群体而言，社会保险显著提升了其社会风险抵御能力，有效改善了其弱势状况。然而，法制建设滞后、长期护理保险发展缓慢、缴费机制不合理、统筹层次较低等问题的出现，极大限制了社会保险保障功能的发挥，不利于弱势群体改善现状。因此，必须以促进社会公平为出发点，完善社会保险制度。这就要求：第一，要立足现实需要，推进社会保险法制建设；第二，要借鉴国外经验，加快长期护理保险发展；第三，要开征社会保险税，优化社会保险筹资机制；第四，要放眼全国大格局，提高社会保险统筹层次。

（一）立足现实需要，推进社会保险法制建设

党的十九大报告指出："全面依法治国是中国特色社会主义的本质要求和重要保障。"法制是法治的前提和基础。要依法治理社会保险领域的公共事务，充分保障弱势群体的社会权益，就必须要立足现实需要，推进社会保险法制建设。首先，要充分听取社会公众，尤其是弱势群体的意见，建设维护人民

利益的社会保险法治体系。社会保险的保障功能决定了其必须坚持以人为本，维护弱势群体的基本权益。因此，推进社会保险法制建设必须要在充分听取民意的基础上，增强社会保险的保障功能。其次，要梳理相关的行政法规和政策性文件，汲取养分。与德国等西方国家不同，目前我国社会保险制度主要依靠政策性文件实施，而不是社会保险法律，政府制定的行政法规和政策性文件指导着社会保险的具体实践。因此，要推进社会保险法制建设，就必须要参考相关的行政法规和政策性文件，以减小法制建设的阻力。同时，当社会保险法制建设基本完成后，要及时废除、改革相关的行政法规和政策性文件。最后，要建设以《社会保险法》为基础的社会保险法制体系。《社会保险法》是社会保险制度的共同准则和基本依据，确定了基本养老保险、基本医疗保险、失业保险、生育保险和工伤保险的基本原则和方向。因此，必须在《社会保险法》的指引下，根据不同险种的现实需要，制定《基本养老保险法》《基本医疗保险法》《失业保险法》《生育保险法》《工伤保险法》《长期护理保险法》，建成社会保险法制体系。只有推进社会保险法制建设，增强社会保险制度的约束力，才能更好地发挥社会保险制度保障弱势群体基本权益的功能。

(二) 借鉴国外经验，加快长期护理保险发展

在人口老龄化的影响下，国外许多国家都建立了适合的长期护理保险制度，以缓解老年人由于长期护理需要而产生的沉重的经济负担。例如，德国通过颁布《护理保险法》，以法律的形式规定"护理保险跟从基本医疗保险"的原则，要求所有基本医疗保险的投保人都必须参加护理保险；日本通过实施关于创设护理保险的议案，建立了覆盖所有65岁及以上老人的LTCI护理保险体系；美国建立了由商业保险和社会保险共同构成的护理保险体系；瑞典通过国民年金、收入关联养老金、职业年金三大支柱基本养老保险体系的改革，强调对无收入和低收入等弱势群体的财政支持。[①] 长期护理保险对于我国老年人这一弱势群体来说，是一种亟须开设的社会保险险种，它能够缓解老年人及其家庭的长期护理负担。然而，目前我国并没有建立完善的长期护理保险制度，许

---

① 马红鸽，杨斌. 瑞典养老保险制度政府财政责任的特点及其启示 [J]. 重庆理工大学学报，2016 (9).

多老年弱势群体因高昂的长期护理费用而陷入贫困。这就要求：第一，完善我国保险法律，从立法层面上确立长期护理保险制度，以法律的形式保障公民参加长期护理保险的权力；第二，建立专项的社会护理保险筹资体系，由政府、企业、个人三方缴费为主，基本医疗保险结余资金、社会福利基金、非营利组织及个人捐助为补充；第三，设立专门的基金管理机构，对长期护理基金进行管理，确保保值增值。

（三）开征社会保险税，优化社会保险筹资机制

社会保险不仅关系到居民个人生活的稳定和持续，而且关系到整个国家社会的和谐与稳定。因此，世界各国都赋予社会保险以强制性，通过法律的途径来强制公民参加社会保险，从而维持社会的稳定。除了这种强制性之外，国家还根据社会经济发展状况来确定社会保险的缴费水平，并将之以法律的形式固定下来，不得轻易更改。社会保险的强制发生性和支付固定性，决定了它的筹资手段天然是税收，而不是费。[①] 社会保险由"费"改"税"，不仅能够提升社会保险的筹资能力，增强社会保险的强制性，防止逃费、欠费等行为的发生；而且有利于提高中央财政的调控能力，便于统筹社会保险基金，缩减社会保险待遇的地区和城乡差异。在我国，社会保险筹资方式由"费"改"税"已经具有实际操作上的可行性。在财政理念方面，学术界和政府层面关于社会保险"费改税"的问题已探索多年，对社会保险"费改税"的理论基础和必要性都进行了大量的探讨，形成了一定的认识和共识。在实际操作方面，全国已经有超过20个省份由地方税务机关代征社会保险费，为"费"改"税"积累了丰富的经验。[②] 社会保险由"费"改"税"，开征社会保险税就是要通过全国人民代表大会制定社会保险税法，把开征社会保险税上升为国家意志。其中，社会保险税法应该根据经济发展水平和居民收入状况，合理设定税率；科学确定政府、公民个人和用人单位的权利与义务，对逃缴、漏缴社会保险税的用人单位和个人给予严厉的惩处；合理界定中央政府与地方政府的职责，基本养老保险、失业保险和基本医疗保险税由中央政府进行征收和管理，生育保险

---

① 龙卓舟. 试论社会保险制度的筹资工具[J]. 税务研究, 2008（4）.
② 郑春荣. 论促进区域经济协调发展的社会保险税制度[J]. 税务研究, 2011（7）.

和工伤保险由地方政府征管，方便统筹保险基金；制定社会保险税收优惠政策，对经济困难的弱势群体给予社会保险税收减免。

（四）放眼全国大格局，提高社会保险统筹层次

统筹社会保险首先要统筹城乡社会保险，这包括城乡社会保险制度统一、对象统一、标准统一、管理统一。[1] 第一，要统一城乡社会保险制度和统一社会保险对象。统一城乡社会保险制度并不等同于城乡社会保险制度的统一，而是改变以往城乡两种社会保险各自独立运行的局面，排除城乡户籍不同、城乡居住地不同对居民参保的阻碍。第二，要统一社会保险标准。统一社会保险标准并不是忽视城乡之间的经济发展水平和生活费用水平的差异，而是在根据城乡经济发展水平和生活费用水平差异的基础上，合理缩小城乡社会保险的待遇差距。第三，要统一社会保险管理。统一社会保险管理就是要用同一套管理体制和信息系统对城乡社会保险工作进行管理，使得居民在城乡之间、地区之间进行身份转变时，能够继续得到相应的保障，并在满足一定条件下实现城乡社会保险之间的转化。只有促进社会保险城乡统筹，才能缩小城乡社会保险的差距，提升农村弱势群体的社会保险待遇水平，进而实现社会保险的城乡公平。其次，要提升社会保险基金的统筹层次。《社会保险法》规定："基本养老保险基金逐步实行全国统筹，其他社会保险基金逐步实行省级统筹，具体时间、步骤由国务院规定。"一方面，要在城镇职工基本养老保险基金省级统筹的基础上，建立全国的养老保险基金统筹制度，充分发挥养老保险基金的互助共济作用；另一方面，要加快建立基本医疗保险基金、工伤保险基金、失业保险基金和生育保险基金的省级统筹制度，实现社会保险基金统筹层次的提升。

---

[1] 童星.社会救助是城乡统筹的"突破口"[J].中国社会保障，2009（9）.

第五章

最低生活保障制度与新时代"弱有所扶"

作为社会救助的最基本形式,最低生活保障制度是实现社会公正的基础。这可以从理论与实践两方面来阐释。从理论上来说,当代著名的正义论学者罗尔斯曾提出两个正义观点,其中一个认为,"社会与经济的不平等应使其在与正义的储存原则一致的情况下,适合于最少受惠者的最大利益"。具体解释即必须具备两个条件的社会与经济不平等才符合"最少受惠者"理论:一是造成那些不平等的前提是必须在机会平等的条件下向所有人开放;二是那些不平等的安排必须使最少受惠者的利益得到保障。[①] 而最低生活保障制度的设计正是契合了这一理论原则,因为最低生活保障的目的就是使那些处于最低生活保障线之下的贫困者或贫困家庭的基本生活得到满足,并在这一基础上获取发展机会。从最低生活保障制度的实施结果来看,确实实现了资源分配向弱势群体的倾斜。截至2021年底,全国共有城市低保对象454.9万户、737.8万人。全国城市低保平均保障标准711.4元/人·月,比上年增长5.0%,全年支出城市低保资金484.1亿元;有农村低保对象1945.0万户、3474.5万人。全国农村低保平均保障标准6362.2元/人·年,比上年增长6.7%,全年支出农村低保资金1349.0亿元。[②] 2012年5月2日,国务院常务会议讨论通过的《社会保障"十二五"规划纲要》指出:"以农民、农民工、被征地农民、城市无业人员和城乡残疾人等群体为重点,以促进城乡统筹、更好适应流动性要求为

---

① 王国惠、尚连山. 城乡居民医疗保险差异性分析——从公平理论角度探讨 [J]. 经济问题, 2013 (8): 87-91.
② 资料来源:民政部发布的《2021年民政事业发展统计公报》。

目标,加快社会保障制度整合,提高统筹层级,推进制度规范,完善政策体系,做好各类制度的衔接和社会保险关系的转移接续工作,努力清除影响就业人员转移就业和享受各类社会保障待遇的障碍,维护参保人员权益。"2013年11月9日,党的十八届三中全会进一步提出了"推进城乡最低生活保障制度统筹发展"的要求。2014年2月21日,国务院发布的《社会救助暂行办法》又明确指出:"国家对共同生活的家庭成员人均收入低于当地最低生活保障标准,且符合当地最低生活保障家庭财产状况规定的家庭,给予最低生活保障。"2017年10月18日,习近平总书记在党的十九大报告中再次强调:"统筹城乡社会救助体系,完善最低生活保障制度。"可见,要实现新时代"弱有所扶"的民生建设目标,就必须完善最低保障生活制度。

一、最低生活保障制度:实现新时代"弱有所扶"的重要制度安排

全球大部分的国家在经济发展过程中都将面临"发展"与"公正"或者是"效率"与"公平"的问题。许多发展中国家,例如拉丁美洲一些国家,早在20世纪60~80年代就重点关注并讨论了这些问题;在许多发达国家,例如美国,虽然经济发达,但它的社会公正问题也很突出;而西欧国家尽管在20世纪70~80年代实现了现代化,但不公平问题、社会排斥现象等新的社会矛盾也随之出现,令人担忧。[1] 经济的发展主要依靠技术的进步与资本的增值,但是这两者并不具有价值判断与人文关怀,如果任由技术与资本结合而不限制其扩张,只会导致"发展"与"效率"成为一匹失控的野马,肆意践踏"公正"与"公平",其结局必然是"朱门酒肉臭,路有冻死骨"。如何促进社会公正理念与实践的发展,唯一的选择是政府干预,即政府通过制定最低生活保障制度,对基本生活难以为继的弱势群体提供社会救助。因此,可以说最低生活保障制度是促进社会公正的一项社会救助制度安排。

(一)最低生活保障制度是保障弱势群体基本生存权的"最后一道防线"

除了政府,我们很难依靠其他力量,给予基本生活不能保障的弱势群体持

---

[1] 景天魁.三十年民生发展之追问:经济发展、社会公正、底线公平——由民生研究之一斑窥民生发展之全貌[J].理论前沿,2008(14):5-9.

续的救济。家庭或家族，虽然是救济的重要力量，但是难以形成普遍之势；慈善，作为救济的中坚力量，也存在难以持续的问题。目前，中国的家庭或家族、慈善的现状也注定了其难以承担起保障弱势群体基本生存权的重任。因此，只有依靠政府的强大财政资源与制度安排，才能够普遍而持续地保障弱势群体基本生存权。因而，最低保障生活制度也是弱势群体基本生存权的"最后一道防线"，如果失去了这一"防线"，数以千万计的弱势群体的温饱问题将难以解决。但是，需要指出的是，最低生活保障制度作为"最后一道防线"，它是属于"兜底"性质的，是"雪中送炭"，绝不是"锦上添花"。这是我国经济发展现实的需要，也是社会主义初级阶段的本质要求，在当前经济总量这一"蛋糕"还未足够大、人们还未得到全面发展的情况下，还需要以效率优先、兼顾公平为分配原则。根据民政部《2013年社会服务发展统计公报》与《2016年社会服务发展统计公报》数据显示，2013年我国城乡最低生活保障标准分别为4476元/人/年与2434元/人/年，而相对应的平均每天保障标准为12.26元与6.67元；到2016年，我国城乡最低生活保障标准分别为5935.2元/人/年与3744元/人/年，而相对应的平均每天保障标准分别为16.26元与10.26元。2021年第二季度，城市居民最低生活保障平均标准也只有693.5元/月，占2021年上半年城镇居民人均可支配收入中位数的比仅为19.34%；农村最低生活保障标准6150.4元/年，占2021年上半年农村居民人均可支配收入中位数的比为38.65%。上述两个指标与国际通用的相对贫困标准（通常为中位收入的40%、50%、60%）仍然存在差距。[①] 从数据来看，虽然最低生活保障标准在不断增加，但是扣除通货因素后，其增长水平依然有限，而以每天的保障标准来看，最低保障水平确实是只能保障基本生存，最低生活保障制度也确实是保障弱势群体基本生存权的"最后一道防线"。

（二）最低生活保障制度是提升弱势群体自我发展能力的"助力器"

虽然最低生活保障制度属于"兜底"性质，但是其目标不仅仅限于保障弱势群体的基本生活，而更高的目标是提升弱势群体的自我发展能力。正如诺贝尔和平奖的获得者尤努斯所认为：ّ"穷人本身能创造一个没有贫困的世界"，

---

① 杨立雄. 低收入群体共同富裕问题研究 [J]. 社会保障评论, 2021, 5 (4): 70–86.

在外界提供相应支持和援助的情况下，穷人通过提高自我发展能力，充分发挥主观能动性和创造性，可以逐步摆脱贫困，形成稳定的脱贫和可持续的发展。[①] 那最低生活保障制度这种外界提供的相应支持和援助何以能转换为弱势群体的自我发展呢？一是最低生活保障制度主要目的是保障弱势群体的基本生活，但需要认识到的是，只有满足了基本的生存，弱势群体才有自我发展的可能。正如马斯洛需求理论所指出的，生理需求（衣食住行等）是最低层次的，是满足更高层次需求的基础，而一旦基本生存不可保证，则自我发展的根基不复存在。因此，最低生活保障制度是提升弱势群体自我发展能力的必要条件。二是通过最低生活保障制度保障弱势群体的基本生活，可以降低弱势群体的相对剥夺感，提升弱势群体自我发展的信心。弱势群体的相对剥夺感主要来源于贫富差距的拉大以及发展机会的缺乏，这种社会心理也有着两个明显的负面影响：一方面是强烈影响了人们对改革的评价，剥夺感越强烈对改革的评价越低；另一方面是阻碍了社会公众对发展的参与，损害了民众勤奋工作的意愿和能力。[②] 而最低生活保障制度就是要使弱势群体的社会心理心态由消极转向积极、由等待转向参与；使弱势群体从吃不饱、穿不暖的情况下的"我不行"意识要转向吃饱穿暖情况下的"我能行"。总之，最低生活保障制度从物质与精神层面推动着弱势群体自尊、自强、自立，从而是提升弱势群体自我发展能力的"助力器"。

（三）最低生活保障制度是带领弱势群体一道进入小康社会的"推进器"

全面建成小康社会的关键短板是民生，而改善民生的关键抓手就是就业、收入分配与社会保障。从民生诉求的视角来看，改善困难群众和弱势群体的物质生活条件是实现全面建成小康社会的基本要求。[③] 综合来看，最低生活保障制度是带领弱势群体一道进入小康社会的"推进器"。一是最低生活保障是一项基础性的民生工程，是保障弱势群体基本生存权的"最后一道防线"。小康

---

① 曲海燕. 关于贫困人口自我发展能力的探析——概述、现状及建议［J］. 现代管理科学，2018（10）：82-84.
② 吴海燕. 构建农村反贫困社会心理支持系统［J］. 中国国情国力，2005（4）：58-60.
③ 胡放之，戴天凤. 全面建成小康社会与民生改善问题研究——基于湖北企业职工收入分配、就业、社会保障的调查［J］. 改革与战略，2017（9）：163-166.

社会意味着广大人民能够过上丰衣足食的生活,如果数以千万计的弱势群体还处于温饱线之下,那小康社会就是无根之木,无源之水。因此,只有最低生活保障制度才能带领弱势群体进入小康的大门。二是最低生活保障制度在解决家庭基本生活困难的同时,有助于提升弱势群体的发展能力。特别是使有劳动能力的最低生活保障对象依然具有较强的就业意愿和责任感。有劳动能力的最低生活保障家庭就业意愿较强,愿意为自己的生活负责,没有典型的"福利依赖"现象。① 这也就说明了最低生活保障对象在这一制度的帮助之下,重启了改善生活,改变自我的信心,而且通过就业等渠道,不仅能够摆脱生活困难,甚至能够提升生活质量,实现丰衣足食,这恰恰也是小康社会应有之义。三是最低生活保障制度不仅仅具有改善民生功能,同时也具有稳定社会功能。历史经验表明,如果任由弱势群体食不果腹、衣不遮体而不闻不问,势必会引发社会动荡。因此,社会和谐稳定作为小康社会的基本特征,需要最低生活保障制度通过"兜底"作用,保护弱势群体的生存权,激发弱势群体的发展权,缩小社会群体、区域间的贫富差距。

二、城乡分割:我国最低生活保障制度的实践困境

2004年9月,党的第十六届四中全会提出"构建社会主义和谐社会","公平正义"的理念正逐渐成为我国社会价值取向的主流。随着国民经济的发展,统筹城乡发展、公共服务均等化等理念逐渐成为指导社会发展的重要思想。② 因而,城乡最低生活保障制度一体化逐渐被党和政府所重视。2013年10月30日,国务院总理李克强主持召开国务院常务会议,提出了统筹城乡居民最低生活保障制度的要求。③ 2013年11月9日,党的十八届三中全会进一步提出了"推进城乡最低生活保障制度统筹发展"的要求。2017年10月18日,习近平总书记在党的十九大报告中再次强调:"统筹城乡社会救助体系,完善

---

① 霍萱,林闽钢. 城乡最低生活保障政策执行的影响因素及效果分析[J]. 苏州大学学报(哲学社会科学版),2016(6):28-35.
② 祝建华. 最低生活保障制度城乡统筹发展:目标驱动、制度原则与路径构建[J]. 苏州大学学报(哲学社会科学版),2016(4):26-33,191.
③ 黄玉君,吕博,邓大松. 我国最低生活保障制度统筹发展的问题及对策研究[J]. 社会保障研究,2015(6):45-51.

最低生活保障制度。"如前所述，追求社会公正永远在路上，而且随着社会的发展，有利于实现社会公正的制度仍需调整与完善。目前，城乡分轨的最低生活保障制度虽然分别促进了城市与农村内部的公正性，但与此同时，城乡之间公正性的矛盾逐渐暴露了出来，因此，城乡最低生活保障制度一体化显得十分必要。但是，囿于我国城乡二元结构分割，城乡最低生活保障制度一体化还面临实践困境，其主要原因是立法层级差异、管理制度差异、低保对象的待遇水平差异以及低保资金的筹资方式差异。

（一）城乡最低生活保障制度的立法层级差异

城乡最低生活保障制度的立法层级高低会影响政策执行效果，一般说来，立法层级高则政策执行效果好，反之则次之。然而，我国最低生活保障制度的立法层级在城乡二元结构上兼有高低，从而导致立法层级差异问题，其主要表现在法律权威性差异。目前，城市最低生活保障政策的最高规范性文件是1999年国务院发布的《城市居民最低生活保障条例》，而农村最低生活保障政策的最高规范性文件是2007年国务院发布的《关于在全国建立农村最低生活保障制度的通知》。但是《城市居民最低生活保障条例》属于法律法规，具有较强的强制力，而《关于在全国建立农村最低生活保障制度的通知》属于规范性规定，强制力次之，因此前者在立法层级上明显高于后者。城乡最低生活保障政策的立法层级的差异也导致了政策执行效果的差异，表现在城市推行与执行效果较好，而农村推行与执行效果次之。[1]

（二）城乡最低生活保障工作的管理制度差异

城乡最低生活保障制度在建立之初就划分了相应的事权与财权范围，管理制度差异便由此产生。第一，管理部门数量的城乡差异。1999年9月28日，国务院第21次常务会议通过的《城市居民最低生活保障条例》中指出："城市最低生活保障制度实行地方各级人民政府负责制，具体来说，县级以上地方各级人民政府民政部门具体负责本行政区域内城市居民最低生活保障的管理工作；财政部门按照规定落实城市居民最低生活保障资金；统计、物价、审计、

---

[1] 安华.民族地区最低生活保障制度城乡一体化研究[J].西南民族大学学报（人文社科版），2016（3）：158-162.

劳动保障和人事等部门分工负责,在各自的职责范围内负责城市居民最低生活保障的有关工作。"同样,2007年7月11日,国务院发布的《国务院关于在全国建立农村最低生活保障制度的通知》也指出:"建立农村最低生活保障制度,实行地方人民政府负责制,按属地进行管理。各地要从当地农村经济社会发展水平和财力状况的实际出发,合理确定保障标准和对象范围。"从这两个政策条例中可以发现,城乡最低生活保障工作虽然都是由地方人民政府负责,但是城市低保工作的管理部门众多,包括县级人民政府、财政部门、统计部门、物价部门、审计部门、劳动保障部门、人事部门以及居委会等;而农村低保工作的管理部门则少,只包括县级人民政府、乡镇人民政府和村委会等少数单位。然而,公共事务下沉往往导致低保工作落到村委会等自治单位,而村委会等管理主体则很难有效地管理好低保事务。第二,专业管理人员数量的城乡差异。目前,在"城市潮"的影响下,各类人才都竞相涌向了城市。虽然国家积极实施了"三支一扶"政策,但还是鲜有人才愿意留在基层工作,导致城乡出现了人才的"剪刀差"。[1] 相比城市,村一级没有单设机构和专业管理人员,低保工作大多由村主任等村干部兼管,既缺乏专业性也无法保证效率,制约了低保制度的实施效果。[2] 可见,人才的偏好性流动使得农村低保专业工作人员极度缺乏,严重妨碍了农村低保制度的顺利实施。

(三) 城乡最低生活保障对象的待遇水平差异

自全面建立最低生活保障制度以来,我国城乡保障水平的差异就一直存在,且这种差异也因城乡经济发展而日渐拉大。在经济发展水平较高的城市,财政收入相对更高,投入低保的资金就相对充裕。在二元经济结构下,各种资源流入城市,导致最低生活保障制度在设计上也向城市倾斜,城市低保经过了十几年运行,已经进入了"应保尽保"的快车道,而农村最低生活保障依然处在"低水平、广覆盖"阶段。[3] 城乡保障水平的差异化主要体现在保障标准

---

[1] 赵慧珠,陈景云. 建立农村最低生活保障制度的意义[J]. 理论前沿,2008 (18):45-46.
[2] 张禄,王海燕. 建立城乡一体化最低生活保障制度的路径选择[J]. 理论导刊,2011 (4):10-12.
[3] 安徽省财政厅课题组. 完善城乡居民最低生活保障制度的政策建议[J]. 财政研究,2011 (1):29-33.

和覆盖范围两个方面：第一，保障标准存在差异。民政部《2021年民政事业发展统计公报》显示，截至2021年底，全国城市低保平均保障标准711.4元/人·月，比上年增长5.0%；而全国农村低保平均保障标准6362.2元/人·年，即530.18元/人·月，比上年增长6.7%。显然，城市低保标准远高于农村。第二，覆盖范围存在差异。从最低生活保障的制度内容来看，城乡对低保对象的申请条件存在一定的差别。城镇低保的申请条件之一是"持有非农业户口的城镇居民"，而农村低保申请的条件之一是农村区域内的非城镇户籍的居民。[1] 可见，城市低保的申请条件覆盖了所有持有城镇户口的居民，而农村低保却只限于居住在农村且持有农村户口的居民，这一规定明显排除了一些持有农村户口并符合救济条件的人员，如农民工、失地农民以及在乡镇企业工作的农村人口。

（四）城乡最低生活保障工作的筹资方式差异

城乡在经济发展程度、社会阶层构成、第三部门发展程度和资源集中程度上存在着显著的差异，而这些都是影响政府财政收支的因素，这也导致城乡低保筹资方式设计存在着差异。这种差异性主要体现在各级政府对城乡低保的投资比例和资金补充渠道两个方面：第一，各级政府对城乡低保的投资比例存在差异。从投入规模上看，1999~2007年，中央财政把重点放在城市低保的建设上，农村低保处于被遗忘的地位，2007年以后，虽然中央财政加大了对农村低保的投入，但投入总额远低于城市。[2] 可见，中央财政投入城市低保的比例比农村大。这是因为城乡低保都是采取地方政府负责制，且低保资金投入主要依赖于地方政府的财政收入水平，所以受中央财政支持和地方的财政水平的限制，城乡低保资金都存在不同程度的不足现象。但是，城市低保资金不足部分可由国有资产的变现收入来补充；而农村低保却一般只能依靠基层财政补贴，特别是取消农业税以后，基层财政收入十分有限，导致农村低保资金支撑来源更加匮乏，严重制约了农村低保的保障水平和实施效果。第二，城乡低保

---

[1] 刘峰. 我国农村最低生活保障制度改革的困境与突围 [J]. 贵州社会科学, 2012 (7): 109-113.

[2] 黄玉君, 吕博, 邓大松. 我国最低生活保障制度统筹发展的问题及对策研究 [J]. 社会保障研究, 2015 (6): 45-51.

资金的补充渠道存在差异。在城市中，各种社会组织、慈善团体以及企业能有效地补充城市的低保资金；而农村由于经济形态单一，发展水平低，缺乏有效的低保资金补充渠道，虽然国家一直在鼓励农村低保的多元化筹集，但是其政策效果尚不理想，多样化的资金补充渠道仍未形成。

三、走向城乡一体化：最低生活保障制度改革的目标取向

弱势群体边缘化现象不容忽视，保障和维护好弱势群体的基本生活等权利是实现社会稳定与繁荣的基础，是实现新时代"弱有所扶"的内在要求，是实现社会全面发展和全面建成小康社会的重要路径。最低生活保障制度以社会公正为第一要义，增进了弱势群体的社会福利，维护了弱势群体的生存权利，促进了弱势群体的自身发展。但是，城乡分割的二元体制下的最低生活保障制度不利于公共服务均等化，阻碍了社会公正的进一步推进，因此积极推进城乡最低生活保障制度一体化尤显必要。

（一）以制度整合为抓手，促进城乡低保统筹发展

制度整合的目的是要实现制度公正，以此推动城乡低保统筹发展，确保低保工作法制化、合理化，实现新时代"弱有所扶"。而要整合城乡最低生活保障制度，必须从以下两个方面着手。

1. 着力统一城乡低保制度的立法层级

要实现城乡低保统筹发展，就必须推进低保制度的统一立法；只有实现了城乡低保制度立法层级的统一，才能有效推进城乡低保的统筹发展。城乡低保立法层级不统一，容易导致地方政府差别化对待城乡低保工作，面对同样需要救助的城乡弱势群体，保障力度与保障水平差异明显。因此，相关部门应根据《社会救助暂行办法》对低保制度作更详尽的阐述，或者尽快出台《最低生活保障法》，使城乡低保制度在同一法律框架下运行，以提高制度执行力与执行效果。[1]

2. 着力平衡中央政府对城乡低保制度的支持力度

受城乡低保制度实施时间差的影响，我国城乡低保的保障水平存在显著的

---

[1] 黄玉君，吕博，邓大松. 我国最低生活保障制度统筹发展的问题及对策研究［J］. 社会保障研究，2015（6）：45 – 51.

差异，这主要体现在中央政府对城乡低保的落实力度的不同。对此，国家应从制度层面来平衡中央政府对城乡低保落实力度。也就是说，必须通过制定《最低生活保障法》，从根本上确保最低生活保障制度的权威性和连续性，推动最低生活保障工作步入有法可依的法治化轨道，保障每一个公民的基本生活权益不受侵害。[①] 因此，完善法律顶层设计，明确城乡低保的制度安排、制度理念、实施细则，增强各级政府特别是中央政府对城乡低保统筹力度，从而平衡好中央政府对城乡低保制度的支持力度。

(二) 以规范化管理为手段，促进城乡低保科学发展

以规范化管理作为手段主要是为了实现过程公正，以提高低保工作的效率，推动低保执行程序的完善与创新，确保"小康路上一个都不能掉队"。但就目前情况来看，城乡低保的管理方法与管理制度存在差别，这必然导致城乡低保工作出现不同的管理效果，如城市低保管理队伍、水平、效果明显优于农村。因此，政府应努力加强城乡低保的规范化管理。

1. 科学设置管理部门

目前，城市低保的管理部门比较健全，管理分工比较明确，确保了低保工作在科学、高效的环境中有序开展。与此相反，农村低保中管理工作的职责分工比较模糊，专业管理人员比较缺乏，容易产生管理混乱、效率低下的问题，从而阻碍农村低保的发展和完善。因此，为高效推进城乡低保的统筹发展、提高农村低保的管理效率、促进农村低保的管理科学化，应将省级、县级以及部分乡（镇）城乡低保的管理部门进行合并，将城乡低保纳入统一的管理部门实行管理，而城乡低保最基层的管理部门可以根据现实需要独立设置。实现城乡低保管理部门的科学配置，实现专岗专人专事，促进管理更加科学化、专门化、高效化，最终使我国低保工作进入规范化管理的轨道。

2. 科学配置专业性人才

专业化是管理机构发展的方向和目标，也是有力应对各种工作难题的稳固基础，更是贯彻落实低保政策的重要保障。而专业管理人才的科学配置是推进

[①] 邓大松，吴小武. 完善农村居民最低生活保障制度的若干思考 [J]. 武汉大学学报（哲学社会科学版），2006（5）：644-648.

我国城乡低保工作专业化的基本条件,是推进新时代"弱有所扶"进程的"加速器"。因此,针对目前城乡低保管理机构中人力资源配置不均的现象,政府应着力促进专业化人才的合理流动,优化城乡低保管理机构专业管理人才的配比。同时,低保管理部门可以从高校的社会保障、社会工作等对口专业招募人才,充实低保工作管理队伍。[1] 为提高农村基层低保机构的管理水平,建议在村一级配备低保专干,其待遇由市财政负担。[2]

(三)以"求同存异"为导向,促进城乡低保平等发展

"求同存异"的目的是实现标准公正。"求同存异"是城乡最低生活保障制度在基于普惠性公正与差异性公正之上对低保内容作出的有同有异的选择。所谓普惠性公正,主要是指围绕基本的"平等对待"问题,每个社会成员的基本尊严以及基本生活底线都能够得到保证。所谓差异性公正,主要是指围绕基本的"自由发展"问题,社会成员多样化的需求以及多样化的自由发展空间能够得到保护。[3] 目前,我国还处在社会主义初级阶段,还是需要以"效率优先,兼顾公平"为分配原则,因此这也就注定了城乡最低生活保障制度一体化还需有所同而有所不同。因此,"求同"需要低保达到"应保尽保",所有在最低生活保障水平线以下的城乡弱势群体都能同样的享受低保待遇;"存异"则需要考虑到城市与农村之间的经济发展、居民收支等差异,一定程度上允许城乡最低生活保障制度在待遇上的合理差异。一方面,需要全面扩大农村低保的覆盖范围;另一方面,则需要逐步整合城乡低保的保障标准。

1. 全面扩大农村低保的覆盖范围

覆盖范围的大小不仅是衡量最低生活保障制度完善性的重要标志,也关系到弱势群体被纳入低保的数量水平。目前,城市低保的覆盖范围较全面,而农村低保尚未全面覆盖到所有持有农村户口的居民。农村最低生活保障对象一般包括因缺少劳动力、低收入造成生活困难的家庭;因灾、因病及残疾致贫的家

---

[1] 张禄,王海燕. 建立城乡一体化最低生活保障制度的路径选择[J]. 理论导刊,2011(4):10-12.
[2] 崔义中,赵可嘉. 完善我国农村最低生活保障制度的若干思考[J]. 中州学刊,2010(2):142-144.
[3] 吴忠民. 普惠性公正与差异性公正的平衡发展逻辑[J]. 中国社会科学,2017(9):33-44.

庭；无劳动能力、无生活来源及无法定抚养义务的老年人、未成年人、残疾人等。① 但是，当前农村低保并未将处于贫困边缘的中间群体纳入其中，特别是农民工这一类弱势群体。因此，为解决低保对象覆盖不全面的问题，农村低保的负责部门要全面落实好农村低保信息采集工作，特别是农村基层部门要积极开展调研工作，全面了解农村人口的职业结构、收入结构、支出情况、家庭人口结构等状况，通过量化的指标科学、准确、全面地确定低保对象。

2. 逐步整合城乡低保的保障标准

受城乡二元经济结构的影响，城乡低保标准必然会产生差距，但是两者之间的差距不宜过大，否则有损低保政策的公平性。随着我国经济的发展，城乡间的发展差异在逐步缩小，城乡低保政策也应与时俱进，加快更新与完善的步伐。因此，这就需要我国城乡低保在统一的保障水平条件下实行有差别的保障标准，既要允许在城乡经济发展差异下有适度的差距，又要保障政策的相对公平性。也就是说，城乡同一类人群享有同一低保水平下城乡有别的低保待遇；城乡不同类人群享有同一低保水平下城乡有别且群体有别的低保待遇；而针对特殊群体，在保障其享有城乡同一低保水平的基础上，还需提供必要的公共服务。②

(四) 以实现低保资金来源的多样化为支点，支撑城乡低保健康发展

实现低保资金来源的多样化的目的是要实现资源公正。资金的充足与否不仅直接关系到低保政策执行的质量，也直接关系到经济型弱势群体基本生活水平的保障程度，更关系到民生领域的建设水平。我国低保资金的筹集方式还未实现多样化，以致难以保证低保资金来源的可靠性与稳定性，所以目前低保资金的保障水平还处于较低层级。为此，必须合理分配各级政府对城乡低保资金的投入比例，增强城乡低保资金筹集方式的灵活性，促进资金来源的多样化。

合理分配各级政府对城乡低保资金的投入比例。目前各级政府对城市低保的投入比例相对较大，而农村低保资金远不能满足现实需要。因此，各级政府特别是中央政府和省级政府应合理划分资金的投入比例，投入政策应适当向农

---

① 吕学静. 完善农村居民最低生活保障制度的思考［J］. 经济与管理研究，2008 (1)：73 - 77.
② 李薇. 论城乡最低生活保障制度结构体系的整合［J］. 探索，2013 (5)：156 - 160.

村倾斜。首先，应合理确定农村低保资金的投入比例。对于农村来说，省以上财政尤其是中央财政应进一步加大转移支付力度，其中省以上财政投入以不低于资金总量的70%为宜。[①] 其次，加强城乡低保资金的管理与监督。加强城乡低保资金的管理，就是要保证低保资金专户存放、专款专用、足额发放，并对低保申请对象严格审核与公示；加强城乡低保资金的监督，就是要引入多元化监督主体，包括政府、会计师事务所、审计事务所、社会成员等对低保资金的管理与支出进行监督。

---

① 吕学静. 完善农村居民最低生活保障制度的思考 [J]. 经济与管理研究, 2008 (1): 73-77.

第六章

社会救助与新时代"弱有所扶"

党的十九大报告指出:"必须多谋民生之利、多解民生之忧,在发展中补齐民生短板、促进社会公平正义,在幼有所育、学有所教、劳有所得、病有所医、老有所养、住有所居、弱有所扶上不断取得新进展。""弱"即为弱势群体,"弱有所扶"是对前"六有"目标的补充,扩大了新时代社会保障体系需要保证和改善的民生范畴。社会救助作为我国社会保障体系兜底性的制度设计,是一种包含了最低生活保障、特困人员供养、受灾人员救助、医疗救助、教育救助、住房救助、就业救助以及临时救助八项救助制度的综合型救助体制。2017年10月,党的十九大报告指出要"加强社会保障体系建设""完善社会救助、社会福利、慈善事业、优抚安置等制度"。2019年10月,党的十九届四中全会报告再次强调要"完善覆盖全民的社会保障体系""统筹完善社会救助、社会福利、慈善事业、优抚安置等制度"。可见,"社会救助"是实现新时代"弱有所扶"的核心制度安排。要实现新时代"弱有所扶",必须积极改革当前社会救助体制,逐步完善"四个着力"的目标取向。

一、社会救助:新时代"弱有所扶"的"助推器"

关于"弱势群体"的界定我国古代早已有之。《礼记·礼运》中提出:"鳏寡孤独废疾者,皆有所养。"这里将孤苦伶仃、无依无靠、婚姻状况不完善,以及生理、心理上存在一定障碍的人作为弱势群体。由于研究角度不同、侧重点不同,学者们对弱势群体的概念界定和类型划分也就不同。综观已有研究,学术界关于弱势群体或社会弱者的内涵界定和类型划分主要有五种代表性观点：第一种是相对弱者说。这是一种从相对论角度认识和界定弱势群体的观点。第二种是边缘群体说。这是一种将弱势群体等同于边缘群体的观点。第三种是机会匮乏说。这是一种将弱势群体等同于在发展过程中缺乏各类正常机会的社会群体的观点。第四种是资源分配说。这是一种将弱势群体等同于无法公平公正获得各类社会资源的社会群体的观点。第五种综合特征说。这是一种认为弱势群体是具有多种综合特征的社会群体的观点。上述五种观点都从一定角度对弱势群体进行了界定和类型划分，对新时代"弱有所扶"的对象甄别与制度框架设计具有一定启迪意义，但是它们又都存在着明显的局限和不足。事实上，弱势群体的出现是社会结构层次分化的必然结果。弱势群体最显著的特征是具有经济利益的贫困性、生活质量的低层次性和承受力的脆弱性。因此，我们应该从经济、社会、体质、精神和能力五个方面对弱势群体进行划分。[①]与这种划分相对应，我们发现弱势群体存在八个方面的主导性需求（见表6-1）。很显然，针对这八个方面的制度安排均属于社会救助的服务领域。从这个意义上来说，社会救助是实现新时代"弱有所扶"民生目标的助推器。

表6-1　　　　弱势群体的类型划分及其主导性需求

弱者类型	具体人群	最迫切需要的制度安排	主导性需求
经济型弱势群体	城市贫困人口：城市失业人员、"三无"人员、流浪乞讨人员等 农村贫困人口：最低生活保障对象、特困供养对象、受灾救助对象等	经济扶助、就业扶助、养老扶助、医疗扶助、住房扶助	最低生活保障制度、特困人员供养制度、受灾人员救助制度、医疗救助制度、教育救助制度、住房救助制度、就业救助制度、心理救助制度
社会型弱势群体	农村"留守人员"（留守妇女、留守儿童、留守老人）、困境儿童、城市高龄老人、退役军人	关爱服务、教育扶助、养老扶助、医疗扶助、就业扶助、法律援助	
生理型弱势群体	残疾人（包括生理残疾人员和智力残疾人员）、慢性疾病患者、重大疾病患者、工伤人员	医疗扶助、就业扶助、关爱服务、康复服务	
心理型弱势群体	心理疾病患者（主要包括强迫症、焦虑症、恐怖症、疑病症、神经衰弱以及人格障碍等） 精神疾病患者（主要包括精神分裂症、躁狂抑郁性精神病、更年期精神病、偏执性精神病及各种器质性病变伴发的精神等）	医疗扶助、关爱服务、康复服务	
文化型弱势群体	文盲或半文盲	职业培训、技能培训、就业扶助	

---

① 陈成文，陈建平，洪业应．新时代"弱有所扶"：对象甄别与制度框架［J］．学海，2018（4）．

当前，我国的社会保障体系由社会救助、社会保险、社会福利以及优抚安置等四个部分构成。社会救助作为我国社会保障体系的最后一道防线，对弱势群体的兜底承接与支撑扶持具有最直接、最明显的功效。经过不断的发展与完善，我国逐步建立起一种综合型的社会救助体制，其中最低生活保障、特困人员供养、受灾人员救助、医疗救助、住房救助、临时救助为维持弱势群体的生存需要兜底线，教育救助、就业救助则致力于保障和培养弱势群体自我发展的权利和自我脱贫的能力。社会救助已然已经成为新时代"弱有所扶"的核心制度安排。

1. 社会救助是保障弱势群体基本生活的重要依托

我国早期的社会救助是针对当时积贫积弱的社会现实，围绕没有劳动能力、生活无依靠的特困人群而展开的社会救助制度，救助范围有限。1997年，国务院出台了《关于建立城市居民最低生活保障制度的通知》，此后，最低生活保障制度在全国逐步建立，该制度在保障家庭人均收入低于当地最低生活标准的困难家庭的生存目标的过程中发挥了重要作用。截至2018年末，按照每人每年2300元（2010年不变价）的农村贫困标准计算，农村贫困人口1660万人，比上年末减少1386万人，贫困发生率1.7%，比上年下降1.4个百分点。[①] 全年贫困地区农村居民人均可支配收入10371元，比上年增长10.6%，扣除价格因素，实比上年增长8.3%。[②] 根据民政部发布的数据显示，2021年全年支出城市低保资金484.1亿元，全年支出农村低保资金1349.0亿元。[③] 最低生活保障制度通过给予经济补贴的救助方式，直接改善了被救助对象生存困境，保障了其基本生活需要。同时，其他专项救助制度也不断发挥作用。统计数据显示，截至2021年底，全国共有农村特困人员437.3万人，全年支出农村特困人员救助供养资金429.4亿元；全国共有城市特困人员32.8万人，全年支出城市特困人员救助供养资金49.7亿元。2021年全年共实施临时救助1198.6万人次，其中救助非本地户籍对象6.2万人次。全年支出临时救助资

---

① 资料来源：民政部发布的《2017年社会服务发展统计公报》。
② 资料来源：国家统计局发布的《中华人民共和国2018年国民经济和社会发展统计公报》。
③ 资料来源：民政部发布的《2021年民政事业发展统计公报》。

金138.4亿元,平均救助水平1154.9元/人次。① 可见,我国社会救助体制的兜底承接功能不断发挥作用,最低生活保障制度与各专项救助制度共同作用,切实织密了网、兜住了底,成为保障弱势群体基本生活的重要依托。

2. 社会救助是推动弱势群体自我发展的力量源泉

社会救助作为实现新时代"弱有所扶"的核心制度安排,不仅在保障弱势群体基本生活需求层面发挥了重要作用,而且通过教育救助的"扶智"与就业救助"扶技"为弱势群体的自我发展提供了源动力。阿玛蒂亚·森认为,贫困的根源在于起点和能力的不公平。研究表明,接受小学教育的贫困发生率为26.6%,接受初中教育的贫困发生率为23.2%,接受高中(中职)教育的贫困发生率为9.2%。② 可见,受教育程度越高,贫困发生率越低。因此,教育救助是解决弱势群体贫困问题的有力手段之一。10年来,全国累计资助学生近13亿人次,年资助人次从2012年的近1.2亿人次,增加到2021年的1.5亿人次。③ 教育救助作为一种内生型的扶弱方式,能有力地阻断弱势群体贫困代际传递,得到了政府的高度重视。通过教育救助,保障了贫困学生平等接受教育权利的同时,也全面提升了贫困学生的综合素质与技能,为日后的就业打下了基础,使其能够独立地走出"贫困陷阱"。除了教育救助,就业救助还通过技能培训、就业指导等"扶技"手段培养了弱势群体的个人能力,提升了其社会竞争力,保证了弱势群体的就业率。同时,就业救助作为一项社会政策也为弱势群体营造了相对公平的就业环境,这将有助于打破社会阶层固化的局面,实现弱势群体向上流动,有效减少了返贫、延贫问题的发生。所以,社会救助通过"扶智"与"扶技"两种内生型的扶弱方式提升了弱势群体自我脱贫的能力,是推动弱势群体自我发展的力量源泉。

3. 社会救助是提升弱势群体公平感的重要手段

社会保障与社会公平具有内在一致性。④ 社会救助作为社会保障的兜底性

---

① 资料来源:民政部发布的《2021年民政事业发展统计公报》。
② 张永丽,刘卫兵."教育致贫"悖论解析及相关精准扶贫策略研究——以甘肃14个贫困村为例[J]. 经济地理,2017,37(9):167-176.
③ 人民网,我国十年来累计资助学生近13亿人次[EB/OL]. http://edu.people.com.cn/n1/2022/0901/c1006-32516679.html.
④ 叶宝忠. 论社会保障对社会公平的保障[J]. 宁夏社会科学,2009(2):68-71.

制度设计，对调节社会资源的再分配与促进社会的公平正义起着至关重要的作用。研究表明，在社会救助实施过程中，社会救助对象往往更倾向于认为社会是公平的。[1] 社会救助的公平性体现在两个方面：一是社会救助对于人民生活与发展所必需的某些物品和服务，如食品、卫生、医疗、住房和教育等，设立最低提供标准；二是社会救助保障了社会成员至少可在最低标准下平等地获取这些物品和服务。[2] 社会救助作为一种社会资源再分配的重要手段，首先，社会救助以当地最低生活水平线为标准，对低于标准线下的弱势群体提供直接的经济补贴及专项扶持，保障了其基本生活水平，缩小了弱势群体与社会平均生活水平的差距。而公平就是将社会差距控制在合理的范围之内，因此社会救助就是提升弱势群体公平感最直接有力的制度设计。其次，社会救助还通过政策倾斜，保障了弱势群体平等享有基础教育、医疗、住房资源的权利，以及通过教育扶持、就业培训等手段培养了弱势群体公平获取社会资源的能力。正所谓，不患贫而患不均，弱势群体无论是在经济地位还是社会地位上都处于劣势，社会救助则通过资源再分配与个人能力重塑，扭转了弱势群体的劣势地位，缩小了社会差距，保障了社会公平。

二、社会救助供给与新时代"弱有所扶"

"小康路上一个都不掉队"，是我们党对弱势群体的庄严承诺。党的十九大报告指出："增进民生福祉是发展的根本目的。必须多谋民生之利、多解民生之忧，在发展中补齐民生短板、促进社会公平正义，在幼有所育、学有所教、劳有所得、病有所医、老有所养、住有所居、弱有所扶上不断取得新进展，深入开展脱贫攻坚，保证全体人民在共建共享发展中有更多获得感，不断促进人的全面发展、全体人民共同富裕。"实现新时代"弱有所扶"，是上述"七有"民生建设目标的重要一环，也是我们党对补齐民生"短板"的新认识。要补齐"弱有所扶"这一民生"短板"，就必须加强针对社会弱者的社会保障体系建设，特别是要加强其中的社会救助体系建设。然而，当前我国社会救助还存在着一系列实践困境。以往传统型社会救助遗留下来的一系列供给模

---

[1] 方菲. 农村低保制度的公平正义问题探讨［J］. 求实，2013（1）：90-93.
[2] Nicholas Barr. The Economics of the Welfare State［M］. Stanford：Stanford University Press，1998.

式不利于新时代"弱有所扶"这一民生目标的顺利实现。因此，必须改革传统型社会救助供给模式，构建政府、市场与社会三大主体协同合作的社会救助供给新模式。

（一）传统社会救助供给模式的实践困境

随着世界各国对各类社会事务管理理念的转变，多中心、多元主体协作的治理理念开始受到政界和学界的重视，现代社会救助制度开始重视供给主体的多元化。我国曾长期处于计划经济模式下，政府是公共产品的唯一提供者，由此形成了社会救助单一供给模式。在这一传统供给模式下，政府集法规政策制定、资金物资供给、技术信息支持、救助服务开展等于一身。因此，政府（特别是地方政府）承担着巨大的社会救助财政支出和资源配置压力，不仅面临着社会救助供给总量不足的实践困境，还面临着社会救助资源配置效率低下、社会救助服务灵活性不足的难题。

1. 政府供给的公平性问题

社会救助制度关系社会财富的再分配，其本质是通过各种手段将一部分资源转移给社会弱势群体。早在1997年，世界银行在《世界发展报告：变革世界中的政府》中就明确指出，要把保护弱势群体作为每一个政府的核心使命之一。[1] 可以说，现代社会救助制度是一个国家维护公平正义的重要体现。从这个角度看，公平性问题是衡量政府在社会救助制度中所扮演角色是否合适合格的重要指标。

进入21世纪以来，虽然我国社会救助的受益面不断扩大、救助项目不断丰富，取得了良好的社会效果，但依然存在着一系列公平性问题。一是社会救助总体支出规模不大。2019年12月26日，十三届全国人大常委会第十五次会议分组审议《国务院关于加强社会保障体系建设助力打好精准脱贫攻坚战推进社会救助工作情况的报告》时，全国人大社会建设委员会副主任委员、民政部原副部长宫蒲光在会上指出：我国社会救助支出占GDP比重不到1%，不仅与西方国家相距甚远，甚至还低于越南、蒙古国等周边的发展中国家。同

---

① 邹海贵. 社会救助制度政府责任的正当性及其限度——基于伦理学视域的分析 [J]. 吉首大学学报（社会科学版），2011（1）：43-47.

时，我国社会救助目前的覆盖面是3%左右，明显低于国际平均水平，如新西兰受助人数占总人口比例为25%，澳大利亚为17%，英国为15.9%，美国为10%，加拿大为9.9%。① 二是人均救助水平偏低。2021年，全国城市低保平均保障标准711.4元/人·月，农村低保平均保障标准6362.2元/人·年。② 现有救助水平还相对较低。三是地区差异较大。由于我国区域、城乡间经济发展水平差异较大，加之政府间财力调节机制不到位，社会救助资金供给在地区、省际和城乡间呈现不均衡。有研究发现，就财政支出而言，东部地区社会救助实际支出规模已超出适度支出规模，但中西部地区，特别是西部地区的社会救助实际支出规模与适度支出规模却相差较大。③ 另有研究显示，我国城市低保障标准最高的省份（上海市）是最低省份（新疆维吾尔自治区）的2.26倍。④ 四是政府间社会救助支出责任划分不合理。我国于2014年5月1日起实施的《社会救助暂行办法》对"中央政府与地方政府的社会救助财政责任分担"这一问题缺乏制度化的规定。虽然2018年2月国务院办公厅印发的《基本公共服务领域中央与地方共同财政事权和支出责任划分改革方案》提出了"规范基本公共服务领域中央与地方共同财政事权的支出责任分担方式"，但是仍然没有对社会救助的央地财政分担比重问题进行清晰划分。尽管2016年中央财政转移支付的四项主要社会救助支出合计为1568.1亿元，占比约为67.7%⑤，反映了中央政府在社会救助支出中承担了主体责任。

回顾我国社会救助的发展，不难发现，我国传统的社会救助在一定程度上属于政府大包大揽式的救助模式。政府不仅要负责制定相关的法规政策，还要在实践中提供资金、物资和技术信息支持以及承担具体的救助服务开展等职责。这种大包大揽式的救助模式为社会救助体系的运行、管理和监督带来了诸多问题，并最终影响到社会救助资源分配的公平性。一方面，我国社会救助体

---

① 慈善公益报."后扶贫时代"应更加重视社会救助[EB/N]. https://gongyi.ifeng.com/c/7soIrvpENzr.
② 资料来源：民政部发布的《2021年民政事业发展统计公报》。
③ 李春根，陈文美. 现阶段我国社会救助财政支出规模适度吗？——基于"巴洛法则"与柯布—道格拉斯生产函数的分析[J]. 华中师范大学学报（人文社会科学版），2018（4）：49-58.
④ 国家发展和改革委员会社会发展研究所课题组，谭永生，关博，等. 我国社会救助制度的构成、存在的问题与改进策略[J]. 经济纵横，2016（6）：86-94.
⑤ 根据《中国民政统计年鉴（2012）》相关数据计算整理。

制机制存在着严重的"碎片化"问题。社会救助管理呈现出条块分割、多头管理、"分山而治"等现象。这些"碎片化"问题不仅带来工作程序的繁杂多样,救助资金难以集中使用,而且导致"政出多门",很多社会救助政策既具有相似性又具有差异性,覆盖的救助对象错综复杂。这些严重影响着财政救助资金的使用效益和救助资源的配置效率,难以形成有效的社会救助合力。另一方面,在中国很多地方,政府扮演着社会救助服务提供者和监管者的双重角色。这种政府既充当"运动员"又充当"裁判员"的社会救助监管体制不仅容易引发权力寻租,而且还会因单一主体无法解决信息不对称问题而出现社会救助瞄准偏差。

2. 市场供给的效率性问题

美国当代著名政治哲学家迈克尔·沃尔泽认为,在分配正义中需要发挥国家和政府的积极作用,国家要预防其他任何社会善的暴政,但是国家的作用是有限的,国家权力同样不能超越自己的领域而扩张。也就是说,国家必须在自己的边界内进行活动,而不能越出边界。[①]这种不超越边界的政府责任价值诉求表达的是一种底线正义。底线正义也是一种有限责任,即强调政府在公平与效率之间维持一定的度。有学者指出,底线正义也是一种"柔性调节机制"。[②]这种"柔性调节机制"的关键内涵在于:在通过底线责任(刚性的,是政府必须承担的)确保公平的前提下,充分发挥市场的效率调节作用(柔性的)。作为一种具有分配正义功能的社会保障制度,社会救助制度即具有底线正义的价值诉求。换言之,政府在社会救助领域承担的也是一种有限责任。不可否认,在以往全能型政府的管理和推动下,我国社会救助事业为保障国民生存权发挥了重要作用。然而也必须注意到,这种由政府单一参与的社会救助事业在实践中不可避免地存在诸多局限性。其中,最大的局限性就是社会救助的资源配置效率和救助效果不理想。将市场机制引入社会救助服务供给中,可以有效解决社会救助供给的效率性问题。社会救助服务供给的市场化机制主要有两个方面的内容:一是社会救助产品的市场化运行;二是让社会救助对象增强自我

---

① (美)迈克尔·沃尔泽. 正义诸领域——为多元主义与平等一辩[M]. 褚松燕, 译. 南京:译林出版社, 2002.

② 景天魁. 底线公平与社会保障的柔性调节[J]. 社会科学文摘, 2005 (1): 32-40.

发展能力，适应市场化的就业环境。

在我国计划经济时代，由政府主导的、自上而下的社会救助制度所发挥的功能更多的是解决人民的基本生存权问题，其本质是一种贫困治理机制，是一种由政府承担的兜底性反贫困措施。改革开放后，这种反贫困性质的社会救助制度也一直在我国扶贫开发实践中发挥着重要作用。进入新时代，社会救助仍然是一种重要贫困治理机制。然而，长期以来过分强调政府作用而忽视了市场机制的社会救助资源配置方式使得我国社会救助领域的市场机制发展滞后，为当前的社会救助实践带来诸多实践困境，在一定程度上影响了相关脱贫攻坚战略的实施效果，也在一定程度上加重了精准扶贫资源配置的"内卷化"困境。[1] 在社会救助产品的市场化运行方面，当前我国的实践困境主要表现为商业保险介入社会救助时统筹层次低、覆盖对象少。众所周知，如果保险统筹的层次过低，参加保险的救助对象数量受限制，那么就必然会增加商业保险的风险，这就必然限制了保险互助作用的发挥。从我国的现实情况来看，虽然一些地方政府已经开始将商业保险引入社会救助领域以发挥其协同救助作用，但介入社会救助的保险费用仍然以地方政府的财政资金为主。[2] 然而，地方政府财政收入的有限性及差异性必然会限制保险费用的筹集和保险对象的拓展。换言之，这种缺乏企业、民众等协同筹集保险资金的商业保险仍然是一种非市场化的政府包揽式的社会救助模式。

现代社会救助制度重视让社会救助对象增强自我发展能力，以适应市场化的就业环境。西方国家福利产品的生产引入市场机制、社会救助由单纯给付的"输血式救助"转向"工作福利"式的造血式救助，正是对市场效率价值的合理利用。[3] 我国传统的社会救助模式仍以输血式救助为主，而造血式救助不足；往往注重及时提供有效的物质救助，直接帮助救助对象摆脱生存危机，而在职业指导、小额担保贷款、对吸纳救助对象的用人单位给予保险补贴和税收

---

[1] 陈成文. 从"内卷化"看精准扶贫资源配置的矫正机制设计 [J]. 贵州师范大学学报（社会科学版），2017（1）：36-44.

[2] 马福云. 地方政府以商业保险协同社会救助机制研究 [J]. 北京科技大学学报：社会科学版，2016（4）：112-118.

[3] 蒋悟真. 我国社会救助立法理念及其维度——兼评《社会救助法（征求意见稿）》的完善 [J]. 法学家，2013（6）：33-46.

优惠等发展性救助措施方面实施不足。过于强调输血式社会救助，会使救助对象越来越依赖政府救助，这就会削弱弱势群体通过自给自足来改善命运的动力。

3. 社会供给的灵活性问题

尽管市场机制的引入可以在一定程度上克服政府一元主体参与社会救助带来的"政府失灵"问题，但事实上，在具有公共品性质的社会救助领域也会存在"市场失灵"现象。面对"市场失灵"与"政府失灵"同时存在的窘迫状况，学者们开始用社会的视角来分析公共品的生产和供给问题。学者们认为，人类社会正在从"管理"向"治理"转变。"管理"和"治理"虽是一字之差，但其蕴含的理念有着巨大的差别，"治理"理念强调要充分发挥社会的作用。治理的主体不仅包括政府组织，还包括社会组织、社区以及个人等。遵循这一逻辑，具有非政府性、非营利性、志愿性等特征的社会组织在社会救助领域大有可为。换言之，具有非政府性、非营利性、志愿性等特征的社会组织能够弥补社会救助领域中"政府失灵"和"市场失灵"的空间，以灵活多样的方式满足救助对象的多样性需求。有关非营利组织克服"政府失灵"和"市场失灵"的理论依据早已被国外学者提出。美国学者伯顿·韦斯布罗德曾指出，"非营利组织的产生是由于自发的利润驱动的市场活动不能提供足够的有外部正效应的物品或服务，而政府提供的这类公共物品或服务在相当数量的少数投票人看来是不足的"[1]。

在现代社会救助实践中，作为相对于政府、市场而言的第三种力量，社会组织在增加救助资金、满足救助多元需求等方面已展现出多重独特优势。第一，社会组织的公益性有助于扩大社会捐赠。第二，社会组织的平民性特质有助于掌握救助对象的真实诉求。国外学者米克尔莱特（Micklewright）曾指出，社会救助项目很难覆盖到深度贫困对象，这是因为深度贫困对象往往处在社会边缘，获取社会救助的信息和被救助的机会往往很少；而相反，一些次贫困对

---

[1] 胡思洋. 协同治理：社会救助制度低效运行的治理路径［J］. 社会保障研究，2014（3）：79－85.

象或非贫困对象可能会由于更了解社会救助而获得相应救助。[1] 解决这一社会救助资源瞄准偏差的最有效、最灵活的途径就是发挥社会组织的服务优势。例如，在低保申请中，社会组织工作人员可以凭借其对辖区贫困人群的了解帮助其申请低保；同时，社会组织工作人员还能通过各种非正式信息渠道帮助政府审核低保资格以弥补单一家计调查手段的不足。第三，社会组织的专业性有助于提高救助效能。因为实施社会救助不仅需要资金，而且需要专业化的人员和技术。

在我国社会救助实践中，社会力量在社会救助中发挥的作用还远远不够。究其原因，一是我国的慈善事业还不够发达。相关统计显示，2017年我国社会捐赠总量预估约为1558亿元。[2] 而同年，美国慈善捐赠总量高达4100亿美元，约合人民币26818.51亿元，约是中国的17倍。[3] 可见，我国慈善事业的总体发展水平与发达国家相比还存在较大差距。二是我国社会救助领域中的政社合作仍然面临诸多困境。其一，政社合作缺乏法律基础，平等性不够。我国至今还没有出台《社会组织法》，更没有社会组织参与社会救助的针对性法规制度。在政府与社会组织的合作过程中，政府和社会组织间缺乏应有的信任关系，政府在资源配置、号召力和影响力上都占绝对优势，处于绝对的主导地位，而社会组织则缺乏相应的独立性和自主性。[4] 其二，政社合作缺乏协调运行机制。在社会救助领域，政府部门和社会组织往往各自为战，依靠自己的信息和资源为弱势群体提供救助。其三，政社合作的社会救助范围较窄。当前我国社会组织参与社会救助的范围主要集中于灾害救助领域，而在最低生活保障、医疗救助、住房救助和教育救助等相关领域参与较少。

实现"弱有所扶"即是要实现"弱者皆有所扶"。既然社会救助是实现新时代"弱有所扶"民生目标的助推器，那么传统社会救助供给模式在救助实

---

[1] Micklewright J, Marnie S. Targeting Social Assistance in a Transition Economy: The Mahallas in Uzbekistan [J]. Social Policy & Administration, 2005, 39 (4): 431 - 447.
[2] 杨团. 慈善蓝皮书：中国慈善发展报告（2018）[M]. 北京：社会科学文献出版社，2018.
[3] 2017年美国慈善捐赠突破4100亿美元大关 [EB/OL]. 公益时报网. www.gongyishibao.com/html/gongyizixun/14326.html.
[4] 梁立新，兰俏梅. 社会组织：社会救助实践参与的新型主体 [J]. 兰州学刊，2018 (5): 169 - 177.

践过程带来的公平性问题、效率性问题和灵活性问题必然不利于"弱有所扶"这一民生目标的顺利实现。维护社会分配的公平性，是社会救助存在的价值之所在。若社会救助不能很好地体现出这种公平性，则必然会带来救助资源的瞄准偏差——弱势群体没有得到应有的社会救助或只有部分弱势群体得到社会救助。这种"弱势群体没有得到应有的社会救助或只有部分弱势群体得到社会救助"显然不能称之为"弱者皆有所扶"。传统社会救助供给模式在救助实践过程带来的效率性问题主要体现为社会救助政策内容庞杂、涉及面窄、运行成本高，其最终结果必然是弱势群体不能获得及时有效的社会救助。这也不符合"弱者皆有所扶"的本质要求。而传统社会救助供给模式在救助实践过程带来的灵活性问题则主要体现为社会救助项目的可操作性差，其最终结果必然会带来社会救助的低效能。这同样不符合"弱者皆有所扶"的本质要求。总之，传统社会救助供给模式在救助实践过程带来的公平性问题、效率性问题和灵活性问题使得社会救助无法在新时代"弱有所扶"中充分发挥其应有的助推器功能。因此，必须创新社会救助体制机制，为"弱有所扶"形成制度合力。

（二）构建"协作型"的社会救助供给模式

相比于传统社会救助，现代社会救助责任主体已开始多元化，因此新时代社会救助制度必须构建"协作型"供给模式，坚持政府责任、市场责任和社会责任相统一。随着政府职能的转变和社会救助理念的转变，改革自上而下的社会救助体制，强调政府机制、市场机制和社会机制的协同合作，已成为我国当前社会救助制度改革的主要目标之一。

1. 厘清权责关系，强化政府供给主体责任

社会救助是一项维护社会公平、增进民生福祉、保障国民共享发展成果的兜底性基本社会保障制度。其所具有的"共享性"和"兜底性"特征为国家和政府充当社会救助的责任主体提供了根本的道德正当性依据。但是，要有效发挥政府在社会救助供给中的主体作用，还必须解决好一个重要问题。那就是各级政府在社会救助中的事权与支出责任划分问题。有效发挥社会救助政府供给主体责任的关键在于处理好各级政府的责任分担问题。我国于20世纪90年代开始实施分税制改革。这一财政收入体制决定了社会救助的资金筹集需要由中央政府和地方政府共同承担。国外相关研究指出，对于地域发展差异较大的

国家，中央财政需要在社会救助筹资结构中承担重要责任。① 这意味着，"营改增"背景下，我国区域经济社会发展不平衡的现状更加要求中央财政在社会救助筹资结构中发挥主要作用。然而前述分析已经表明，我国社会救助领域中存在央地权责关系不清的实践困境。这就要求必须改变现有社会救助职能分配体系在财政责任、管理责任及决策权分配方面所存在的结构性矛盾，尤其是要在行政法规层面规范和细化"中央—省—市"三级政府间的社会救助财政支出责任。第一，从立法层面明确央地政府在社会救助领域的权责划分。社会救助的相关制度设计、主要资金筹集要由中央政府承担。而社会救助的支出认定、监督管理以及配套资金的提供等，应由地方政府承担。要加大中央财政对中西部地区的社会救助转移支付力度，同时合理划分省级以下政府的社会救助财政支出责任，减轻欠发达地区市县的社会救助支出负担。② 第二，拓宽地方政府的税收收入，充实其社会救助支出财力。在"营改增"背景下，应该采取积极措施优化地方政府的征税税种，拓宽地方政府的税收收入，使得地方政府有财力持续稳定地加大社会救助的支出力度。

2. 注重发展式救助，推动市场机制补充供给

社会救助领域中的"政府失灵"要求政府在公平与效率之间维持一定的度。这就要求依照国家和市场机制的各自优势，促进国助民营、民办公助等多元化救助格局的形成，充分发挥市场机制在社会救助中的积极作用。③ 要发挥市场机制在社会救助中的积极作用，就必须注重发展式救助，推动市场机制参与供给。一是要推动社会救助产品的市场化运行。由于公共物品的生产过程和生产要素具有可分性，所以可以在社会救助产品或服务的生产环节嵌入市场竞争机制，实现社会救助产品和服务的多样化④，如实施社会救助服务购买制度、引入商业保险参与社会救助等。特别是将商业保险引至社会救助领域，可以丰富社会救助的层次结构，提高社会救助的运行效率。实际上，当前我国一

---

① 林闽钢. 新时期我国社会救助立法的主要问题研究［J］. 中国行政管理，2018（6）：44-48.
② 张立彦. 政府社会救助支出存在的问题与对策［J］. 经济纵横，2013（9）：44-49.
③ 蒋悟真，马媛. 我国社会救助造血机制及其立法完善［J］. 社会保障研究，2013（4）：73-78.
④ 蒋悟真，詹国旗. 公共物品视角下社会救助的法律解释［J］. 比较法研究，2016（1）：169-181.

些地方也以政府购买服务的方式将商业保险引入社会救助领域当中（保险缴费由政府承担），但这种方式存在统筹的层次过低、参保数量有限、运行风险较大的困境。要破除这些困境，需要从两个方面入手：其一，要加大对商业保险介入社会救助领域的政策支持，完善介入社会救助的运营机制，提高商业保险公司在社会救助、社会保障领域的运营能力；要通过鼓励保险项目设计、补贴保险费用等方式，推进保险项目设计的科学化、覆盖普惠化。其二，要在政府财政支持的基础上，探索多元化的保险费用筹资渠道，如倡导企业为救助对象捐助保险资金，或依法依规使用彩票公益金等。二是要激发社会救助对象的内生性动力，提高他们在市场中的就业能力。要在就业促进的公共服务中引入"准市场"机制，并在干预政策与制度安排上加强协调，以提高社会救助领取人返回劳动力市场的效力。[1] 要贯彻造血式救助理念，不断完善社会救助法律法规和相关配套机制，如优化制度环境，鼓励发展社会企业，增加社会救助对象的就业机会；制定相关优惠政策对社会救助对象自主创业实行税收减免和贷款优惠、对吸纳救助对象的用人单位给予保险补贴和税收优惠；等等。总之，要充分发挥市场机制在社会救助领域中的补充供给作用，就必须注重社会救助的实施与实施积极的劳动力市场政策相结合，实现受助群体的救助范围与社会救助效率、救助流动性间的良性互动。

3. 培育社会组织，推动社会机制参与供给

由于在社会救助领域中不仅存在"政府失灵"现象，也存在"市场失灵"现象，因此发达国家早就意识到要同时克服社会救助领域中的"政府失灵"和"市场失灵"，就必须引入社会力量（尤其是第三部门）。与政府和市场相比，社会组织，特别是公益慈善类社会组织，强调志愿性和公益性，在提供社会救助和社会服务方面拥有天然的行动优势，可以广泛参与到扶贫济困中。然而，囿于各类体制机制障碍以及社会组织自身能力不足等实践困境，社会组织在我国社会救助领域中所发挥的作用还非常有限。要解决这些困境，就必须从三个方面着手：一是要改变治理理念，贯彻政社合作思想。从社会救助领域中的政社合作维度看，政府要改变过去大包大揽的习惯，更多地充当社会救助的

---

[1] 顾昕. 从社会安全网到社会风险管理：社会保护视野中社会救助的创新［J］. 社会科学研究，2015（6）：118 - 127.

"掌舵者",为各类社会组织搭建资源平台,支持和鼓励有服务能力的社会组织参与社会救助。要健全政府购买服务机制,构建社会救助政社伙伴关系。二是完善法律法规,优化社会组织的制度环境。要提高社会组织法律法规的层次和质量,增强其可操作性。要制定有针对性的优惠政策,激发社会组织参与社会救助的积极性。[①] 三是要壮大慈善组织。目前,慈善组织在我国社会救助领域中所发挥的作用还非常有限。影响慈善组织壮大的主要原因有两个:一个是规范管理问题。慈善组织管理体制机制的"碎片化"(主要表现为"非系统化"和"非整合化")致使我国慈善组织难以得到科学有效的监管,由此带来很多慈善组织缺乏公信力,这不利于优化慈善组织赖以生存的社会土壤。另一个是协调运行问题。由于政社合作理念不强,在很多慈善行动中,政府和慈善组织往往各行其是,这就使得各类救助资源难以有效整合形成合力,致使救助成本较高而救助效果却不佳。上述两个问题的解决有赖于组织管理整合机制和多元救助协调机制的形成。

三、社会救助体制改革与实现新时代"弱有所扶"

针对弱势群体的社会救助问题,国家出台了诸多保障弱势群体被救助权益的法律、法令、措施以及意见等。以2014年2月21日国务院发布的《社会救助暂行办法》为里程碑,该办法从制度层面系统整合了社会救助内容,包括最低生活保障救助、特困人员供养、受灾人员救助、医疗救助、教育救助、住房救助、就业救助、临时救助八项内容,力图构建一个民政统筹、分工负责、城乡统一、多元主体、多层次、宽领域的具有中国特色的社会救助体系。其后,国务院、民政部陆续出台相关救助意见,对原有救助体系进行了增补。2004年12月10日,民政部发布了《关于做好普通高等学校困难毕业生救助工作的通知》指出:"要求高度重视高校困难毕业生救助工作,按照有关政策和规定做到'应救尽救,应救即救'。"2007年7月11日,《关于在全国建立农村最低生活保障制度的通知》的出台填补了农村低保救助缺位的空白。2012年出台的《国务院关于进一步加强和改进最低生活保障工作的意见》则进一

---

① 陈成文,陈建平. 社会组织与贫困治理:国外的典型模式及其政策启示[J]. 山东社会科学,2018(3):58-66.

步统筹了城乡最低生活保障工作。2016年2月10日《国务院关于进一步健全特困人员救助供养制度的意见》的出台以及2016年10月10日民政部正式发布的《特困人员认定办法》进一步健全了特困人员救助供养制度，切实保障特困人员基本生活。2014年10月3日，国务院出台的《关于全面建立临时救助制度的通知》与2018年1月23日发布的《民政部、财政部关于进一步加强和改进临时救助工作的意见》进一步加强和改进了临时救助工作，切实保障了困难群众基本生活。

(一) 当前我国社会救助面临的实践困境

经过多年的实践，我国的社会救助体制不断完善，在保障基本生活、细分救助群体、统筹城乡发展等层面取得了阶段性成果。但是从助力"弱有所扶"的现实情况来看，还面临诸多问题，主要表现为以下几个方面。

1. 社会救助主体单一

进入新时代，我国社会救助多层次、综合性的需求态势越发明显，单一救助主体的力量已经不足以支撑当前的社会救助需求，但是从实践情况来看，我国社会救助多元主体协同不足，依然呈现主体单一化的发展态势。

受传统政府责任观念的影响，我国公民对社会救助的认识存在一定误区，仍然将"社会救助政府责任原则"等同于"政府包揽一切社会救助事务"，这就导致我国社会力量参与社会救助意识不足，社会救助事务一直囿于政府力量与财政资源。据统计，2007～2014年，民政部门接收的社会各界的捐赠款额平均值为94.2亿元，而民政部门负责的社会救助项目支出的平均值则高达1515.86亿元。[1] 其中，民政部负担了绝大部分的救助项目支出，而社会捐助却力量式微，仅为社会救助项目支出的6%左右，社会力量参与社会救助力度明显不够。同时，我国社会救助制度建设滞后也导致了当前社会救助主体协作不足、各自为政局面。多元主体协同合作是集聚救助力量、优化资源配置的重要手段，但是《社会救助法》这一总括性法律的缺失制约了当前社会救助主体合力的发挥。这是因为，我国现行的社会救助制度主要依靠单项行政法规以

---

[1] 资料来源：《民政事业发展统计公报》（2007—2009年）和《社会服务发展统计公报》（2010—2014年）。

及地方性法规进行救助主体规范和管理，而这些分散性的政策法规不具备较强的法律权威以及必要的责任机制，这就导致社会救助主体之间的权责划分、协同合作缺乏必要的法律依据，从而引发救助主体之间的信息交流不畅、资源整合不足的实践困境，即使是多元主体共同参与社会救助事务，但是却因为协同不足导致社会救助力量分散，产生"1＋1＜2"的救助效果。

2. 社会救助范围狭窄

社会救助是每个公民的基本权利。随着风险社会的来临，各类意外、灾害事件呈常态化，不只是弱势群体，每一个公民都有可能在某些特殊情境和状态下成为救助对象，但是就当前的实践情况而言，社会救助范围的广度和深度都不足以覆盖新时代的弱势群体。

我国的贫困问题在人民群众物质生活水平不断改善的过程中发生了变化，弱势群体的类型也愈发复杂化与多样化。从社会结构意义上来看，可以从经济收入维度、社会地位维度、体质维度、精神维度、能力维度将弱势群体划分为经济型弱势群体、社会型弱势群体、生理型弱势群体、心理型弱势群体和文化型弱势群体五大类。[①] 而我国现行的社会救助制度主要以经济维度对弱势群体进行区分，心理型弱势群体中的精神障碍者就往往被排除在社会救助体制之外。《中国自闭症教育康复行业发展状况报告Ⅱ》显示，中国自闭症患者已超1000万人，0～14岁的青少年儿童患病者已达200万人，且数量还在逐年上升。心理型残疾儿童作为残疾儿童中的特殊群体，其救助一直没有得到明确的规定，而当前自闭症患者"污名化"现象严重，其融合教育更加困难。2014年《中国孤独症家庭需求蓝皮书》的调查结果显示，我国一半以上自闭症儿童未得到任何政府的补助。而这部分弱势群体的家庭承担着更严重的经济负担和精神负担，其脆弱性更高、致贫风险更大，但他们往往被社会"边缘化"，难以获得充分的救助资源。

在救助深度上，即使在同一维度，现行的社会救助制度也因救助深度不足，遗漏了部分弱势群体。受当前社会救助保障范围的限制，以经济收入作为弱势群体的划分标准，也有部分弱势群体因收入高于划定的"低保线"被排

---

① 陈成文，陈建平，洪业应. 新时代"弱有所扶"：对象甄别与制度框架 [J]. 学海，2018 (4)：92－100.

除在救助体系之外。我国现行的社会救助制度主要从收入和财产两个层面评定救助对象，忽略了部分收入和财产居于"低保线"之上却因医疗、教育、住房等合理化刚性支出造成生活困难弱势群体。针对这部分支出型贫困群体，国家尚未出台相关救助政策，原有的社会救助制度也因深度不够将其排除在救助范围之外。

3. 社会救助标准偏低

2008年8月15日，国务院发布的《中华人民共和国社会救助法（征求意见稿）》将社会救助表述为"社会救助是指国家和社会对依靠自身努力难以满足其生存基本需求的公民给予的物质帮助和服务"。2014年国务院发布的《社会救助暂行办法》指出："社会救助制度坚持托底线、救急难、可持续，与其他社会保障制度相衔接，社会救助水平与经济社会发展水平相适应。"但是与当前经济社会发展总体水平相比，我国的救助标准明显偏低。

我国社会救助制度设计的初衷在于帮助当时因下岗失业而陷入贫困的家庭，但是长期以来"以问题为导向"的发展模式，过于注重解决眼前的问题，救助水平偏低，制度发展定位于解决"绝对贫困"与"温饱问题"。① 截至2017年9月，我国城镇低保平均标准为534元/人·月，农村低保平均标准为351元/人·月；2018年，我国城镇低保平均标准为579.7元/人·月，农村低保平均标准为402.8元/人·月。② 可见，相较于2017年，2018年城镇低保平均标准增加了45.7元/人·月，农村平均低保平均标准增加了51.8元/人·月。截至2018年末，我国城镇居民人均可支配收入的中位数为36413元，农村居民人均可支配收入的中位数为13066元。其中，2018年城镇低保平均标准占城镇居民人均可支配收入中位数比为19.1%，农村低保平均标准占农村居民人均可支配收入中位数比为36.9%。③ 综合两组数据来看，近年来我国城乡低保标准逐渐提高，但其占我国居民人均可支配收入的比例依然较低，且与西方发达国家采用居民人均可支配收入的中位数的50%或60%作为低保标准

---

① 关信平. 朝向更加积极的社会救助制度——论新形势下我国社会救助制度的改革方向［J］. 中国行政管理，2014（7）：16-20.
② 资料来源：民政部发布的《民政统计季报》（2018年4季度）。
③ 资料来源：国家统计局发布的《中华人民共和国2018年国民经济和社会发展统计公报》。

相比，还存在较大的差距。而作为社会救助的核心内容和主体制度，城镇低保标准仅能满足城镇最低收入户95%左右的人均衣食住消费支出，而农村低保标准仅能满足城镇最低收入户79%左右的人均衣食住消费支出。① 可见，我国的城乡低保标准仍停留在勉强维持弱势群体的基本生存需要的层面，对贫困问题的理解我国也一直采用绝对贫困的标准，认为贫困与非贫困的分界线是生存需要线或最低生活水平保障线，只要满足了家庭人均经济收入不低于当地最低生活标准，社会救助就算发挥了实效。因此，当前我国社会救助标准偏低，定位于解决弱势群体温饱问题与生存需要，滞后于当前经济社会发展的总体水平，救助力量式微，不仅与满足弱势群体美好生活需要的目标存在一定的差距，也不足以支撑弱势群体的长效发展。

4. 社会救助执行乏力

只有社会救助制度在救助实践中得以实施和执行，才能切实发挥其救助效能。但是从具体实践情况来看，当前社会救助制度的执行与顶层设计的初衷出现了偏差，影响了社会救助扶弱效能的发挥。

当前的社会救助是一种以最低生活保障制度为核心的捆绑式救助模式，其设计初衷在于保证低保对象的基本生存需要，但是在实践过程中，我国低保救助工作却出现了低保申请、审核以及退出机制失范的问题。由于捆绑式救助带来的直接经济利益以及教育、医疗、就业、住房等政策优惠利益丰厚，低保制度在执行过程中引发了福利依赖，导致低保资格认定失范，即已认定的低保人员不愿意退出低保，而未认定的非低保人员利用寻租等手段获得低保。这就造成了部分不符合低保申请标准的人员获得了低保，挤占他人的救助资源，而真正需要低保救助的弱势群体却入"保"无"位"。究其原因，除了受我国当前社会救助监管效力不足的影响，还与我国现行的"输血式"的经济救助模式相关。当前我国社会救助模式主要以资金救助、物质救助为主，但这两种救助模式对贫困的脆弱性并没有产生明显的改善效果，即没有降低家庭未来陷入贫困的概率。究其原因，主要在于现金补助式的救助模式忽视了对弱势群体自我发展能力的培养。在教育救助方面，现有的教育救助政策主要通过经济手段来

---

① 谢勇才，丁建定. 从生存型救助到发展型救助：我国社会救助制度的发展困境与完善 [J]. 中国软科学，2015（11）：39－49.

保证贫困家庭子女的基础教育和高等教育，基本上都超不出奖学金、助学金、学费减免、助学贷款、勤工俭学等经济资助形式。① 而研究表明，家庭贫困对儿童受教育的影响主要在于贫困的生活状态对孩子的学习习惯、学习成绩、学习态度和教育期望等方面的影响。② 可见，单一的教育资金补助并不能解决教育资源差异化的问题，无法弥补弱势群体家庭受教育子女与其他家庭的差距。所以，这种"输血式"的经济救助模式并未增强弱势群体的"造血"能力，反而这种高投入、低回报的救助模式消耗了大量的救助资源，加重了社会救助的负担，导致社会救助执行乏力。

(二)"四个着力"：新时代社会救助体制改革的目标取向

社会救助不仅是维护社会公平的重要手段，也是保障民生的"最后一道防线"。实现新时代"弱有所扶"，除了要继续发挥社会救助"兜底线、保基本"的基础性功能，还要改革现行社会救助体制，以保证其扶弱功能与当前经济社会发展相适应。这就要求完善以下"四个着力"。

1. 着力实现社会救助主体的多元化

社会救助制度责任主体的单一化不仅无法有效解除受助者的生活困境，也不利于制度的可持续发展。③ 因此，政府部门必须积极扩充社会救助力量，着力实现社会救助主体的多元化。

一是要转变政府职能，厘清政府责任边界。社会救助是一项维护社会公平、增进民生福祉、保障国民共享发展成果的兜底性基本社会保障制度。其所具有的"共享性"和"兜底性"特征为国家和政府充当社会救助的责任主体提供了根本的道德正当性依据。④ 但是，我国政府作为国家进行统治和社会管理的机关，还兼具政治、经济、文化、服务等职能，社会救助责任主体并不等同于包揽所有救助事务，要做到"有所为而有所不为"。这就需要合理确定我

---

① 王三秀. 贫困的教育治理：我国教育救助缺失弥合［J］. 社会保障研究（北京），2015，21（1）：190－198.

② 林闽钢. 底层公众现实利益的制度化保障——新型社会救助体系的目标和发展路径［J］. 人民论坛·学术前沿，2013（21）：88－94.

③ 王思斌. 转型中的中国社会救助制度之发展［J］. 文史哲，2007（1）：121－126.

④ 陈成文，陈建平. 社会救助供给模式与新时代"弱有所扶"［J］. 甘肃社会科学，2019（1）：37－42.

国政府在社会救助体系中的职能定位，厘清政府责任边界。一方面，要积极发挥我国政府在救助制度的设计、救助资金的保障以及救助人员调配上的职能优势；另一方面，要弱化自身社会救助事务包揽者的职能定位，转向为社会力量参与社会救助事务提供良好的政策优惠与市场环境上，做好社会救助服务的"掌舵者"与"守夜人"。

二是要完善制度安排，强化救助主体协作机制。近年来，我国法制建设不断推进，就社会保障领域而言，《社会保险法》和《慈善法》正式施行，在一定程度上填补了社会保障领域法制建设的空白。但是《社会救助法》的立法进程较其他社会保障立法明显滞后，目前《社会救助法》的缺失已经成为制约"弱有所扶"目标实现的短板。因此，要实现"弱有所扶"这一民生建设目标，就必须切实提升"弱有所扶"制度的有效供给。[①] 首先，要科学制定社会救助的总括性法律制度。党的十九届四中全会明确指出："完善以宪法为核心的中国特色社会主义法律体系，加强重要领域立法，加快我国法域外适用的法律体系建设，以良法保障善治。"唯有以立法的形式在主体范围内确定社会各方参与社会救助的合法身份，在程序设计上完善社会力量参与社会救助的社会化渠道，在规则设置上明确各救助主体的职责划分，才能保证社会救助主体能够依法有序实施社会救助行为。其次，要加快多元社会救助主体协作机制的建设。当前，我国政府鼓励和引导社会力量进入社会救助领域缺乏必要的路径安排，这导致我国社会救助力量支撑不够，救助资源整合不足。这就要求必须建立健全社会力量参与机制，通过搭建公开透明的社会力量参与社会救助的准入、监管、退出平台，保障非政府力量能够公平公正地参与社会救助项目的市场竞标；通过积极搭建救助资源共享平台，加强政府与社会力量之间的信息沟通，优化社会救助资源配置；通过畅通救助主体间的合作交流渠道，提升社会救助主体行为的社会动员性与协调性，充分发挥各救助主体优势，达成"1 + 1 > 2"的救助效果。

2. 着力扩大社会救助的对象范围

我国弱势群体的基数庞大，但是资源的有限性制约了社会救助范围的广度

---

① 陈成文. 教育救助与实现新时代"弱有所扶"[J]. 社会科学家，2019（1）：120 – 127.

和深度，因此要着力扩大社会救助的对象范围，就需要从优化资源配置入手，让有限的救助资源效能最大化。

一是要创新救助对象评估机制，精准覆盖弱势群体范围。我国"1+7"的救助项目，基本涵盖了弱势群体的范围，但是以贫困线作为确立救助对象的标准过于单一，而其他7项的救助项目的简单叠加，也容易造成救助资源浪费。因此，各级政府应积极创新救助对象评估机制。首先，要将低保对象限制在完全丧失劳动能力的贫困人口之内，通过低保进行兜底扶持保证其基本生活。其次，要根据低收入者与其他社会成员之间的收入差距，以社会结构为出发点，对处于贫困线边缘的弱势群体进行"抗贫困、抗风险能力"测试，把弱势群体分为经济型弱势群体、社会型弱势群体、生理型弱势群体、心理型弱势群体和文化型弱势群体五大类。要完善救助对象的筛查，重视容易遗漏群体，如心理型弱势群体中的自闭症儿童家庭或失独家庭帮扶。最后，要加快社会救助信息系统一体化建设。党的十九届四中全会提出"建立健全运用互联网、大数据、人工智能等技术手段进行行政管理的制度规则"，这为我国社会救助信息一体化建设提供了机遇。一方面，要加快完善社会救助信息采集系统，实现民政部门低保信息系统与扶贫建档立卡信息系统的互联互通，搭建跨部门协同识别救助对象的系统，从而实现社会救助信息系统"全国一张网"，减少错漏、遗漏等问题的出现。另一方面，要加强与非官方救助机构的合作，实现信息共享，如进行与"水滴筹""轻松筹"等社会公益平台的合作，整合多方信息，实现信息系统的动态更新，及时发现救助对象并提供救助服务。

二是要注重社会救助力量的培养，提升救助主体的专业化水平。进入新时代，弱势群体多样性、复杂性的特征对社会救助的专业性提出了更高要求。困境儿童、失独家庭、精神障碍者、流浪乞讨者等特殊弱势群体的救助工作往往需要依托专业的社会组织开展及时、广泛、长期的社会救助，政府救助难以满足这类专业需求，而救助主体专业性不足是降低救助资源配置效率，导致弱势群体覆盖不全的重要原因。因此，要积极培育社会救助力量，提高社会救助主体的专业化程度。首先，政府要根据弱势群体类型，分类批准设立民间社会救助机构，注重不同类型弱势群体救助机构之间的耦合与衔接，减少救助服务功能重合，填补社会救助服务的空白地带。其次，政府要加大社会救助人才的培养力度，强化社会救助主体的专业能力，定期开展对非政府救助力量专业化的培训、考核工作。最后，要积极引导具有一定工作能力的弱势群体参与社会救助服务。米克尔莱特（Micklewright）指出，社会救助项目很难覆盖到深度贫困对象，这是因为深度贫困对象往往被社会边缘化，获取社会救助的信息和被救助的机会往往很少；相反，一些次贫困对象或非贫困对象可能会由于更了解社会救助而获得相应救助。① 因此，通过引导具有一定工作能力的弱势群体参与社会救助，能够确保救助服务的专业性，将大幅提升评定工作的效率与准确性，从而在政府财政收入和支出有限的情况下，最大化地利用社会救助资源，扩大社会救助的范围。

3. 着力优化社会救助的基本标准

社会救助基本标准的确立是一个动态变化的过程，与各地经济社会发展水平相适应是其调整准绳。优化社会救助的基本标准除了要确定与当地总体经济水平相契合经济补贴标准，更重要的是创新社会救助模式，弥补资金救济的不足。

一是要实施"因人施策"救助模式。"因人施策"即将受助资格与救助对象的行为方式、个人能力挂钩，从而利用现金支付手段来解决短期贫困和不平等问题。我国现行的社会救助体制是一种"1+7"式的救助模式，即低保为主，其他7类专项救助简单叠加。"因人施策"的前提就是要实现低保与其他7项制度的分离；然后根据体质维度、经济维度对弱势群体的劳动能力进行分级。第一级，对于完全无劳动能力且其家庭收入低于最低生活保障线的弱势群体，应采用无条件给付式的低保救助模式。第二级，对于存在生理、心理残疾的有劳动能力但其家庭收入低于最低生活保障线的弱势群体，应提供就业救助，实行经济补贴与就业培训相结合的救助模式。第三级，对于身心健全、有劳动能力但其家庭收入低于最低生活保障线的弱势群体，实行有条件的专项救助，即被救助对象根据其实际情况按需申请，并对救助提供期限进行限制。例如，申请就业救助的第三类弱势群体，三个月后（或由当地主管部门根据实际情况进行时间认定）便停止就业补贴，且一年内不得再次申请同类补贴。

---

① Micklewright J, Marnie S. Targeting Social Assistance in a Transition Economy: The Mahallas in Uzbekistan [J]. Social Policy&Administration, 2005 (4): 431 – 447.

在"因人施策"模式下,政府部门对救助资金按需分配,一方面缓解了政府救助资金的缺口,另一方面有针对性的社会救助提高了救助的精准性,避免了"福利悬崖"与资源浪费。

二是要完善发展型的救助路径。优化社会救助的基本标准并不意味着无限制地加大财政投入提高经济补贴标准,而在于通过提高资源利用效率,实现社会救助的基本标准与当地总体经济水平相契合。这就要求我们改变以往单一的经济补助手段,坚持"救助—发展—脱贫"的救助路径,即通过健康、营养和教育等方面的人力资本投资阻断贫困的代际转移,实现长期减贫。[①] 可以通过政府购买社会救助服务来实现。根据我国社会救助的专项救助内容,将救助项目分类投放市场,教育救助服务可以通过与教育机构的合作,就业救助则通过与企业合作,并通过签订救助效果评估协议规范市场救助主体的行为。这样既减轻了政府的工作负担,也提升了人力资本,而且分类救助服务供给在精准回应救助对象救助需求的同时,也保证了救助资格认定的准确性,从而提升了资源利用效率,保证了社会救助效能。

4. 着力提高社会救助的执行效率

只有社会救助制度在实践中得以实施和执行,才能切实发挥其扶弱效能。要加快推进"弱有所扶"民生建设目标的实现,就需要着力提高社会救助的执行效率。

一是要积极构建救助主体的监督机制。制度的执行需要依托配套的制度环境,这就要求国家必须积极构建新时代社会救助的监督机制,对社会救助主体的行为进行全方位监督。只有严格而完善的监督机制才能规范与约束的社会救助主体的行为,而当前对我国社会救助主体的监督基本由政府部门垄断,缺乏社会力量与公民的外部监督,一旦权力的运行缺乏公开透明的监督机制就会滋生寻租腐败,引发信任危机,这就要求必须建立责任明确可操作性强的行政问责制度。首先,要完善救助主体内部监督机制。要进一步强化救助主体自身监督机构的建设,通过完善内部治理结构、规范选举投票与民主决策程序,及时公开财务清单,让每一笔资金都运转在阳光下。其次,必须完善上下级部门之

---

① 苑晓美. 发展型社会救助的理念、实践及其启示 [J]. 中州学刊, 2018 (5).

间以及平行部门间的互相监督机制,并引入社会力量和公民进行外部监督,形成层级严密的行政监督网。

二是要逐步完善救助主体绩效考核机制。新时代的社会救助是"发展型""造血式"救助模式,更注重弱势群体自我发展能力的培养。首先,要创新绩效考核机制。社会救助主体的绩效考核不应再局限于救助津贴是否发放到位,要将低保户退保数、贫困户的脱贫率、就业率以及救助对象接受救助后当季度或当年创造的社会价值量纳入救助主体的绩效考核。其次,要建立科学、规范的奖惩机制。以考核成绩为依据,设立评定等级,对绩效考核合格的社会救助主体进行物质和精神奖励;反之,则进行处罚或取消其参与社会救助事务的资格,以确保社会救助的执行效率。

第七章

大病医疗救助与新时代"弱有所扶"

"弱有所扶"是党的十九大报告提出的一个全新的民生建设目标。实现"弱有所扶",让弱势群体同全国人民一道进入全面小康社会,既是中国共产党在新时代对践行"以人民为中心"发展思想的庄严承诺,也是中国共产党对补齐民生"短板"问题的战略决断。要实现"弱有所扶",就必须建立多层次的社会保障体系,特别是要加强针对弱势群体的社会托底保障体系建设。作为社会托底保障体系的一个重要制度安排,大病医疗救助具有降低城市低收入家庭、农村建档立卡贫困户等城乡弱势群体因大病治疗而引致的巨大经济风险的社会功能,因而有利于从制度层面上实现新时代"弱有所扶"的民生目标。

一、大病医疗救助:实现新时代"弱有所扶"的助推器

从社会学视角来看,弱势群体是一个在社会性资源分配上具有经济利益的贫困性、生活质量的低层次性和承受力的脆弱性的特殊社会群体。脆弱性是弱势群体在承受力上的共同特征。[1] 有些家庭可能暂时生活得还可以,然而一旦有家庭成员患上重特大疾病就会变得极度脆弱。世界卫生组织(WHO)将灾难性医疗支出定义为"一个家庭强制性医疗支出大于或等于扣除基本生活费(食品支出)后家庭剩余收入的40%"[2]。如果某个家庭出现灾难性医疗支出,那么这个家庭就极大地可能陷入贫困。这是因为重特大疾病不仅会给家庭带来

---

[1] 陈成文. 社会学视野中的社会弱者[J]. 湖南师范大学社会科学学报, 1999 (2): 13-17.
[2] 宋宝香, 孙文婷. 商业保险机构参与医疗保障体系的模式比较研究——以城乡居民大病保险为例[J]. 中国卫生管理研究, 2016 (00): 84-103, 198-199.

巨大的经济负担，而且还会严重影响家庭成员的劳动和就业能力，导致家庭生活状况不断恶化。也就是说，疾病（特别是重特大疾病）往往是弱势群体形成的一个重要原因。

从现实情况来看，因病致贫和因病返贫是我国脱贫攻坚中最难拔掉的"穷根子"，是困扰我国弱势群体的主要难题。随着精准扶贫这一弱势群体扶持政策的逐步开展，2013～2016年，我国每年农村贫困人口减少都超过1000万人，累计脱贫5564万人；贫困发生率从2012年底的10.2%下降到2016年底的4.5%，下降5.7个百分点。但是，根据国务院扶贫办于2016年底所进行的"回头看"数据统计显示，因病致贫、因病返贫户的占比不仅没有下降，反而上升到44.1%。与2013年的42.4%相比，增加了近两个百分点。[①] 可见，"因病滞贫"是阻碍"弱有所扶"这一民生建设目标的最大"拦路虎"。从这个意义上说，如果解决了弱势群体"病有所医"的难题，也就解决了"弱有所扶"的最大难题。

大病医疗救助是指依托城镇居民（职工）基本医疗保险和新型农村合作医疗结算平台，为困难群众治疗大病提供大病服务保障、化解医疗支出风险的一种医疗补助制度。从功能上看，大病医疗救助不仅能转移疾病型农村贫困人口的疾病支出性风险、拓展疾病型农村贫困人口的脱贫禀赋性能力，还能增加疾病型农村贫困人口的政策转移性收入。[②] 对大病患者来说，目前的封顶线使得基本医疗保障制度仍缺乏保障力度，部分群众因患大病，治疗费往往高达十几万甚至数十万元，条件一般的家庭往往会因此陷入绝境，因此，大病医疗救助制度是目前能够使广大人民群众（特别是弱势群体）避免因大病重病致贫、返贫的有效措施。[③] 从这个意义上来说，大病医疗救助是实现新时代"弱有所扶"民生目标的助推器。

二、契合度偏差：我国大病医疗救助的实践困境

2012年，国务院发布《深化医药卫生体制改革2012年主要工作安排》，

---

① 陈成文. 牢牢扭住精准扶贫的"牛鼻子"——论习近平的健康扶贫观及其政策意义［J］. 湖南社会科学，2017（6）：63-70.
② 陈成文. 从"因病滞贫"看农村医疗保障制度改革［J］. 探索，2017（2）：74-80.
③ 原芳. 呼图壁县新型农村合作医疗制度中政府的职责分析［D］. 乌鲁木齐：新疆大学，2007.

提出要在已取得保障人群广覆盖的基础上，加大保障内容的深度和重度，并要求全面推开尿毒症、儿童白血病等8类大病保障，将肺癌、食道癌、胃癌等12类大病纳入保障和救助试点范围。至此，我国开始不断探索建立大病医疗保障机制。2015年4月21日，国务院办公厅转发了民政部等五部门《关于进一步完善医疗救助制度全面开展重特大疾病医疗救助工作的意见》，该意见明确指出，要"进一步完善医疗救助制度、全面开展重特大疾病医疗救助工作"，并在总体要求中将"保障困难群众基本医疗权益"作为目标，提出要"最大限度减轻困难群众医疗支出负担"。这表明，国家已经开始将大病医疗救助作为帮助弱势群体化解医疗支出风险的一项重大制度安排。为了进一步发挥我国多层次医疗保障体系对弱势群体的兜底保障功能，2017年2月民政部等六部委又发布了《关于进一步加强医疗救助与城乡居民大病保险有效衔接的通知》，通知再一次明确了大病医疗救助在发挥保障困难群众基本医疗权益的基础性作用。应该说，经过多年的实践和完善，我国大病医疗救助制度在解决大病患者经济问题、减少城乡居民灾难性支出问题上已经取得了诸多阶段性成果。但从助力"弱有所扶"来看，还存在着诸多问题。这些问题归根结底是大病医疗救助的政策供给还未能很好地契合弱势群体的现实需求，两者之间存在契合度偏差。[1]

1. 救助效能不高

从实践情况来看，当前我国大病医疗救助制度在"弱有所扶"过程中所表现出来的效率和效果并不高。总体来看，大病医疗救助的低效能主要表现在对象识别问题、病种目录问题和基金使用问题三个方面。一是对象识别问题。符合大病医疗救助条件的患者几乎都是基本医疗保险的参保人，也几乎都是大病保险的参保人，但并不是所有大病保险参保人都符合大病医疗救助的条件。[2] 由于当前基本医疗保险、大病保险和大病医疗救助三者的衔接性还不够，因此，有相当一部分弱势群体仍然被排斥在大病医疗救助对象之外。二是病种目录问题。总体来看，不少地区的大病医疗救助政策设计较为保守，存在

---

[1] 陈成文，李春根. 论精准扶贫政策与农村贫困人口需求的契合度［J］. 山东社会科学，2017(3)：42–48.

[2] 董晔. 大病救助与大病保险的衔接之初探［J］. 人力资源管理，2016(4)：190–192.

病种范围窄、救助限额低等问题。这就使得救助对象依然要承受严重的目录外诊疗和用药费用。目前我国对重大疾病并没有统一的界定,在大病保险中通常是以列举的方式将尿毒症、儿童白血病、肺癌、胃癌等20种疾病纳入大病保障范围。[1] 参照大病保险,一些地方虽然对大病医疗救助的病种有所拓展,但一般也就是23种左右[2],其他常见的给患者带来巨大或者长期身体和经济负担的重大疾病并没有包括在内。此外,不少地区对门诊医疗费用救助的规定较为笼统或救助标准较低,使需要长期接受门诊治疗的大病患者得不到合理保障。三是基金使用问题。当前,有相当一部分医疗救助基金被用来资助低保、特困供养人员参加基本医疗保险。医疗救助基金常出现使用偏差的问题,真正用于"二次补偿"的大病医疗救助资金并没有起到解决困难群体的大病医疗负担的作用。

2. 部门衔接不足

当前,我国大病医疗救助的具体管理部门涉及民政部门、卫生部门、社会保障部门、扶贫部门、财政部门等。这些主管部门均出台了各自的医疗救助政策,但彼此之间衔接不足,从而使医疗救助的实施长期处于一种"各自为政"的状态。[3] 具体表现为条块分割、多头管理。条块之间缺乏统一的管理机构和管理办法,导致政策执行时各部门无法协调一致。这种条块分割、多头管理、各自为政的管理方式不仅大大增加了大病医疗救助的管理成本,而且导致弱势群体不能及时有效地获得医疗费用补偿,影响了大病医疗救助的可及性。具体表现为申请审核手续复杂,费用结算不及时、不方便。一是申请审核手续复杂。相对比其他医疗保险,大病医疗救助申请其实是一个很烦琐的过程,而且

---

[1] 甘银艳. 大病医疗救助探讨 [J]. 卫生经济研究, 2014 (9): 8-10.
[2] 通常为尿毒症、儿童白血病、儿童先天性心脏病、乳腺癌、宫颈癌、重性精神病、耐药性结核、艾滋病机会感染、肺癌、食道癌、胃癌、结肠癌、直肠癌、慢性粒细胞白血病、急性心肌梗塞、脑梗死、血友病、I型糖尿病、甲亢、唇腭裂、恶性肿瘤放化疗、肾透析、器官移植术后服抗排斥药等。
[3] 童翎,洪业应. 从"碎片化"困境看农村医疗救助扶贫的政策调整 [J]. 山东社会科学, 2017 (9): 89-94.

在提出申请后会有许多机构来审核。① 从实际情况看,低保等重点对象可享有大病医疗救助"免审权",而其他大病患者则必须经过严格的申请审批程序。② 二是费用结算不及时、不方便。本质上属于医疗费用结算程序的规范性问题和医疗保障信息的共享问题。能否及时申请到大病医疗救助金,是一个很现实、很关键的问题。从大病医疗救助的实践情况来看,事后补偿式的救助可及性差,一些人可能因无法提前垫付资金而错失救治机会。③ 而在医疗保障信息的共享问题方面,由于民政、卫计委、人社局和扶贫办等部门都建立了各自的信息管理系统,因此推进"基本医疗保险、大病保险、医疗救助'一站式'费用结算信息平台建设,实现资源协调、信息共享、结算同步"难度较大。④

3. 统筹层次较低

当前,我国大多数地方大病医疗救助的基金统筹层次是县级统筹,多数地区的政策仅规定在县级医院就医的救助标准,然而,统计显示,高达九成的大病患者会选择在市级或省级医院就医。⑤ 这就造成相当数量因病情需要到更高级别医院治疗的大病患者只能获得低水平的救助,使得大病医疗救助不能真正起到缓解灾难性医疗支出负担的作用。⑥ 大病医疗救助统筹层次过低还会带来

---

① 办理流程通常分为六步:第一步,救助对象向户籍所在地村(居)民委员会提出书面申请;第二步,村(居)民委员会接到申请后,应对申请人提交申请材料的真实性和申请人家庭收入的情况进行调查核实,并将调查核实意见提交村(居)民代表会议进行民主评议;第三步,经村(居)民代表会议民主评议后,由村(居)民代表会议提出民主评议意见,并对符合条件的申请人在村(居)务公开栏内予以公示,公示期不少于 3 日;第四步,对公示无异议的,由村(居)民委员会提出初审意见,并将其他材料一并报乡(镇)人民政府、街道办事处审核;第五步,乡(镇)人民政府、街道办事处对村(居)民委员会报送的材料进行审核,并将审核意见和其他材料报县(市、区)民政部门审批;第六步,县(市、区)民政部门对乡(镇)人民政府、街道办事处报送的材料进行审查。对符合条件的,填写批准意见和救助金额,发放由市民政局、卫生局统一印制的《城乡困难居民大病医疗救助证》,并送同级财政部门复核(http://news.vobao.com/zhuanti/871558705540439082.shtml)。

② 江治强. 织密"最后一道安全网"[N]. 学习时报,2016-05-12(005).

③ 大病救助,有力度还要有温度[N]. 广州日报,2015-06-19(F02).

④ 2017 年 2 月民政部等六部委又发布了《关于进一步加强医疗救助与城乡居民大病保险有效衔接的通知》中明确指出:"各地要加快推进基本医疗保险、大病保险、医疗救助'一站式'费用结算信息平台建设,努力实现资源协调、信息共享、结算同步。积极提升'一站式'信息平台管理服务水平,为困难群众跨地域看病就医费用结算提供便利。"

⑤ 顾雪非,向国春,王超群. 我国重特大疾病保障政策:问题与改革建议[J]. 中国物价,2016(8):83-85.

⑥ 成昱. 大病医疗救助对象范围与救助标准探讨——基于全国 29 省《大病医疗救助实施方案》的比较[J]. 卫生经济研究,2016(11):47-50.

制度衔接问题和资源配置问题。制度衔接问题集中表现为大病医疗救助与基本医疗保险、大病保险的衔接问题。目前，大病保险原则上实行市（地）级统筹。然而，基本医疗保险和大病医疗救助主要是以县为统筹单位。[①] 三种制度的统筹层次不一给制度衔接带来了诸多困难，造成相关信息共享不畅。[②] 基本医疗保险与大病医疗救助两种制度统筹层次不一，不仅会增加医疗救助跨区域就医费用结算的复杂程度，也意味着不同层级的基金池资金量会有差异，医疗救助基金管理的潜在风险也可能会增大。[③] 大病医疗救助统筹层次过低带来的资源配置问题则集中表现为大病医疗救助资源配置的公平性问题。从当前我国的实际情况来看，在大病医疗救助的资源配置中，财政资源配置起着决定性的作用。大病医疗救助的财政资源配置地区差异明显，各地区大病医疗救助财政支出占全国大病医疗救助财政支出的比重与当地人口占全国人口的比重不相匹配。因此，统筹层次低还会带来大病医疗救助资源配置的不均衡，例如，东部发达省份会因地区分割统筹出现大病医疗救助基金大量结余，而中西部欠发达省份则可能处于收不抵支的困境，部分地区还可能因地区分割统筹出现资源浪费和制度运行瘫痪。相关统计显示，在农村社会保障各项目中，各地区的医疗救助支出所体现出来的负担差异最明显，其中最大值（贵州）是最小值（上海）的81.392倍。[④]

4. 责权划分不均

当前我国大病医疗救助存在责权划分不清的困境，在制度执行过程中产生了各种各样的矛盾和冲突。中央政府、地方政府、社会责权关系不明确，权责不均衡问题突出。这些问题主要表现为社会责任不足、监管主体单一以及国家支出不足。（1）社会责任不足。大病医疗救助应该注重社会力量的参与，应该强调社会责任，充分发挥社会力量（尤其是第三部门）在大病医疗救助供给中的补充作用。与政府和市场相比，非政府、非营利组织强调志愿性和公益性，在提供社会救助和社会服务方面拥有先天优势，可以广泛参与到扶贫济困

---

① 董晔. 大病救助与大病保险的衔接之初探 [J]. 人力资源管理, 2016 (4): 190-192.
② 向国春. "一站式"服务期待政策衔接 [J]. 中国社会保障, 2016 (12): 72-73.
③ 江治强. 织密"最后一道安全网" [N]. 学习时报, 2016-05-12 (005).
④ 叶金国, 仇晓洁. 中国农村社会保障财政资源配置问题及对策研究 [J]. 河北学刊, 2015 (4): 127-131.

中。随着经济和社会的不断发展，非政府、非营利组织在我国城市迅速成长起来，它们在城市社会救助和社会服务领域扮演着重要的角色。但是，由于缺乏非政府、非营利组织的支持，我国农村社会救助的社会化水平仍然不足，继而带来农村大病医疗救助中的社会责任不足。（2）监管主体单一。当前，在我国很多地区，政府作为单一监管主体，既是大病医疗救助的监管者，同时又是相关服务的提供者。这种"政府既是服务的提供者，又是服务的监管者"的单一主体格局，一方面会导致道德风险丛生，出现权力寻租现象；另一方面，单一参与主体因缺乏合作方会处于信息弱势地位，致使大病医疗救助服务的提供者与获得者之间出现信息不对称，例如大病医疗救助中，服务对象通过故意低报或隐瞒实际收入而获得医疗救助款。（3）国家支出不足。统计显示，2014年我国城乡医疗救助资金支出254亿元[1]，占全国社会保障性支出（20643亿元[2]）的比例仅为1.2%。另据有关统计数据，2016年中央财政预算安排的城乡医疗救助补助资金为160亿元。[3] 2020年，全国医疗救助基金支出546.84亿元，安排40亿元补助资金专门用于提高深度贫困地区农村贫困人口医疗保障水平，安排15亿元特殊转移支付医疗救助补助资金。[4] 尽管我国城乡医疗救助资金支出逐年增加，然而，与开展城乡医疗救助工作的资金需求依然差距较大。

三、拓展制度空间：实现新时代"弱有所扶"的治本之举

当前我国的医疗保障体系虽然已经实现广覆盖，但保障层次和保障水平还较低，从现实情况来看，基本医疗保险往往只能保障小病，大病还需要大病保险和大病医疗救助的有效衔接。然而，当前的基本医疗保险和大病保险尚未能完全化解弱势群体的高额医疗支出负担。只有积极拓展大病医疗救助

---

[1] 民政部：2014年实施医疗救助1.02亿人次 支出254亿元［EB/OL］．http：//society.people.com.cn/n/2015/0521/c1008－27035325.html.
[2] 郑功成．加快社会保障改革 提升社会治理水平［J］．社会治理，2015（1）：32－40.
[3] 中央财政160亿补助支持医疗救助［EB/OL］．http：//politics.people.com.cn/n1/2016/0807/c1001－28616541.html.
[4] 张思锋，滕晶．中国老龄人口医疗保障体系发展：从治病为中心到健康为中心［J］．北京工业大学学报（社会科学版），2022，22（2）：10－22.

的制度空间,才能从根本上降低弱势群体的医疗支出风险,增强其获得感和幸福感。

1. 加强大病医疗救助对象的科学核定

2015 年出台的《关于进一步完善医疗救助制度全面开展重特大疾病医疗救助工作的意见》(以下简称《意见》)提出要"合理界定医疗救助对象",并指出:"最低生活保障家庭成员和特困供养人员是医疗救助的重点救助对象。要逐步将低收入家庭的老年人、未成年人、重度残疾人和重病患者等困难群众,以及县级以上人民政府规定的其他特殊困难人员纳入救助范围。适当拓展重特大疾病医疗救助对象范围,积极探索对发生高额医疗费用、超过家庭承受能力、基本生活出现严重困难家庭中的重病患者实施救助。"2017 年出台的《关于进一步加强医疗救助与城乡居民大病保险有效衔接的通知》(以下简称《通知》)进一步提出要"拓展重特大疾病医疗救助对象范围",明确指出:"对经大病保险报销后仍有困难的低保对象、特困人员、建档立卡贫困人口、低收入重度残疾人等困难群众(含低收入老年人、未成年人、重病患者)实施重特大疾病医疗救助。"相比 2015 年出台的《意见》,2017 年出台的《通知》中所确定的大病医疗救助对象已实现了较大的拓展。当务之急是切实加强基本医疗保险、大病保险和大病医疗救助之间的对象衔接,完善弱势群体重病患者的认定办法,健全大病医疗救助家庭经济状况核对机制,提高大病医疗救助的对象瞄准率。只有这样,才能避免大病医疗救助对象的识别偏差,从而确保弱势群体人人共享。

2. 扩大大病医疗救助的疾病目录

大病医疗救助病种目录决定了救助范围的广度。由于弱势群体所患大病只有在救助病种目录内,所产生的医疗费用才能获得医疗救助,因此,如果病种限制过严,则意味着一些罹患某些大病但病种又在救助病种目录之外的弱势群体被排除在外。[1] 目前各地在大病医疗救助实践中通常以列举的方式将尿毒症、儿童白血病、儿童先天性心脏病、肺癌、食道癌、胃癌等 20 余种疾病纳入大病医疗救助范围,其他给患者带来巨大或者长期身体和经济负担的重大疾

---

[1] 任巧,曾理斌,杨晓胜. 城乡医疗救助制度之现状、问题与对策[J]. 南京医科大学学报(社会科学版),2015(1):11-14.

病并没有包括在内。2016年，国家卫生计生委、国务院扶贫办与人力资源和社会保障部组织80多万基层工作人员对农村贫困人口的因病致贫与因病返贫情况进行了核实核查。核查显示，在农村贫困人口中，发病率高、治疗费用高、严重影响生产生活能力的重点疾病达45种，次重点疾病达48种。[①] 因此，各地应该因地制宜，把那些对人体危害较大、费用较高的常见病、多发病、慢性病和罕见病纳入大病医疗救助目录之中，拓宽大病医疗救助的病种范围。[②] 此外，可借鉴我国香港药物安全网在提高高值药品可及性、减轻患者疾病负担方面的成功经验[③]，通过实施大病医疗救助特药谈判制度，制定高值药品目录，构建大病风险分担机制、提高高值药品的可及性。

3. 注重大病医疗救助的服务衔接

大病医疗救助不光要看设计蓝本，也不是"冷冰冰"的救助申请，而是要让救助对象在救助的各个环节体验到贴心，感受到服务的温暖。这就要求加强各个环节的服务衔接，优化服务程序。一是要提高大病医疗救助的统筹层次。大病医疗救助的统筹层次过低不仅难以实现不同地区之间的医疗救助信息互联互通，影响"资源协调、信息共享、结算同步"，而且容易造成基金抗风险能力不强等问题。因此，大病医疗救助应进一步提高统筹层次，鼓励省级统筹。这不仅对实现医疗信息共享、促进不同医疗保障环节的有效衔接具有重大作用，同时也有助于提高大病医疗救助基金的抗风险能力和筹资能力。[④] 二是要优化经办程序。要规范医疗费用结算程序，对于年度内单次或多次就医，费用均未达到大病保险起付线的，要在基本医疗保险报销后，按次及时结算医疗救助费用。要建立市级和省级行政区域内困难群众按规定分级转诊和异地就医先诊疗后付费的结算机制。要加快推进基本医疗保险、大病保险、医疗救助"一站式"费用结算信息平台建设。

---

① 陈成文. 牢牢扭住精准扶贫的"牛鼻子"——论习近平的健康扶贫观及其政策意义［J］. 湖南社会科学，2017（6）：63-70.

② 张忠朝. 我国城乡困难家庭医疗救助支持研究——基于"中国城乡困难家庭社会政策支持系统建设"的调查［J］. 社会保障研究，2015（1）：83-90.

③ 徐伟，江欣禅，杨爽. 香港地区药物安全网对大病医疗保障的启示［J］. 中国卫生政策研究，2017（4）：18-23.

④ 董晔. 大病救助与大病保险的衔接之初探［J］. 人力资源管理，2016（4）：190-192.

4. 优化大病医疗救助的资金配置

大病医疗救助的展开是以财力投入为基础的，因此，要实现"弱有所扶"的民生建设目标，就必须优化大病医疗救助的资金配置，夯实"弱有所扶"的财力基础。一是要优化财政资金配置。就我国当前的现实情况而言，大病医疗救助的财政补助水平与城乡贫困人口的实际需求还存在较大缺口。民政部门数据显示，2020年，仅农村建档立卡贫困人口累计需要投入的医疗救助资金就高达2566亿元。[1] 因此，必须进一步加大针对弱势群体的专项医疗资金投入，发挥政府投入在大病医疗救助中的主体和主导作用，在这个过程中，要不断优化财政资金配置，通过转移支付缩小东西部地区之间、发达地区和欠发达地区之间的大病医疗救助财政支出负担差距。二是要优化社会资金配置。要鼓励和支持社会组织、企业组织等通过多种渠道、多种手段为大病医疗救助募集资金，充实医疗救助的财力基础。[2] 要通过激励社会捐赠和发行福利彩票等筹集更多的大病医疗救助资金。在大病医疗救助资金的监督管理上，要注重市场配置、社会协同。市场配置包括大病医疗救助基金管理和运行的市场化；社会协同包括完善大病医疗救助基金的社会监督体系。

---

[1] 陈成文. 从"因病滞贫"看农村医疗保障制度改革［J］. 探索，2017（2）：74-80.
[2] 江治强. 困难家庭医疗保障状况及政策建议——基于"中国城乡困难家庭社会政策支持系统建设"项目调查数据的专题分析［J］. 中国民政，2016（19）：23-26.

第八章

教育救助与实现新时代"弱有所扶"

作为文化传承的重要途径，教育是民族振兴、社会进步的基石，是提高国民素质、促进人的全面发展的根本途径。2013年4月，习近平总书记在给清华大学的贺信中指出："教育决定着人类的今天，也决定着人类的未来。"正因如此，习近平总书记非常重视教育扶贫在精准扶贫中的战略地位。早在2012年12月29日，习近平总书记在河北省阜平县考察扶贫开发工作时就指出："治贫先治愚。要把下一代的教育工作做好，特别是要注重山区贫困地区下一代的成长，下一代要过上好生活，首先要有文化，这样将来他们的发展就完全不同。义务教育一定要搞好，让孩子们受到好的教育，不要让孩子们输在起跑线上。古人有'家贫子读书'的传统。把贫困地区孩子培养出来，这才是根本的扶贫之策。"2015年9月9日，习近平总书记在给"国培计划（2014）"北京师范大学贵州研修班参训教师的回信中又强调："扶贫必扶智，让贫困地区的孩子们接受良好教育，是扶贫开发的重要任务，也是阻断贫困代际传递的重要途径。"可见，在习近平总书记看来，无论是"治愚"还是"扶智"，教育扶贫是治本之策。这是因为，相对于产业扶贫、就业扶贫等扶贫方式而言，教育扶贫是贫困地区脱贫致富的"牛鼻子"，其根本目标在于消除导致贫困的根源。从社会救助的角度来看，教育扶贫实质上就是教育救助。教育救助不仅是阻断弱势群体贫困代际传递的有力手段，而且也是提升弱势群体获得感的重要途径。因此，要实现新时代"弱有所扶"，就必须从制度层面高度重视教育救助的独特功能与作用。

一、研究背景

"弱有所扶"中的"弱"是指弱势群体或社会弱者。关于"弱势群体"的界定我国古代早已有之。《礼记·礼运》中提出:"鳏寡孤独废疾者,皆有所养。"这里将孤苦伶仃、无依无靠、婚姻状况不完善,以及生理、心理上存在一定障碍的人作为弱势群体。中国古代多个朝代统治者都把"弱有所扶"作为治国理政的重要工具,但不同统治者对弱者的界定各有不同。总体来看,主要集中体现在三个方面:一是重点关注和扶助最低层中的鳏寡孤独群体;二是依附于宗法关系和道德恩惠,体现了"皇权与臣民";三是帮扶政策主要倾斜于鳏寡孤独、老病残疾等成员。① 直到清末民初,教育救助的雏形才开始出现,而当时教育救助指的是慈善团体在"养"的基础上,对受助者进行文化知识和工作技能教育,帮助受助对象在未来能自谋生路和发展,避免再次陷入困境的救济活动。② 20世纪90年代中后期,伴随着我国经济体制改革的快速推进,下岗失业人员、城市农民工等弱势群体问题开始成为社会的突出问题,引起了我国政府和社会各界的高度关注。③ 2002年3月,朱镕基总理在九届全国人大五次会议所作的《政府工作报告》中首次正式使用了"弱势群体"这一术语。而教育救助主要是指国家、社会团体或个人为保障适龄人口获得接受教育的机会,为弱势群体提供物质或资金援助的一种制度,主要运用减免、捐赠、资助等方式帮助困难人口完成相关阶段的学业,以提高文化技能,从而解决他们的生计问题。④ 关于弱势群体的教育救助问题,国内外学者开展了大量研究并取得了诸多成果。

西方国家早在19世纪就开始关注弱势群体的问题。例如,恩格斯在1842～1844年期间考察英国后写成的《英国工人阶级状况》一书,就提到弱势群

---

① 林闽钢. 新历史条件下"弱有所扶":何以可能,何以可为?[J]. 理论探讨, 2018 (1): 42-46.
② 李少斌, 高晓飞. 从"施善教化"到"教育救济"——20世纪上半叶京津善堂善举的转型[J]. 历史档案, 2009 (3): 97-103.
③ 王素芳. 关于图书馆服务弱势群体问题的研究与反思[J]. 图书馆杂志, 2006 (5): 3-9.
④ 孙立新, 赵如钦. 基于NVivo的我国弱势群体教育救助问题的政策分析[J]. 现代远距离教育, 2017 (2): 3-10.

体这一概念；德国社会学家韦伯提出社会分层理论，对社会弱者问题的研究产生了重大影响；美国社会学家在韦伯的社会分层的基础上提出了六个阶层的划分方法，即上上层、下上层、上中层、下中层、上下层、下下层。[1] 西方国家也较早就关注到弱势群体的教育救助及扶持问题，并探索出不同模式促进弱势群体受教育权的公平性。法国在19世纪末就初步建立了现代学制，并实行免费初等教育政策；进入20世纪之后，进一步对贫困群体实行分类教育救助，即侧重于对边远贫困地区的教育扶持和对弱势群体的教育扶持，以"共同基石"和"方向指导"为基础，确保所有学生享有教育均等机会，并利用分类导向构建不同的政策，从而强化教育扶持政策的针对性和有效性。[2] 美国主要以弱势青年为目标群体开展了以职业团为形式的青年教育救助计划。[3] 其主要做法为：一是从救助方式来看，由以"传统的助学金"和"贷款项目"救助为主向"以税抵费"和"减免税收"政策转变，救助事业呈现救助机构多层次、资金来源多元化、救助性质多样化和救助项目层出不穷的良好局面[4]；二是从接受教育均等机会来看，为增加低收入家庭学生接受良好教育的平等机会，实行了"教育券"计划，即主张将教育经费以代币券形式直接发给家长，通过家长利用教育券选择公私学校的同时，将市场机制引进教育领域[5]；三是从法律规范教育政策来看，2002年的"密歇根诉讼案"对美国高校实行的扶持行动产生了重大的影响，一方面为高校实施扶持行动设定了"个体化审查""严格限制"等法律原则，另一方面强化了对族群倾向性教育政策的限制[6]。英国伦敦以青年弱势群体为对象，构建提供教育、培训和服务的专门机构，并发展成为伦敦青少年就业扶持网络。[7] 与法、美、英国家依靠自身力量开展教

---

[1] 陈成文. 社会学视野中的社会弱者 [J]. 湖南师范大学社会科学学报, 1999 (2): 13-17.

[2][3] 常宝宁. 法国义务教育扶持政策与我国教育均衡发展的政策选择 [J]. 比较教育研究, 2015 (4): 33-38.

[4] 郭涛. 论美国大学教育救助制度与镜鉴 [J]. 郑州大学学报（哲学社会科学版）, 2010 (4): 174-176.

[5] 曹清华. 詹克斯型教育券研究——兼论在我国教育救助中的应用 [J]. 河南师范大学学报（哲学社会科学版）, 2012 (5): 63-66.

[6] 周世厚. 美国高等教育扶持行动的司法争议——对"密歇根诉讼案"及意义的分析 [J]. 外国教育研究, 2011 (12): 50-56.

[7] 卢丹, 陆剑. 西方国家弱势青年教育救助模式及对我国的启示 [J]. 中国青年教育, 2016 (1): 107-111.

育救助不同,墨西哥借助国际和国内综合力量来开展教育救助。墨西哥土著居民由于经济条件以及历史渊源而处于弱势地位,常常遭受排斥和歧视。2001年由世界银行发起、福特基金会资助、墨西哥大学和高等教育机构全国联合会共同负责实施的土著教育扶持计划,改变了这种遭受排斥和歧视的局面。[1] 20世纪末,奥地利由于社会转型和经济结构调整的改革致使国内经济遭受严重困境,导致青年群体的失业率居高不下。为此,奥地利政府向世界银行低息贷款6000万美元,启动实施"奥地利青年救助教育工程",用来解决国内青年弱势群体的教育与就业难题,帮助青少年顺利实现从学校到社会的跳跃。[2]

20世纪90年代,我国开始关注弱势群体并逐渐开展相关方面的研究。当时,弱势群体的概念内涵只是利用少数几个具体指标进行简单界定,空间范围比较狭窄。直到21世纪,学术界才逐渐开始研究弱势群体的教育扶持问题,但大多数的研究视角都比较单一。目前,我国弱势群体的教育救助工作主要集中在农村、少数民族地区、高等院校以及城市中农民工子女就读的学校等区域。为解决农村贫困学生的教育救助问题,杨文圣等提倡建立以政府扶助为主、学校自筹相结合的长效机制,并由政府担任教育救助的主体机构。[3] 我国虽然对少数民族地区实行特有的民族政策和扶贫攻坚战略,但仍然存在政策运用不充分的问题,对此,段敏芳指出,在资金管理上建立以省级为主的管理机制,并理顺"一费制"的执行机制。[4] 刘苏荣也指出,在充分利用这些民族政策的基础上,通过实施倾斜政策来加大少数民族教育救助工作的力度。[5] 除了农村和少数民族地区,城市中的农民工随迁子女也是庞大的弱势群体中的一部分,农民工子女的教育救助问题也是一个急需关注的问题,对此,徐丽敏认为,要运用社会介入的方式参与到农民工子女教育救助的问题中,发挥社会工

---

[1] 王泓萱. 墨西哥土著教育扶持计划的产生、意义及启示 [J]. 外国教育研究,2009 (4): 42 – 46.

[2] 卢丹,陆剑. 西方国家弱势青年教育救助模式及对我国的启示 [J]. 中国青年教育,2016 (1): 107 – 111.

[3] 杨文圣,刘晓静. 农村贫困家庭学生教育救助探析 [J]. 农村经济,2010 (4): 121 – 124.

[4] 段敏芳. 加大少数民族地区义务教育扶持力度——湖北省某少数民族自治县义务教育调查报告 [J]. 教育与经济,2006 (1): 7 – 10.

[5] 刘苏荣. 人口较少民族聚居地区教育救助的完善策略 [J]. 贵州民族研究,2017 (10): 241 – 244.

作者的功能角色，以满足农民工随迁子女的多层次教育救助需求。①

综上所述，国内外学者主要致力于厘清弱势群体的范围并着重研究教育救助的制度公平性及方式高效性。与西方发达国家相比，我国针对教育救助方面所采取的举措和相关研究略显不足和薄弱。从研究内容来看，针对教育救助方面的研究比较单一，研究成果较少，且其研究的系统化、广度和深度还有待进一步深化。要推进我国教育救助事业的长效发展，就必须进一步完善我国的教育救助制度，注重教育救助的种类丰富性和方式多样性；从研究对象来看，主要以某一地区或某一类弱势群体为研究对象，没有以弱势群体的主导性需求为视角开展研究，这可能导致政策出台的针对性不强，即出现教育救助政策的契合度偏差。这是因为基于需求或者能够充分契合需求者需要的供给才可能成为有效供给。② 因此，要实现新时代"弱有所扶"的民生"短板"，就必须构建并健全教育救助体系。

二、教育救助：实现新时代"弱有所扶"的推进器

要实现"弱有所扶"这一民生建设目标，就必须切实提升"弱有所扶"制度的有效供给。"弱有所扶"是指对在政治、经济、社会以及自身缺陷上等处于弱势地位的群体给予帮助、扶持的一种政策。从社会结构意义来看，可以根据经济收入维度、社会地位维度、体质维度、精神维度、能力维度将"弱势群体"划分为经济型弱势群体、社会型弱势群体、生理型弱势群体、心理型弱势群体和文化型弱势群体五大类。③ 教育是"五大"弱势群体的需求之本，是对"弱有所扶"制度在教育方面的一种救助性政策，以帮助弱势群体在获得一定的知识和能力后实现由"输血"到"造血"转变的过程。

（一）教育救助是阻断弱势群体贫困代际传递的有力手段

贫困代际传递是指贫困以及导致贫困的相关条件在家庭内部代与代之间进

---

① 徐丽敏. 农民工随迁子女教育救助的需求及社会工作介入［J］. 学术论坛，2014（6）：124 - 129.

② 陈成文，李春根. 论精准扶贫政策与农村贫困人口需求的契合度［J］. 山东社会科学，2017（3）：42 - 48.

③ 陈成文，陈建平，洪业应. 新时代"弱有所扶"：对象甄别与制度框架［J］. 学海，2018（4）：92 - 100.

行传递的过程,即由父辈传给子女,使子女在成年后继承父辈贫困的一种传递过程。[①] 究其根源,形成贫困代际传递性的原因除了经济因素外,更体现在文化和精神两个维度,且文化贫困和精神贫困是造成经济贫困的重要原因。换言之,文化水平低的家庭产生贫困代际传递的可能性更大。要阻断贫困代际传递发展趋势,实现新时代的"弱有所扶",根本在于教育。习近平总书记在脱贫攻坚中一再强调"扶贫先扶智"和"治贫先治愚"的发展思路,其根本也在于强调优先发展教育。教育救助作为一种内生式的扶贫方式,它能极大地促进贫困学生的知识存量和人力资本的提高,即在开展教育救助的过程中,贫困学子的综合素质和技能得到全面提升,使他们在未来的就业市场中能够获得较好的工作岗位,至此他们将逐步地走出"贫困陷阱"。这也意味着,通过教育救助的深入开展,不仅能让更多的贫困学生利用知识逐步走出贫困,更重要的是,他们所在的家庭贫困困境也将得到改善,贫困的代际传递问题也因此被阻断。

(二) 教育救助是提升弱势群体获得感的重要途径

获得感是一个本土性非常强的"中国概念",在国外尚不存在直接的概念对应。[②]"获得感"从字面上可理解为在"得"的基础上所带来的深刻主观心理感受。弱势群体在物质和精神上都处于比较匮乏的状态,其中物质匮乏主要是由于经济条件比较差,缺乏满足个人及家庭基本生存需要的生活必需品,而精神匮乏主要是由于文化水平低或受教育的程度低,导致弱势群体自身无法通过知识来调整心态而产生的一种内心贫穷的状态,长此以往容易演化为自卑、怯弱等心理问题,最终可能成为心理型弱势群体。物质匮乏虽能靠经济救助的途径来解决,但这种"输血"式救济是短期的,且弱势群体经济上的获得也只是暂时的;而精神匮乏则须在以物质为支撑的基础上通过教育救助来加强心理疏导。习近平总书记在党的十八届五中全会中提出"创新、协调、绿色、开放、共享"的五大发展理念,其中共享就是强调提升人们的获得感。而要提升弱势群体的获得感,教育救助是其中一个重要途径,即为贫困学子提供受

[①] 孙远太. 基于阻断贫困代际传递的社会救助政策改革 [J]. 理论月刊, 2017 (1): 141 – 146.
[②] 曹现强,李烁. 获得感的时代内涵与国外经验借鉴 [J]. 人民论坛·学术前沿, 2017 (2): 18 – 28.

教育权的均等化机会,重视弱势群体的知识教育和能力培养,这种"造血"式救济不仅使其实现精神脱贫(消除心灵上的自卑感),也能帮助他们顺利摆脱物质贫困,直接给弱势群体带来了获得感体验,特别是真切地体会到教育所带来的收益。

(三)教育救助是增强弱势群体公平感的根本保障

在教育领域中,公平感是对教育事实存在进行判断时引发的主观体验,是基于个体(群体)对教育公平事实的"实然"与"应然"状态之间关系的看法。[1] 相较于普通群体,弱势群体在缺乏教育机会均等化的同时,也面临着差别化对待的问题。显然,在社会发展不平衡不充分的背景下,弱势群体的各项权益受到不同程度的侵害,而教育救助政策的实施为他们提供公平竞争的机会,有助于他们实现阶层的向上流动。而要增加弱势群体的受教育机会并让他们公平地接受教育,需从制度化的角度出发,通过教育救助的方式保障并维护好弱势群体的基本受教育权。经过多年的努力,我国教育扶贫的实践成果突出,不仅完全普及了九年义务教育,也逐渐建立起了从学前教育到高等教育全覆盖的助学体系,确保了绝大部分处于学习期的弱势群体享有受教育均等化的机会。教育救助作为一项政策性举措,在保障弱势群体基本受教育权上具有兜底作用,它以资金支持、乡村教师队伍建设以及教育资源倾斜的途径来保障教育的起点公平和过程公平,且为后续教育的结果公平提供足够支撑,因而首先在心理上增强了弱势群体的公平感,其次在教育的事实公平和个人主观体验上让弱势群体切实体会到教育的公平感。可以说,教育救助是增强弱势群体公平感的根本保障。

三、"碎片化":我国教育救助的实践困境

关于弱势群体的教育救助问题,国家出台了诸多帮助弱势群体获得受教育权的法律、法令、措施以及意见等,地方政府根据中央文件精神并结合当地实际情况,出台了系列文件。2012 年 11 月 18 日,国务院颁布的《关于加强特

---

[1] 刘广明. 高等教育哲学视野中的教育公平 [J]. 郑州大学学报(哲学社会科学版), 2007 (1):169 – 173.

殊教育教师队伍的意见》中指出："从规划、培养、管理、待遇、营造氛围等方面，第一次对特殊教育教师队伍建设作出全面部署，对特殊教育教师队伍建设坚持'特教特办'和质量与数量并重的原则。"2013年7月29日，国务院颁布《关于实施教育扶贫工程的意见》又明确指出："为贯彻党的十八大报告精神，充分发挥教育在扶贫开发中的重要作用，进一步组织实施教育扶贫工程，提出了全面加强基础教育、加快发展现代职业教育、提高高等教育服务能力、提高学生资助水平以及提高教育信息化水平的五大任务。"2015年7月14日，国务院颁布《关于完善国家助学贷款政策的若干意见》再一次强调："为进一步提升国家助学贷款政策实施效果，提出以下意见：第一，完善贷款政策，切实减轻借款学生经济负担；第二，健全运行机制，促进国家助学贷款持续健康发展；第三，加强组织领导，不断提升国家助学贷款管理水平。"2017年10月18日，党的十九大报告着重强调："优先发展教育事业。推动城乡义务教育一体化发展，高度重视农村义务教育，办好学前教育、特殊教育和网络教育，普及高中阶段教育，努力让每个孩子都能享有公平而有质量的教育，同时完善职业教育和培训体系、健全学生资助制度、支持和规范社会力量兴办教育以及办好继续教育。"经过多年的实践和完善，我国教育救助制度在增加受教育机会、提升受教育的公平性问题上已经取得了诸多阶段性成果。但是从助力"弱有所扶"来看，还面临诸多问题。这些问题归根结底是当前我国教育救助已陷入严重的"碎片化"困境中，即教育救助尚处于一种非整体性的运行状态。这种"碎片化"困境意味着，虽然国家开展教育救助项目逐年增加，但是资源分配不均且缺乏"契合度"。[①] 从现实情况来看，我国教育救助的"碎片化"困境主要表现为政策制定的"非整合性"、管理体制的"非协调性"、资源配置的"非均衡性"。

(一) 政策制定的"非整合性"

政策制定的"非整合性"是指教育救助政策体系的各组成部分存在明显的政策不完备、甄别效果差以及制度无法衔接等问题。主要体现在：一是教育

---

① 孙立新，赵如钦. 基于NVivo的我国弱势群体教育救助问题的政策分析 [J]. 现代远距离教育，2017（2）：3-9.

救助政策体系的不完备。从我国已有的教育救助政策来看，无论是政策立法还是政策内容上都存在一定程度的不完善及不全面问题。具体来说，一方面，我国关于教育救助的许多工作还无法实现立法。目前，我国针对弱势群体开展的教育救助带有很大的临时性色彩，缺乏制度上的长远规划，也没有上升到一定的法律层面，往往是有资金就资助没有资金就不资助。与义务教育阶段中《义务教育法》的内容相比，高中阶段以及高等教育阶段的教育救助很不完善。国务院颁布的《关于建立普通高中家庭经济困难学生国家资助制度的意见》中就明确指出："目前我国普通高中家庭经济困难学生国家资助制度尚未完全建立，多数普通高中家庭经济困难的学生尚未得到资助。"另一方面，由于教育救助的政策内容不完善导致扶贫效果非常有限。当前，我国教育扶贫对待各阶段各区域的教育对象存在重视程度不一的现状。例如，特殊教育中，义务阶段的教育最易受到重视，而非义务阶段（学前教育、高中教育和高等教育）教育中残疾人群体的教育救助往往被忽视。同时，教育救助关注的重点主要集中在"西部地区""农村地区""民族地区""儿童""残疾人"等，导致城市地区以及弱势成年人的教育救助常常被忽视。二是教育救助对象甄别的单一化和瞄准偏差。救助机构在认定教育救助对象时，主要依据学业成绩作为隐性条件，致使学习成绩较差、因家庭贫困而辍学的学生难以获得教育救助。三是教育救助与就业救助政策之间缺乏有效衔接。贫困学生因家境贫困、社会资本匮乏、个人自身因素受限等原因，获取就业信息、就业机会等方面都较为困难，因此急需通过就业救助来改善就业困境。可见，教育救助与就业救助属于同一救助链条的两个环节，只有将二者有机配合才能发挥救助链条的有效性和完整性。但是，当前我国教育救助与就业救助之间缺乏有机衔接[①]，从而大大影响了教育救助功能的有效发挥。

（二）资源配置的"非均衡性"

资源配置的"非均衡性"主要表现为城乡之间、区域之间教育救助资源配置的不均衡。这种不均衡主要体现在：一是师资配置不均衡。由于我国

---

① 王贤斌. 新时期我国农村教育救助面临的困境与对策[J]. 教育理论与实践, 2014 (28): 32-35.

"二元结构"长期存在,农村贫困地区因受经济发展情况的制约,在教学设施、师资队伍和办学条件等方面明显落后于城市地区。① 尽管国家积极实施"三支一扶"计划和教育支持计划,但农村师资队伍短缺的现实短期内还是难以得到根本扭转。在农村贫困地区,缺少编制、职称晋升受限、工资待遇较低等现实困境导致师资明显不足,同样专业不对口等现象在农村地区也普遍存在。例如,在我国青海省西宁地区的农村学校中,1/3 的师资队伍中所学专业与其教授专业不对口。② 二是教育资金配置不均衡。制约教育救助有效实施的关键因素在于教育资源匮乏,突出表现在教育资金配置不均衡。据相关研究指出,财政拨款经费最高地区与最低地区相比来看,前者对小学、初中、普通高中、职业中学和普通高校的经费投入分别为后者的 10.2 倍、8.9 倍、7.8 倍、5.6 倍和 8.1 倍。③ 可见,由于不同区域的教育救助资金的差异,教育救助的政策效果出现区域的差别化,即教育扶贫的效果在资金充裕的地方明显好于资金短缺的地方。

(三) 管理体制的"非协调性"

管理体制的"非协调性"是指教育救助尚处于一种零散性、非协调性的运行状态。这种"非协调性"主要表现在:一是事务、权责叠加。民政部门与教育部门的事务在一定层次上存在交叉,在履行相应职责的时候,很大程度上会出现难以界定职责主体,导致双方都进行介入与干预,使公共资源使用上存在浪费及低效现象。二是缺乏专门监管机构。我国大多数地区尚未建立专门的管理机构来管理教育救助资金以及监督救助资金的到位情况,仍然依靠教育部门内部的普教科与财务科来共同管理资金、其他科室参与监督的方式,使教育救助工作的开展出现诸多运行不畅通的问题。三是多头管理,缺位或不公平现象突出。我国开展贫困生救助工作的部门不仅仅是教育部门,还有民政局、团委、妇联、残联和总工会等相关政府部门和各种社会组织,有些政府部门或

---

①② 王贤斌. 新时期我国农村教育救助面临的困境与对策 [J]. 教育理论与实践, 2014 (28): 32-35.

③ 刘苏荣. 人口较少民族聚居地区教育救助的完善策略 [J]. 贵州民族研究, 2017 (10): 241-244.

社会组织向相关学校进行资助时甚至直接与各相关学校进行联系。[①] 在教育救助管理事务上，经常出现政出多门、救助力量分散、分工无序、救助对象重叠等诸多问题。问题的根源在于管理体制的"非协调性"，即贫困群体的救助工作由民政部门负责，而教育救助事务则属于教育部门的职责范围，并且这些工作还受到其他部门的牵制，因而这种管理体制的"非协调性"容易产生有些事务出现多头管理而有些事务却出现缺位的结果。

四、整体性治理：实现新时代"弱有所扶"的现实呼唤

拓宽教育救助功能作用，不仅是保障弱势群体受教育权公平性的基础，更是实现新时代"弱有所扶"的现实呼唤。"碎片化"困境不仅导致了教育救助对象瞄准偏差问题，而且降低了教育救助资源的配置效率，最终影响了教育救助的实现效果。当前，我国教育救助要走出"碎片化"的实践困境，就必须推进"整体性"治理。所谓"整体性"治理，就是要正确把握教育救助的整体性结构，充分发挥教育救助整体性结构的功能。从整体性治理的"弱有所扶"政策目标出发，我国教育救助政策必须以尽快整合教育救助的政策体系、积极优化教育救助的资源配置、努力健全教育救助的管理机制和认真营造教育救助的社会氛围为重点来加以完善。

（一）尽快整合教育救助的政策体系

健全的教育救助政策体系，既能凸显政策制定的科学性，又能推动新时代"弱有所扶"的加快实现。因此，要加快实现新时代"弱有所扶"，就必须尽快整合教育救助的政策体系，从而充分发挥出教育的扶贫功能。而要尽快整合教育救助的政策体系，应从以下三个方面入手。

1. 建立健全教育救助的政策内容，以完善并落实教育救助工作

一方面，目前我国教育救助工作主要是由各县级政府来具体开展，但不同地区的县级政府有不同的运行程序和实施机制，从而导致教育救助的工作效果存在明显的差异化。为此，要提高我国教育救助的工作成效，就必须建立健全

[①] 孙立新，赵如钦. 基于 NVivo 的我国弱势群体教育救助问题的政策分析 [J]. 现代远距离教育，2017（2）：3-9.

教育救助的政策内容，特别是制定统一的运行章程和实施机制。另一方面，应扩大政策的覆盖范围，以完善并落实教育救助工作。而要扩大政策的覆盖范围，就必须确保人们的知情权和参与权，这就要求相关履责主体应加强政策宣传，通过新闻媒体的政策解读、学校知识讲座、居委会与村委会的院坝会以及社会宣传等方式将教育救助政策尽可能地传达给每个贫困家庭，让他们获得更多的教育救助政策信息，对教育救助政策有更深的了解。

2. 着力构建科学有效的对象甄别机制，以提高对象瞄准的精准度

对象瞄准的精准度是指教育救助的供给与需求之间的高度一致性。要提高对象瞄准的精准度，应着力构建好科学有效的对象甄别机制，那么首先应设计好甄别指标、甄别程序、履职机构、运行程序等全过程，从而为提高对象瞄准的精准度奠定坚实的基础。甄别指标的科学设置需结合社会实际，比如说，通过了解家庭的人口数、父母的劳动能力、父母赡养长辈负担、小孩多寡及其父母受教育情况等指标后综合相关统计分析来建立。只有根据多维指标才能建立科学的甄别机制，而完善的甄别机制的建立有助于构建科学全面的瞄准范围，进而直接提高对象甄别的瞄准度。

3. 推进教育救助与就业救助的无缝对接，以增强教育救助的政策效果

要发挥教育救助的最大功效，必须做好教育救助与就业救助的有效衔接。首先，应制定倾斜性的就业救助政策。如免费为贫困毕业生提供就业信息、就业咨询和开展就业招聘会，并对聘用贫困毕业生的企业实施一定税收减免或税收优惠政策，帮助贫困生实现就业愿景。其次，在制定教育救助政策时，将就业政策纳入统筹、综合安排，避免救助力量分散，同时构建科学的教育救助与就业救助信息系统，实现信息资源的共享。最后，中央及其地方民政部门应建立专门的机构来统筹就业救助和教育救助，将二者进行统一管理，促进二者无缝对接。

（二）积极优化教育救助的资源配置

教育救助资源的均衡配置是教育公平的重要体现，它有利于保障弱势群体享有教育机会的均等化。其中，教育资源分为教师资源和资金资源，两者代表着学校的师资水平和财力水平，也是教育质量和教育公平的重要反映。面对资源配置的"非均衡性"的实践困境，教育救助作为精准扶贫的实现方式，其

承担着保障弱势群体同普通群体一样平等接受教育的角色。因此,要帮助弱势群体摆脱弱势困境,就必须提升教育救助的质量水平。①

1. 积极完善教师晋升和合理流动的机制

教师的晋升空间是促进合理流动的前提和动力,因此,教师、校长的职称晋升制度应以一定年限的农村等贫困地区的教学经历并通过相关考核评估作为晋升资格,同时大力提高农村教师尤其是弱势群体教育学校的工资水平,以增强对优秀教师人才的吸引,从而有效推进我国各区域师资的配置均衡。除了提高基层教师工资待遇外,建议积极贯彻落实师范生免费教育政策、乡村教师扶持计划、特岗教师计划,从而加大农村地区、边远地区以及少数民族地区的师资对口培养。另外,面对当前城市的优质教师资源过度累积而农村等贫困地区间却严重短缺的现状,政府应加强宏观调控,以待遇提升、职称晋升以及社会福利等政策优惠为手段,促进优质教师合理流动。

2. 积极健全贫困地区教育资金的补充机制

由于贫困地区的经济不发达与教育不发达互为因果关系,因此教育资金配置应向弱势地区、弱势学校倾斜,以加强贫困地区义务教育阶段的学校硬件和软件建设,大力开展农村远程教育项目,实现优质教育资源的共享,同时也要重视城市弱势学校的建设和改造。此外,针对贫困地区教育发展的重点领域和薄弱环节,国家应提供专项资金来给予财力支持②,从而作为一种教育资金的补充机制,实现贫困地区教育资金的均衡配置和精准配置,在提高教育救助效果的同时,让弱势群体能依靠教育的途径摆脱贫困。

(三) 努力健全教育救助的管理机制

全面完善的管理机制是做好教育救助工作的关键,它能对各项工作进行合理分工并划分相应的管理主体,以进一步确保"扶真贫"和"真扶贫"目标的如期实现。③ 因此,要让每一位弱势群体都享有教育机会的均等化,就需要健全的教育救助管理机制来落实好教育扶贫工作。而要建立健全教育救助管理

---

①② 王智超,申晓娇. 教育精准扶贫的关键在哪——积极解决教育资源配置的失衡[J]. 人民论坛,2018(16):106-107.

③ 刘航,柳海民. 教育精准扶贫:时代循迹、对象确认与主要对策[J]. 中国教育学刊,2018(4):29-35.

机制，首先必须厘清管理职责边界，发挥好整体联动效应，其次建立针对学校等教育救助主体履责的监督机制。具体来看，主要体现在以下两个方面。

1. 厘清管理职责边界，发挥好整体联动效应

强化教育救助主体职责，政府应主动承担起制度安排、资金支持、组织实施以及救助的兜底性责任。[①] 地方政府、民政部门、教育部门、财政部门和学校都是参与教育救助的管理主体，并且这些主体部门都在具体的管理工作上承担不同角色定位，明确角色边界是有效推动我国教育救助各项工作有序开展的基础。因此，要在厘清各部门职责范围的基础上，协调好各部门之间的救助权责。其中，地方政府作为制定政策的决策部门，对属地教育部门、民政部门、财政部门和学校发挥着有效统筹与监督作用；民政部门主管当地民生工作，要通过摸底调查，利用大数据逐级构建贫困学生的救助档案和救助数据库建设；教育部门主管教育工作并承担着教育职责，要协助民政部门等有关机构及时提供贫困家庭学生的基本信息，并鼓励和督促学校开展各类教育救助工作；财政部门主管财政拨款，要协助并配合教育部门、民政部门等落实好教育救助资金的合理分配；作为培养机构的学校，应向家庭困难的学生提供救助并贯彻落实好国家及有关部门的教育救助政策。总之，明确各救助主体的角色边界，既能有效避免事务、权责叠加以及越位、缺位等现象的发生，又能高效地强化好教育救助主体间的职责边界，从而更好地发挥好教育救助的整体联动效应。

2. 建立针对教育救助主体履责的监督机制

正如《礼记·中庸》所说："凡事预则立，不预则废。"教育救助的高效贯彻和落实需要健全的履责监督机制，这是因为，健全的履责监督机制是激励各救助主体主动落实工作的强化剂，不仅能保障教育救助顺利施行，而且能强化各部门领导和职员的责任与担当。这就要求，必须完善上级机构对下级机构的监督以及机构间的监督，必须引入社会力量作为外部监督渠道，形成层级严密的监督网。因此，在健全的管理制度与严格完善的监督机制的共同作用下，有助于规范教育救助主体的救助程序以及落实好义务的履行，从而提高教育救助政策在实施中的精准性，最终促进教育救助惠及所有"弱势群体"，真正实

[①] 张家军，唐敏. 教育精准扶贫运行机制的构建［J］. 教育理论与实践，2018（25）：19-24.

现"弱有所扶"。

（四）认真营造教育救助的社会氛围

目前教育救助资金的供给与弱势群体的主导性需求之间存在偏差，这与社会参与机制不健全、社会参与环境不佳有一定关系。国家财政大力支持教育救助的同时，还亟须社会力量参与其中。因此，应充分动员社会力量，尤其是大力发展慈善救助事业，鼓励并引导社会各界参与教育捐赠。具体来看，主要表现在以下两个方面。

1. 营造社会力量参与教育救助的良好政策环境

一是针对高等学校对学生择优救助且救助面较窄的现象，财政部门对于较贫困地区给予资金上的倾斜，使贫困地区的学校有更多的资金用于救助贫困学生，扩宽学生的教育救助面。二是建立农村文化事业教育救助机制。农村人口占全国人口的绝大多数，农村地区由于基本没有形成一定文化氛围，使农村人的文化程度普遍较低，甚至有些农村地区充斥着"读书无用论"的观念，阻碍了农村学生对获取知识的渴望。对此，教育救助主体应加强农村文化事业的发展，为农村打造一种浓厚的文化氛围，提高农村学生对于知识的偏爱与渴望，以帮助他们获得相应的素质和能力，从而充分发挥好教育救助的作用。

2. 建立健全社会力量参与机制

鼓励支持社会团体、慈善组织、学校参与教育救助，实现新时代"弱有所扶"的社会帮扶资源与教育救助有效对接。引导社会力量帮扶重心下移，自愿与教育救助对象结对帮扶。政府部门应充分建立健全社会力量参与机制，帮助弱势群体。首先，加大财政资金对教育救助的支持力度，建立专门的教育资助资金，为教育救助的开展提供充足稳定的资金来源。其次，运用政策优惠（税收减免、金融优惠等）引导社会团体与慈善组织参与教育救助，吸引其通过捐赠或者以慈善活动的方式参与教育救助，以促进资金的多样化与完备化，从而为弱势群体提供持续且稳定的资金帮助。最后，学校应借助多方力量（校友、当地企业家等）筹建部分资金，在缓解政府部分的财政压力的同时，也能给予弱势群体学生更多的帮助。总之，应建立起以政府为主、社会资助为辅、教育自筹相结合的教育救助长效机制。

第九章

就业救助与实现新时代"弱有所扶"

"弱有所扶"是习近平总书记首次在党的十九大报告中提出的一个全新的民生建设目标。"弱有所扶"中的"弱"是指弱势群体,它可以分为经济型弱势群体、社会型弱势群体、生理型弱势群体、心理型弱势群体和文化型弱势群体五种类型。[①] 实现新时代"弱有所扶",是党和政府践行"全面建设小康社会,一个不能少;共同富裕路上,一个不能掉队"的庄严承诺,也是我国顺利实现社会主义强国的治本之举。作为民生建设的根本之举,就业既是发展生产、繁荣社会的基础,又是摆脱贫困、走向富裕的根本途径。可喜的是,作为社会救助体系的一项重要内容,就业问题自党的十八大以来已引起党中央的高度关注。2013年5月14日,习近平总书记在天津考察时强调:"就业是民生之本,解决就业问题根本要靠发展。"2014年5月28日,习近平总书记在第二次中央新疆工作座谈会中指出:"就业是最大的民生工程、民心工程、根基工程,必须抓紧抓好抓实。"同年9月28日,习近平总书记在中央民族工作会议中又一次强调:"就业是社会稳定的保障。一个人没有就业,就无法融入社会,也难以增强对国家和社会的认同。"同年12月9日,习近平总书记在中央经济工作会议上的讲话再次强调:"做好就业工作,一定要精准发力,确保完成就业目标。"2015年4月28日,习近平总书记在庆祝"五一"国际劳动节暨表彰全国劳动模范和先进工作者大会中明确指出:"党和国家要实施积极的

---

① 陈成文,陈建平,洪业应. 新时代"弱有所扶":对象甄别与制度框架[J]. 学海,2018(4):92–100.

就业政策，关注一线职工、农民工、困难职工等群体，完善制度，排除阻碍劳动者参与发展、分享发展成果的障碍，努力让劳动者实现体面劳动、全面发展。"2016年4月27日，习近平总书记在安徽调研时指出："落实和完善援助措施，通过鼓励企业吸纳、公益性岗位安置、社会政策托底等多种渠道帮助就业困难人员尽快就业，确保零就业家庭动态'清零'。"同年6月23日，习近平总书记在深度贫困地区脱贫攻坚座谈会中进一步指出："一个健康向上的民族，就必须鼓励劳动、鼓励就业、鼓励靠自己的努力养活家庭，服务社会，贡献国家。"同年7月20日，习近平总书记在东西部扶贫协作座谈会中再次强调："一人就业，全家脱贫，增加就业是最有效最直接的脱贫方式。长期坚持还可以有效解决贫困代际传递问题。"2017年10月18日，习近平总书记在党的十九大中又指出："就业是最大的民生。"可见，在习近平总书记看来，无论是保障社会稳定还是脱贫致富，就业扶贫是民生之本。这是因为，相对于教育扶贫、产业扶贫等扶贫方式而言，就业扶贫是贫困地区脱贫致富的最直接途径，根本目标在于提升贫困人口的就业能力。从社会救助的视角来看，就业扶贫本质上就是就业救助。因此，要实现新时代"弱有所扶"，应从制度层面上高度重视就业救助的治本作用。

一、研究背景

就业是民生之本，是贫困人口摆脱贫困、走向富裕的根本途径，甚至关乎我国社会的繁荣稳定大局。到目前，国内外学者已围绕"救助"与"就业救助"等内容开展了多维度的学术研究。

西方发达国家针对弱势群体的就业救助研究早于中国，但并没有"就业救助"或"就业援助"的说法，而是统称为"救助"。纵观国外研究发现，部分西方资本主义国家已建立起较健全的救助体系，例如，1935年美国颁布的《社会保障法》就是一部比较健全的社会保障法，且该法案对失业保险制度进行了具体规定，到了20世纪60年代末，福利机构利用"从福利到工作"的项目鼓励福利工作者寻找工作[①]；其救助模式主要是充分就业政策、失业保险政

---

① 韩克庆. 就业救助的国际经验与制度思考 [J]. 中共中央党校学报，2016 (5): 75–81.

策和公共救助系统三大内容[①]；然而，美国的救助制度经历了从未成年子女家庭援助计划（简称"AFDC"）到临时家庭援助计划（简称"TANF"）转变的过程。这是因为 AFDC 主要是为需要抚养未成年子女的贫困失业家庭提供的一项援助政策，但其具体实施中却产生了财政紧张、福利依赖和未婚生育三大问题，最终逐渐被 TANF 所替代[②]；而 TANF 具有将就业与低保待遇相挂钩的独特优势，基于此，美国推出了"劳动所得税收抵免"政策[③]。作为投资性国家的英国，其救助体系主要是失业求职救助金（包括求职救助金与普遍福利金两种），但其领取受年龄、家庭收入及家庭结构等条件限制。[④] 到 20 世纪 70 年代后期，受国内经济影响，英国开启了积极救助制度，大致经历了探索建立、改革调整和提高完善三大阶段，最终使其在降低失业人口总量、提高受助者的就业积极性等方面取得了显著成效。[⑤] 而在改革调整阶段，为解决国内失业问题，英国工党在 1998 年专门制定了《英国的新蓝图：一种新的福利契约》，从而建立了该阶段专门性的就业援助制度，主要包括职业指导体系和再就业培训保障机制两大内容[⑥]，且该专门性制度将援助对象划分为五个群体，即青年失业人口、长期失业人口、单亲父母、残疾或长期患病人口和失业者配偶[⑦]；但是，这些就业救助制度都与低保待遇相挂钩[⑧]。在德国，救助资金主要依靠联邦和地方政府，因而具有较为完备的资金和专门的资金监管机构，其救助对象包括所有求职者和希望找到更好工作的在职者。[⑨] 为促进从福利到工作的观念转变和政策转变，德国连续推出哈茨Ⅰ–Ⅳ来推进劳动力市场改革[⑩]，其中"哈茨Ⅳ"以就业补助方式鼓励无业者找工作，并将就业与低保待遇相

[①⑥] 陈成文，邓婷. 就业援助：英、美、日三国的实践模式及其启示 [J]. 湖南师范大学社会科学学报，2009（2）：91-94，102.

[②] 杨得前，彭文栋，肖莹. 美国家庭援助计划研究及其对我国的启示 [J]. 中国行政管理，2017（11）：145-150.

[③⑧] 安华，葛越. 就业促进视域下的城市最低生活保障制度优化研究 [J]. 宁夏社会科学，2017（5）：110-117.

[④⑨] 韩克庆. 就业救助的国际经验与制度思考 [J]. 中共中央党校学报，2016（5）：75-81.

[⑤] 苑仲达. 英国积极救助制度及其借鉴启示 [J]. 国家行政学院学报，2016（4）：124-128.

[⑦] 曹清华. 英国现代社会救助制度反贫困效应研究 [J]. 河南师范大学学报，2010（5）：85-88.

[⑩] 侯增艳. 国外就业援助制度调整机制 [J]. 中国劳动，2014（11）：32-34.

挂钩[1]。作为最早建立失业保险制的法国，救助主要包括特殊团体津贴、临时等待期救济金、团结临时救助金和积极团结收入，并根据救助对象的家庭及个人情况设立了梯度性福利标准。[2] 总的来说，除了发展得比较早外，欧洲的救济制度都与各种就业政策相关联，17世纪在欧洲出现的《伊丽莎白济贫法》开创现代救济制度之先河，而现代社会关于救助的系统研究始于威廉·贝弗里奇，他的《贝弗里奇》报告指出社会成员的生存权依然处于基础保障阶段，因而防止贫困、实现社会救济仍为"福利国家"社会保障计划的重要内容。[3] 然而，这些救助内容主要是力求实现劳动力市场供给和需求的匹配。[4] 为解决就业问题，日本以通过法案和规定的方式，逐步形成了"终身雇佣"制、终身技能开发机制和劳动力供需调节机制的就业救助模式，并取得了显著成效，使日本长期以来都保持着低失业率。[5] 新加坡则制定了专门性社会救助计划，并成立了提供免费就业服务的社区发展理事会，其主要职责是专门为求职者设置工作匹配计划、职业指导计划以及提供培训机会。[6]

关于促进弱势群体就业的相关问题，我国学者也开展了专门性研究。基于不同的研究视角，学术界对弱势群体的就业问题进行针对性研究，主要体现在三个方面：（1）以不同类别的弱势群体为视角，加强就业救助的实施效果。在大学生就业困难的背景下，要完善高等学校贫困生的就业救济体系，刘朝武（2009）认为，应先树立四个就业观念：一是从贯彻"以学生为本"的育人理念出发，切实为贫困大学生的就业创造出有利条件；二是学生应树立"大学生就是老百姓的观念"；三是学生应树立到基层单位、到生产第一线建功立业的观念；四是学生应树立先就业、后择业、再立业的观念；但这些观念的转变

---

[1] 安华，葛越. 就业促进视域下的城市最低生活保障制度优化研究 [J]. 宁夏社会科学，2017 (5): 110–117.
[2] 韩克庆. 就业救助的国际经验与制度思考 [J]. 中共中央党校学报，2016 (5): 75–81.
[3] 李乐为，王丽华. 就业激励和援助：贫困救助制度演进和优化的基本取向 [J]. 甘肃社会科学，2011 (3): 138–141.
[4] 侯增艳. 国外就业援助制度调整机制 [J]. 中国劳动，2014 (11): 32–34.
[5] 陈成文，邓婷. 就业援助：英、美、日三国的实践模式及其启示 [J]. 湖南师范大学社会科学学报，2009 (2): 91–94, 102.
[6] 汪明霞，史巍. 新加坡政府的社会救助计划 [J]. 国外社会科学，2009 (3): 71–76.

绝对离不开政府的物质支持、政策支持、渠道支持以及开发支持。[1] 然而,高校大学生的就业问题也与我国的政策举措相关,吴松强(2014)认为,虽然我国各省份都相继出台了帮助就业困难的大学生实现就业的举措,但这些举措存在概念模糊性、主体单一性、对象狭隘性和方式零散性等问题,严重影响了其发挥应有的功能与作用。[2] 农村残疾人是弱势群体中的重要部分,对有劳动能力又有就业意愿的残疾人来说,就业援助体系的有序构建具有重大意义,而从就业援助困境和如何提高农村残疾人就业能力的角度出发,王三秀、刘丹霞(2017)认为,就业保护政策体系薄弱、援助主体责任偏离与政府的援助能力不足等问题严重制约着农村残疾人就业能力的提升,而要提高残疾人就业能力,则需着重提升其人力资本和社会资本。[3] 在城市化的过程中,随着城市的不断扩张,失地农民的数量也急剧增加,导致他们的基本生活失去了根本保障而发展成了经济型弱势群体。对此,侯旭平认为,失地农民发展成经济型弱势群体的因素有很多,既有失业救助制度本身的缺陷,也与经济文化环境紧密相关,而救助观念落后、城乡二元体制的限制、救助制度设计的非科学化是其主要原因。[4] (2)以社会救助为视角,巩固就业救助的实施成效。以社会工作为切入点,陈成文、汪希认为,应以"进一步加强社会工作的专业化程度、进一步推进社会工作的职业化以及进一步明确政府角色定位"来充分发挥社会工作对失业人员的援助作用。[5] (3)以政策立法为视角,强化就业救助的实施效果。为完善弱势群体的就业援助制度,王朝明将援助对象界定为三类:一是城镇下岗人员中的就业困难群体;二是农村进城务工的就业困难群体;三是具有部分劳动能力的残疾人中的就业困难群体。[6] 高等教育由精英教育向大众教育转变后,大学生的就业问题也引起了社会的高度关注。杨德敏从立法角度研

---

[1] 刘朝武.高等学校贫困生就业救济体系的构建[J].黑龙江高教研究,2009(7):77-79.
[2] 吴松强.完善高校就业困难毕业生的就业援助体系[J].思想理论教育,2012(7):63-67.
[3] 王三秀,刘丹霞.农村残疾人就业能力构建与就业援助困境应对[J].青海社会科学,2017(1):115-122.
[4] 侯旭平.城镇化进程中失地农民失业救助困境及其破解[J].湖南社会科学,2017(3):79-84.
[5] 陈成文,汪希.社会工作与就业援助:一项评估研究——以失业人员为例[J].湖南师范大学社会科学学报,2010(6):76-81.
[6] 王朝明.社会弱势群体与就业援助制度[J].财经科学,2002(4):119-120.

究就业援助制度,认为我国社会救助的立法应在遵循就业导向、向能力贫困者倾斜、生存保障与就业促进联动等原则的基础上,为贫困者提供就业培训、就业岗位、就业服务等方式来促进弱势群体就业;从根本上让救助对象脱贫致富,实现生存权和发展权双权并重,成为我国社会救助立法的基本价值取向。[①]

通过研究发达国家的就业救助制度举措可以发现,国外有着较健全的就业救助体系,主要有三个特点:一是政策促进法,即通过相关政策来刺激弱势群体的就业积极性,如美国的"劳动所得税收抵免"政策;二是分类施策法,即将弱势群体所面对的状况分为多种类别并利用差异化方式进行救助;三是因素关联法,即弱势群体要获得连续的失业救助金必须用实际行动去寻求工作。推及到我国对就业救助的研究,其发展历程经历了从"就业救济"到"就业援助"再到"就业救助"的变化过程,而这些救助称谓的变化,既凸显了我国救助政策的不断成熟与完善,也反映了救助理念的变化,由纯粹的资金救助转变到注重提高救助方式的灵活性。尽管我国就业救助发展较迅速,但是其发展过程中仍然存在一些问题亟待解决,主要体现在:一是我国的就业救助模式大多以单个弱势群体为对象,虽然针对性较强但它们之间却存在衔接性不强的问题;二是弱势群体过度看重就业补贴反而对参与就业培训的积极性不高,导致其综合能力的提高不足;三是救助资金主要依靠政府,社会参与积极度较低,导致就业救助的覆盖面较窄。因此,未来的就业救助研究应努力提高救助的激励度并尽可能惠及更多的弱势群体,从而补齐我国这一民生"短板"。

二、就业救助:实现新时代"弱有所扶"的稳定器

保障和改善弱势群体的基本生活是我国的重大民生工程,是全面建成小康社会的关键环节,更是实现新时代"中国梦"的重要基石。那么,如何切实提高弱势群体的生活水平,使弱势群体享有更多的获得感、幸福感与安全感,乃是一个时代性的民生课题。在遵循党的十七大报告中提出的"五有"(学有所教、劳有所得、病有所医、老有所养、住有所居)基础上,党的十九大报

---

① 杨德敏. 就业援助:社会救助立法的基本取向[J]. 江西社会科学,2012(12):159-164.

告增加了"幼有所育"和"弱有所扶"两个民生目标，将"五有"拓展到了"七有"，这表明了党对当前我国社会发展不平衡不充分这一社会主要矛盾的深刻认识。作为"七有"民生建设目标之一的"弱有所扶"，它彰显了党对"以人民为中心"发展思想的坚定践行，展现了党带领全体人民共同进入小康社会的坚定决心。要实现新时代"弱有所扶"，就必须开展就业救助。这是因为，就业救助是指在家计调查的基础上，国家为有劳动能力的贫困者提供货币支持和就业服务，帮助其摆脱贫困所采取的社会救助措施。① 提高社会竞争力是弱势群体摆脱贫困的前提条件，而摆脱贫困则是提升弱势群体幸福感的基本保证。可见，就业救助不仅是提高弱势群体社会竞争力的重要手段，也是帮助弱势群体摆脱贫困的直接途径，更是提升弱势群体幸福感的基本保障。因此，要实现新时代"弱有所扶"，必须从制度层面高度重视就业救助的治本作用。

（一）就业救助是提高弱势群体社会竞争力的重要手段

社会竞争力与个人能力之间有着强大的关联性。可以说，一个人的能力高低决定着其社会竞争力的高低。然而，大部分的弱势群体属于能力匮乏型，他们由于个人和家庭等因素缺乏学习机会和实践机会。作为一项惠民性社会政策，就业救助主要是发挥它的发展功能，为弱势群体提供各种形式的就业服务，包括技能培训、能力开发和就业指导等多种服务形式。例如，有些省份积极落实中央文件精神，积极完善包括培训支持系统、职业介绍与职业服务、职业见习计划以及健全劳动派遣制度等的社会服务体系，为弱势群体提供从培训、职业指导与介绍、见习到签订劳务合同的一系列服务。② 这种多维度的就业救助内容具有针对性强、效果突出和能力提升快的特点，即通过阶段性的就业培训后，弱势群体的自身能力获得迅速提高而找准职业方向，从而顺利实现就业。弱势群体自身能力的改善意味着社会竞争力的提高，进而帮助他们在自由竞争的就业市场中角逐并胜出。因此，就业救助是提高弱势群体社会竞争力的重要手段。

（二）就业救助是帮助弱势群体摆脱贫困的直接途径

弱势群体按不同维度可分为经济型弱者、社会型弱者、生理型弱者、心理

---

① 韩克庆．就业救助的国际经验与制度思考［J］．中共中央党校学报，2016（5）：75-81.
② 张再生．城市弱势群体就业促进的实践模式分析［J］．南开经济研究，2003（4）：51-54.

型弱者和文化型弱者,但绝大部分弱者是明显的贫困者。弱势群体要摆脱贫困,就业是最直接的途径,这为有就业能力和意愿的弱势群体走出困境提供了很大机会。作为一项社会救助政策,就业救助通过各种就业服务着力提高弱势群体个人能力和社会竞争力的同时,还为社会弱者的就业营造相对公平的就业环境和一定的就业扶持。例如,为技能培训合格的弱者实施就业和最低工资待遇承诺制度;为通过创业培训的弱者开展创业提供三年的免息担保贷款和其他的就业扶持政策;积极开发各种公益性岗位及为招用社会弱者的企业按招用人数给予政府优惠和税费减免;等等,这些都为弱势群体实现就业起到了重大作用,并直接推动着弱势群体摆脱贫困。

(三)就业救助是提升弱势群体幸福感的基本保障

幸福是指个人对自己生活状况的总体评价,对自己生活的满意程度,包括感觉到积极情绪的出现和消极情绪的消失[①],与此相对,幸福感是一种心理体验,它既是对生活的客观条件和所处状态的一种事实判断,又是对生活的主观意义和满足程度的一种价值判断。实际上,收入的高低与幸福感之间存在明显的相关性。而就业质量直接影响收入的高低,因此就业影响着人们幸福感的高低。我国大多数的弱势群体处于社会的底层,而贫困性是他们的显著特征。造成贫困的原因多种多样,失业就是产生贫困的主要原因之一。作为一项惠民性社会政策,就业救助的主要目标是通过就业服务、就业补贴以及政策支持来帮助他们实现就业从而摆脱贫困。很显然,就业救助的终极目标是帮助弱势群体摆脱贫困,因此,脱贫意味着他们生活水平的显著提高,表明弱势群体的幸福感因生活水平的提高带来明显提升。从实现就业到生活改善再到幸福感提升,该过程说明就业救助在提升幸福感中产生了重大的推力,从而为弱势群体幸福感的提升提供了基本保障。

三、契合度偏差:我国就业救助的实践困境

近年来,党委和政府一直致力于保障和改善民生水平,尤其是补齐"弱

---

① 唐丹,邹君,申继亮,张凌. 老年人主观幸福感的影响因素[J]. 中国心理卫生杂志,2006(3):160-162.

有所扶"这一民生建设"短板"。可以说，经过多年的实践和完善，我国就业救助工作已开展了大规模职业技能培训，鼓励创业带动就业；提供了全方位公共就业服务，促进了高校毕业生等青年群体、农民工多渠道就业创业上已经取得了诸多阶段性成果。但从助力"弱有所扶"来看，当前我国就业救助制度仍然存在诸多问题。从根本上说，就是就业救助的政策供给还未能有效地契合弱势群体的主导型需求，两者之间存在契合度偏差。一方面，弱势群体有较强的"福利依赖"心理；另一方面，就业救助政策存在明显的缺陷而难以提高受助者积极性。这种契合度偏差主要表现在政策制定的"非科学化"、救助效果的"非理想化"和社会力量参与的"非全面化"三个方面。

(一) 政策制定的"非科学化"

政策制定的"非科学化"是指在政策制定的过程中，政策设计带有明显应急性特点，过度注重应对社会问题而忽视了各政策之间的连接性。我国在计划经济转变为市场经济后，各种社会问题和矛盾变得更加突出尖锐，特别是下岗职工、失业人员以及农民工等社会性弱势群体的大量增加，无形中给社会各界带来了巨大压力。为解决这些社会问题，国家紧急出台政策，而这些政策主要是用来发挥救急性和临时性作用，存在非针对性、非全面性等问题，这就导致了政策制定的"非科学化"问题。这种政策制定的"非科学化"主要体现在：一是就业救助政策与其他社会救助政策之间缺乏有机衔接。早在2014年5月实施的《社会救助暂行办法》中，就业救助与医疗救助、教育救助、住房救助及临时救助等共同组成完善的社会救助体系，但这些具体的救助政策在实施的过程中基本上相互独立、互不干扰。例如，就业救助和教育救助的实施过程中，就业培训与教育内容间没有共通性，教育救助专注于传授书本知识而就业培训却过于重视就业方法和技巧。二是就业救助政策与最低生活保障制度之间缺乏有机衔接。对于经济性弱势群体来说，最低生活保障制度为他们的生活提供了最基本的保障，具有明显的政策兜底作用，但该制度为弱势群体带来社会福利的同时也产生了严重的"福利依赖"问题。在这种"福利依赖"的背景下，就业救助的发展路径产生了偏离，难以凸显其发展性功能。从政策的发展视角来看，就业救助存在重"资金保障"轻"就业服务保障"的问题，导致其对城市低收入者和低技能劳动者产生负面作用和向外推力，最终无法实现促进就业的作用，就业救助变成了无实质进展的形式救助。① 三是就业救助政策与市场政策之间缺乏有机衔接。在市场经济体系中，劳动力流动强调自由竞争和优胜劣汰，然而，弱势群体的人力资本和社会地位都处于弱势地位，难以在社会市场中公平地参与竞争，这使得弱势群体最终被边缘化。但是，从应对社会发展不平衡而出台的政策来看，我国的政策设计一般只针对其中的某一个或几个层面，与就业救助政策的联系相当微弱，难以根本解决弱势群体的边缘化问题。而且，在这些政策中，得到较好落实的政策只是与市场经济相关的政策，其根本目的在于契合市场经济的发展。②

(二) 救助效果的"非理想化"

救助效果的"非理想化"是指在开展就业服务的实践中，就业救助的预期目标与现实需求之间存在较大差距，其在促进弱势群体实现就业方面的目标没有达到预期理想化的效果。这是因为，就业救助政策难以调动受助者的积极性，使得弱势群体的就业意愿比较模糊，就业自信心存在明显不足。这种救助效果的"非理想化"主要表现在：一是高校贫困毕业生的就业率依然低。随着高等教育由"精英教育"到"大众教育"的转变，每年的高校毕业人数都不断增加且屡创新高，使我国的就业压力越发严峻。从经济收入维度来看，由于家庭经济困难且收入较低，高校贫困毕业生属于经济性弱势群体。高校贫困毕业生在经济限制、社会就业压力大以及自身期望高等内外因素的共同作用下，导致他们在就业问题上处于弱势。面对贫困大学生就业难问题，国家出台了相应的政策，从制度上保障高校贫困毕业生实现就业。但是，这些专门的就业救助项目中存在岗位提供不对口、就业补贴方式不当以及就业指导针对性不强等契合度偏差，难以满足高校毕业生的就业需求。③ 二是传统的就业观念未得到根本转变。为积极响应国家的社会政策方针，各级政府部门通过多种途径积极开展就业救助，但一直以来残疾人群体的参与度都较低，这主要在于大部

---

① 杨德敏. 就业援助：社会救助立法的基本取向 [J]. 江西社会科学，2012 (12)：159 - 164.
② 王思斌. 改革中弱势群体的政策支持 [J]. 北京大学学报 (哲学社会科学版)，2003 (6)：83 - 91.
③ 姜东，沈毅. 高校家庭经济困难毕业生就业援助研究 [J]. 现代教育管理，2010 (5)：122 - 125.

分残疾人的意识转变弱,在传统观念的影响下,难以树立新的社会就业观。对于残疾人来说,并不是所有的残疾人都丧失了劳动能力,大部分的残疾人是有一定的就业能力,但由于传统观念的束缚,导致他们过度依赖于亲属照顾或者国家的低保制度和残疾人补贴,一直保持着较低的就业意愿。三是就业服务的灵活度差。在新时代的社会背景下,人们处在复杂度高和竞争强度大的社会中,这就要求人们具备综合能力来提高自身的就业竞争力。而就业救助的主要任务是通过各级部门所开展的就业服务,来全面提高弱势群体的就业能力从而促进其积极参与就业。但在这过程中,弱势群体的就业能力并未得到全面的提高,这除了与他们的参与积极性相关外,还在于就业服务的内容缺乏灵活性和吸引力。

(三) 社会力量参与的"非全面化"

社会力量参与的"非全面化"是指在公益性就业服务的实践过程中,个人、企业、慈善团体、基金会以及其他社会组织等社会力量在资金资助、岗位援助以及就业培训等方面的参与出现缺位情况,导致社会力量的参与度不高。政府的物力、财力及能力都相当有限,在就业救助的开展过程中力量相当不足,与此同时,社会公众的参与意识淡薄,特别是强势群体的社会责任感较低,使他们对就业救助的贡献力较小,从而产生了社会力量参与的"非全面化"问题。这种社会力量参与的"非全面化",主要表现在:一是社会组织参与就业救助的意识低。社会组织的参与积极性离不开政策的积极引导,尤其是一定的政策优惠能极大提高社会公众的参与积极性。从目前来看,我国现有政策优惠主要体现在税收活动中的减免和优惠,然而这种政策优惠的吸引力不强,难以吸引慈善团体、基金会等社会组织主动参与。二是企业和个人参与就业救助的程度不深。从参与就业救助的角度来看,就业救助工作的开展主要依靠政府的一己之力,导致就业救助受到诸方面限制,如资金存在明显不足以及就业服务开展不充分等,这就需要企业和个人积极参与到就业救助中,以弥补政府失灵。然而,有些企业过度看重经济利益,试图通过多种途径来实现企业成本的降低,如有些用人单位为了提高自身竞争力和经济效益最大化,刻意减少劳动力使用。①这些都说明了我国强势群体的社会责任感较低,尤其是企业和其他有能力的个人在就业救助工作的贡献相当微弱。因而,在社会力量参与的"非全面化"的现实背景下,我国就业救助工作的开展难度相当大。

四、拓展制度空间:实现新时代"弱有所扶"的根本之策

上述分析表明,虽然当前我国就业救助制度体系在逐步发展和完善,但是就业救助的政策供给未能有效契合弱势群体的现实需求,未能有效地满足弱势群体的就业需求,一定程度上削弱了就业救助制度对弱势群体的救助效果,严重阻碍了"弱有所扶"新时代民生目标的实现。因此,当务之急是解决实践中的"契合度"偏差问题。而要解决实践中的"契合度"偏差问题,就必须拓展就业救助的制度空间,为就业救助的发展创造了良好的制度建设方向。这就要求,必须着力强化政策制定的科学性;着力提升弱势群体的就业能力;着力营造全社会共同参与的良好氛围。

(一)着力强化政策制定的科学性

政策制定的科学性是就业救助政策实施后达到预期目标的根本之策,也是提高就业救助政策效果的关键途径。然而,政策的完善需依靠科学的政策设计,并在制定过程中重视政策内部的完善性和政策外部的衔接性,特别是应加强与外部政策的衔接性。因此,要实现就业救助政策制定的科学性,就必须提升社会救助体系内部的协调度、与低保制度的衔接度以及与市场政策的连接度。

1. 强化就业救助政策与其他社会救助政策的协调度

整个社会救助系统内部之间的有序衔接,不仅能减少管理成本和协调成本,也能提高各部门的行政效率。在社会救助体系中,每一项救助政策都是相辅相成的。未来在开展就业救助的过程中,应加强与教育救助的联系并重视它的协调发展。例如,在教育救助的过程中,学校可在一定阶段将基本就业知识融入教育知识,以帮助弱势群体树立正确的就业观和择业观。教育救助与就业救助的这种衔接和协调发展,能在一定程度上减轻就业救助的负担或者说降低

---

① 李源. 论残疾人的就业援助[J]. 湖北社会科学, 2009 (2): 48-51.

就业培训的成本，从而有更多的资金提供其他形式的就业服务。

2. 加强就业救助政策与最低生活保障制度的衔接度

从我国社会救助的专项政策来看，为保障弱势群体的基本生活，通常选择为他们提供直接的资金帮助，这导致我国贫困群体对低保制度形成了严重的"福利依赖"。在"精准扶贫"战略思想下，这种严重的"福利依赖"现象，阻碍了我国脱贫攻坚的顺利推进，减缓了我国决胜小康社会的速度。而我国的就业救助是减轻这种"福利依赖"的重要途径，即就业救助能帮助弱势群体实现由"输血"到"造血"的发展转变。为此，我国应加强就业救助与最低生活保障制度的配合性，借鉴和学习一些西方资本主义国家在就业与福利制度的研究中较成熟的理论体系和实践基础。例如，在20世纪90年代末，为应对经济持续增长下而面临的严重就业问题，英国实施了"从福利到工作"政策，主要包括针对存在严重长期失业问题的某些特定群体实施的一系列"新政策措施"和更加强调"为工作付报酬"计划两种，因此成为福利改革的典范。[1]这种福利改革案例对我国就业救助具有较强的启迪意义，应积极加以借鉴。

3. 强化就业救助政策与市场政策的连接度

劳动市场的饱和度既是我国经济发展水平的标尺，也是就业救助政策效果的反映。对于弱势群体来说，他们在就业市场中处于弱势地位，这就需要一定的市场政策给予保护。因此，对于已通过岗前培训的弱势群体，应加强对他们的在岗培训和指导，并保障他们在有利的市场环境下进入劳动市场，这就要求就业救助应加强与市场政策的连接性，以提高救助政策的实效性。《劳动法》与《劳动合同法》是和每一个劳动者密切相关的政策法规，为促进弱势群体的就业和发展，应在这两部法律中制定专门适用于弱势群体就业的法规条文及实施细则。在劳动力市场中，这不仅从根本上保障了弱势群体的权利和权益，也从政策间的连接上为他们营造了良好的就业环境。虽然我国的就业政策在保障性和灵活性上均有体现，但如何实现政策的连贯性、实施范围的一致性以及

---

[1] 曹清华. 英国现代社会救助制度反贫困效应研究［J］. 河南师范大学学报，2010（5）：85-88.

与相关政策的协调性,应该成为未来弱势群体就业政策改革的重要取向。① 而除了要加强与市场政策的连接性,就业救助还应加强与政治政策和经济政策等方面的联系,从而促进社会的平衡发展。

(二) 着力提升弱势群体的就业能力

弱势群体的就业能力高低,表明了就业救助的政策效果,凸显了"弱有所扶"民生目标的可及性,反映了我国全面建成小康社会的发展速度。因此,要全面提升弱势群体的就业能力,必须提高就业救助政策的契合度、激励度和灵活度。

1. 着力提升就业救助政策的契合度

契合通常是指一种符合、相称或彼此满足的状态。② 只有满足弱势群体需要的供给才是有效的供给,因此政策的契合度是衡量就业救助有效性的标准。要着力提高就业救助的激励度,政策制定者应从弱势群体就业的需求和能力两个维度出发,提高就业救助政策与个人的需要和能力的匹配度。我国的弱势群体大致可分为经济型弱势群体、社会型弱势群体、生理型弱势群体、心理型弱势群体和文化型弱势群体五种类型,而这五种类型弱势群体的能力和需求具有显著的差异,如果不考虑政策的契合度问题,将造成大量救助资源的浪费,起不到明显的救助效果。很显然,相关政府负责部门应进行救助的具体分类,可将就业服务的内容根据弱势群体的类型分为岗前培训、心理辅导、在岗指导和公益性岗位等,从而充分契合不同类型弱势群体的主导性需求。

2. 着力提升就业救助政策的激励度

激励是指用外部奖励的方式,提高个人的积极性,从而创造个人改善自身所处位置的条件。积极性引导着个人的兴趣,而兴趣促进工作的高效率。面对我国弱势群体的就业促进效果不佳的现状,其根本在于政策的激励度不足。为此,要实现弱势群体获得充分的就业,必须全力提高就业救助的激励度,使他们化激励为动力去主动提高自身的就业能力。一是要实现就业奖励的额度与就

---

① 吕红,金喜在. 中国弱势群体就业政策的保障性与灵活性分析 [J]. 社会科学战线,2015 (12):199 – 204.
② 陈成文,李春根. 论精准扶贫政策与农村贫困人口需求的契合度 [J]. 山东社会科学,2017 (3):42 – 48.

业的时间密切挂钩；对于实现就业的弱势群体，用三年的工作时间为界限，对连续工作一个月、三个月、半年、一年、两年、三年的弱势群体领取不同额度的就业奖励，即连续工作时间越久，奖励的额度就越大。二是要建立健全救助的暂退机制。救助的暂退机制是指救助对象确已实现有效就业，采取救助资格暂退和救助水平逐步扣除办法，而非一旦就业就调低生活救助待遇，一旦家庭人均收入超过低保标准便马上取消其低保资格。① 对于弱势群体来说，他们对低保制度产生了严重依赖，这种"福利依赖"心理使他们消极、被动地参加就业培训，而低保的暂退机制减轻了其心理顾虑，促使他们能主动、积极地参与到就业培训，但是目前三个月的暂退机制时间较短，应适当延长一定的时间，这将更能提高弱势群体的就业激励度。

3. 着力提升就业救助政策的灵活度

灵活度强调的是某事物灵活变通的程度。灵活度反映了危机时期的处置能力，同样，在就业救助工作中，灵活度也显得相当重要。当前社会处于高度的复杂化和迅速化的深度转型中，社会个体需不断更新知识和能力，以契合社会发展的需要，因此，我国的就业救助政策应从救助内容的完备性、救助方式的多样性、救助种类的丰富性等角度来加以提高其灵活度，以满足弱势群体的弹性化需求，全面改善弱势群体的个人条件，从而使弱势群体能适应社会的竞争强度。

（三）着力营造全社会共同参与的良好氛围

社会力量参与度是就业救助的广度和深度的直接反映，体现了我国社会救助政策体系的资金充裕度，也凸显了我国就业救助的能力水平。因此，政府必须重视政策引导力来强化大众的社会责任感，以营造全社会共同参与的良好氛围。

1. 着力提高政府的政策引导力

政策优惠是政府的政策引导力的基本体现，也是吸引社会力量广泛参与就业救助的有效方式，更为实现新时代"弱有所扶"提供了有力的资金支持。然而，我国目前政策优惠的力度还不大，还需不断提高政府的政策引导力。为

---

① 李乐为，王丽华. 就业激励和援助：贫困救助制度演进和优化的基本取向［J］. 甘肃社会科学，2011（3）：138－141.

此，应加大与就业救助相关的优惠举措。例如，在社会主义市场环境下，对于为就业救助提供资金支持的企业，除了给予税收减免外，还为企业的发展提供一定的政策优先权；对于为就业救助提供了岗位援助的企业，则按弱势群体工资总额的一定比重对该企业给予补贴；对于为我国就业服务提供广泛支持的社会组织，则为其提供方便、快捷的绿色服务通道等。政府通过为社会力量营造一定政策优惠和政策优先权的环境，从而提升了社会各种团体和组织的积极性，最终使他们主动为就业救助贡献力量。

2. 着力增强社会大众的社会责任感

国家为社会的和平、有序、健康、平稳发展提供了稳定的市场环境，社会大众在稳定的社会环境下充分享有了实现个人以及组织发展的机会甚至是获得了自身的成功。而社会大众在享有这些稳定社会环境的同时，也应积极回馈社会。这就要求政府部门积极加强社会责任感的宣传教育并广泛开展爱心公益活动。例如，通过各种网络媒体，对社会中的爱心活动经常性地进行公开报道和宣传，以在社会中树立强烈的献爱心意识和社会责任意识，从而增强社会大众的社会责任感。

第十章

住房保障与实现新时代"弱有所扶"

党的十九大报告着重提出："必须多谋民生之利、多解民生之忧，在发展中补齐民生短板、促进社会公平正义，在幼有所育、学有所教、劳有所得、病有所医、老有所养、住有所居、弱有所扶上不断取得新进展。"可见，实现"弱有所扶"，就是让弱势群体同全国人民一道进入全面小康社会，这也是新时代对践行"以人民为中心"发展思想的庄严承诺。"以人民为中心"首先需要保障"居者有其屋"。然而，当前我国部分城市房价高涨，住房投资投机需求高涨和住房困难群体扩大趋势并存，供需矛盾较为突出。[①] 因此，要实现"弱有所扶"的民生建设目标，就必须完善社会保障体系，特别是要加快针对满足弱势群体基本住房需求的住房保障体系建设，扩展住房保障的制度空间。

一、研究背景

住房作为人民群众的基本生活需求，对人民群众特别是弱势群体具有不可忽视的影响。因此，保障弱势群体的基本住房需求是实现新时代"弱有所扶"的重要手段，更是补齐新时代民生"短板"的内在要求。可喜的是，作为社会保障的一项重要内容，住房保障制度的供给优化和定位问题自党的十八大以来已引起了中央领导集体的新一轮高度瞩目。习近平总书记先后在多个会议对这一问题作出指示："各级党委和政府要加强组织领导，落实各项目标任务和

[①] 杨瑛. 借鉴德国经验 加快建设以公租房为主的住房保障体系 [J]. 城市发展研究，2014 (2)：77-82.

政策措施，努力把住房保障和供应体系建设办成一项经得起实践、人民、历史检验的德政工程。"① "要准确把握住房的居住属性，以满足新市民住房需求为主要出发点，以建立购租并举的住房制度为主要方向，以市场为主满足多层次需求，以政府为主提供基本保障，分类调控，形成长远的制度安排，让全体人民住有所居。"② "加快建立多主体供给、多渠道保障、租购并举的住房制度，让全体人民住有所居。"③ 可见，住房保障与弱势群体的主导性需求息息相关。然而，由于经济和社会资源的匮乏，弱势群体的住房条件远远低于社会平均水平。从这个方面考量，弱势群体亦成为住房弱势群体，这主要表现在：一是住房弱势群体及家庭的现实居住水平处于社会平均居住水平以下；二是住房弱势群体在一段时间内无法依靠自己的力量来改变无房、危房、拥挤、共用等住房弱势状况。④ 弱势群体不乐观的住房状况要求建立与完善住房保障制度，发挥住房保障的"保基本"作用。

二、住房保障：实现新时代"弱有所扶"的助推器

住房是人民群众的基本生活需求，住房问题自古以来就是民生的重大问题。然而，弱势群体由于经济条件差，难以依靠自身能力满足住房需求。这就需要各级政府承担责任，加强公共住房供给，为广大弱势群体提供住房保障。因此，作为社会保障体系的重要组成部分，住房保障扮演着"保基本"的角色，是实现新时代"弱有所扶"的助推器。

1. 住房保障是保障农村贫困人口住房需求的有效手段

农村住房保障在社会保障体系中占据着十分突出的地位，它主要包括农村危房改造和易地扶贫搬迁等方面的住房保障制度。第一，从农村危房改造来

---

① 王晓波. 住房弱势群体的社会融入与国家的责任——政府对弱势群体进行住房救助的必要性分析 [J]. 现代商贸工业，2017 (14)：112 – 113.

② 王敬文. 习近平的"民生观"：保障和改善民生没有终点站 [EB/OL]. 中国经济网，http：//www. ce. cn/xwzx/gnsz/szyw/201408/14/t20140814_ 3352302. shtml.

③ 习近平：让全体人民住有所居 [EB/OL]. 学习中国，http：//news. cnr. cn/native/gd/20161227/t20161227_ 523398842. shtml.

④ 习近平：不忘初心，牢记使命，高举中国特色社会主义伟大旗帜，决胜全面建成小康社会，夺取新时代中国特色社会主义伟大胜利，为实现中华民族伟大复兴的中国梦不懈奋斗 [EB/OL]. http：//news. sina. com. cn/o/2017 – 10 – 18/doc – ifymyyxw3516456. shtml.

看，农村危房改造主要是面向居住在危房中的分散供养五保户、低保户和其他农村贫困农户，它是针对农村贫困者而提供的一项住房服务。我国农村危房改造工程是在2008年开始并首先选择云南省作为试点，然后逐渐扩大范围，至2012年，实现全国各省份全覆盖。同时，各省份在实践中已形成了公有产权模式、房屋置换模式、与村庄整治相结合模式、与移民搬迁相结合模式等。① 2013～2020年，中央财政累计安排农村危房改造补助资金2077亿元，省、市、县财政也分别安排补助资金，确保建档立卡贫困户和其他三类贫困群体住上安全房。② 可见，国家在农村危房改造上的持续性、大力度投入保障了农村贫困者的基本住房需求，彰显了社会公平正义，是实现新时代"弱有所扶"和保障农村弱势群体住房需求的有效手段。第二，从易地搬迁安置来看，易地扶贫搬迁是指对生存和发展环境恶劣地区的农村贫困人口实施易地搬迁安置，根本改善其生存和发展环境，实现脱贫致富。作为农村住房保障的一个重要组成部分，易地扶贫搬迁也是精准扶贫、精准脱贫的重要方式，承担了近20%的扶贫攻坚任务。当前，当务之急是从制度层面解决农村贫困人口的住房问题。因此，通过住房保障为农村贫困人口建造或提供免费住房，保障易地扶贫搬迁人群的基本住房需求。

2. 住房保障是满足城镇中各种困难群体住房需求的重要途径

当前，我国已建立了廉租房、经济适用房和公租房等形式的住房保障供应体系，从而为城镇中各种困难群体提供不同类型的保障性住房。③ 可以说，住房保障是解决城镇中各种困难群体住房需求的重要途径。这主要表现在：第一，廉租房是着力解决城镇特困人口的住房问题。作为保障性住房供应体系的基石，廉租房是解决城镇最低收入家庭（城镇特困人口）住房问题的一项重要途径。廉租房是由国家提供资金支持，采取只租不售，并以租金补贴或以实物配租的方式，将住房出租给符合申请条件的城镇特困人口，从而解决城镇特困人口的住房问题。④ 我国早在1998年就提出了住房制度改革的方向并要求全

---

① 宁爱凤. "空间正义"视角下农村住房保障制度的重构［J］. 甘肃社会科学，2017（3）：219-225.

② 龚后雨. 农村危房改造：从"忧居"到"安居"［N］. 中国建设报，2021-08-25（001）.

③④ 武妍捷，牛渊. 住房保障对象范围界定及机制构建研究［J］. 经济问题，2018（3）：85-89.

国各地积极开展廉租房建设，到2007年12月，由住房和城乡建设部等九部委联合颁布了《廉租住房保障办法》，并指出"要求全国各地积极参照这一办法，探索建设廉租房的保障性住房制度"，从而满足了更多城镇低收入人口住房困难者的住房要求。第二，经济适用房是着力解决城镇中低收入者的住房问题。作为向城镇中低收入者提供的一种社会福利制度①，与廉租房制度的保障对象相比，经济适用房的保障对象收入水平略高，且采取只售不租的住房保障方式。当前，经济适用房在我国诸多地区正在或者已经退出了保障性住房制度安排。第三，公租房是大力解决城镇"夹心层"等短暂性困难群体的住房问题。②作为一种顺应经济社会发展需要的住房保障形式，公租房是为弥补廉租房、经济适用房保障范围狭窄的问题。③公租房的保障对象是城镇中"夹心层"人群，它应该主要包括农民工等中低收入群体、刚参加工作的大学毕业生等既买不起经济适用房，又不符合廉租房申请条件的人群④，而公租房的建设则可以为这部分人群有效解决住房条件差或者无房可居的问题。

3. 住房保障是调节收入分配的关键手段

住房保障对收入分配具有调节作用，正如马克思在《德意志意识形态》中指出的，作为人的第一需要衣、食和住，应该从国民收入分配的视角来满足他们的第一需要。住房保障作为调节收入分配的关键手段，对国民收入的初次分配、二次分配和居民的财产性收入等方面起着重要调节作用。第一，从住房保障对国民收入的初次分配作用来看，一方面，在国民收入初次分配领域是以住房公积金为主要保障形式，并对收入分配格局进行直接显性调节；另一方面，住房保障通过促进就业实现对收入分配状况的间接隐性调节。⑤第二，从住房保障对国民收入的二次分配作用来看，作为弥补房地产因市场失灵而提供的一种"公共产品"，住房保障的有序建设离不开政府的大力支持。这种支持

---

① 任思敏. 我国保障性住房的分配制度初探［D］. 太原：山西财经大学，2013.
② 武妍捷，牛渊. 住房保障对象范围界定及机制构建研究［J］. 经济问题，2018（3）：85－89.
③ 崔永亮，吕萍，张远索. 住房保障对象的覆盖范围、类别划分与保障需求［J］. 现代经济探讨，2014（4）：13－17.
④ 毛小平，陆佳婕. 并轨后公共租赁住房退出管理困境与对策探讨［J］. 湖南科技大学学报（社会科学版），2017，20（1）：99－106.
⑤ 陈伟. 住房保障对收入分配的调节作用及其政府政策选择［J］. 北京邮电大学学报（社会科学版），2015，17（3）：89－93.

主要体现在政府综合运用财政收入和财政支出两种手段。[①] 一方面，主要针对住房保障对象的抵押贷款免息和住房保障项目投资者减税等形式，对居民收入进行调节；另一方面，政府通过建设保障性住房支出和发放住房补贴支出等方式来帮扶低收入者，实现社会成员间的转移支付。第三，从住房保障对居民的财产性收入的调节作用来看，财产性收入是指居民利用所拥有的不动产（房屋等）和动产（银行存款等）进行投资获得的收益，包括租金、利息收入和增值收益等。[②] 资料显示，出租房屋收入是城镇居民财产性收入的主要来源，且占财产性收入总量的一半以上。并且，房价上涨具有显著的财富转移效应。[③] 而有效的住房保障制度建设可以从供给和需求两个方面对居民的财产性收入发挥重要调节作用。在供给方面，大力推进保障性住房建设能有效扩大整个社会的住房供给总量，一定程度上能有效抑制房价过快增长；在需求方面，大力建设保障性住房，可以促使诸多中低收入家庭减少对商品房市场的需求。因此，在供需因素共同作用下，扩大保障性住房建设，能有效抑制商品房市场价格过快增长，且能有效调节居民收入状况。[④]

三、契合度偏差：当前我国住房保障实践中的困境

住房问题一直是中共中央高度瞩目并且下决心要着力解决的重点问题。作为我国社会保障体系中的重要组成部分，住房保障制度主要经历了六个阶段：一是统一管理，统一分配，以租养房的福利房制度阶段（1949～1978 年）；二是住房保障制度前期探索阶段（1979～1993 年）；三是现代住房保障制度的起步阶段（1994～1997 年）；四是住房保障制度体系发展阶段（1998～2002年）；五是住房保障制度规范阶段（2003～2007 年）；六是住房保障制度体系全面完善阶段（2007 年至今）。[⑤] 经过多年的实践和完善，我国住房保障形式

[①] 陈伟. 住房保障对收入分配的调节作用及其政府政策选择 [J]. 北京邮电大学学报（社会科学版），2015, 17（3）：89-93.

[②④] 戈艳霞，张彬斌. 财产性收入与劳动供给新红利——对"扩大财产性收入人群"的政策效应评估 [J]. 劳动经济研究，2018, 6（1）：24-43.

[③] 李德智，李启明，何娅，等. 房价上涨的城镇居民财富转移效应检验及分析 [J]. 建筑经济，2008（6）：57.

[⑤] 钟荣桂，吕萍. 我国住房保障制度的变迁、政策范式与展望 [J]. 现代经济探讨，2017（4）：10-14.

也逐步形成了以经济适用房、廉租房、公租房等形式的住房保障供应类型，并正在进行保障性住房并轨制度的探索，也就是经济适用房、廉租房、公租房的"三房合一"。① 但是从助力"弱有所扶"来看，距离实现人人"住有所居"的目标仍有一定差距。这归根结底是住房保障制度的政策供给未能有效契合弱势群体的主导性需求，两者之间存在着契合度偏差。这种契合度偏差主要表现在制度执行低效化、管理机制混乱化和供给主体单一化。

1. 制度执行低效化

从住房保障政策运行情况来看，当前我国住房保障制度在"弱有所扶"过程中所表现出来的效能和效果并不好。据调查显示，我国东、中、西部地区居民各项住房保障满意度的平均分都不高，最低分为29.38，最高分为62.31。② 总体来看，当前我国住房保障制度的低效能主要表现在对象甄别标准单一、覆盖范围较窄、退出机制不健全和供需错位四个方面。一是对象甄别标准单一。符合住房保障条件的对象首先必须满足收入指标标准，但在实际操作过程中，界定标准主要依据当地经济发展水平作为参照。也就是说，现有准入标准主要以家庭人均收入和居住面积为评价指标，而忽视了家庭消费结构、市场价格变动对保障对象住房可支付能力的影响等因素，保障对象遴选标准过于单一。③ 二是覆盖范围较窄。一方面，由于我国现行住房制度设计的偏差，致使农村地区的住房市场至今未真正启动，尽管地处大城市的城乡接合部或城中村地带的住房交易相对繁荣，但多数仍处于灰色地带，其他地区的农村住房市场难以得到有效培育，广大农村居民被排除在外。④ 另一方面，虽然我国已建立了经济适用房、廉租房、"两限"房和公共租赁房等多层次的住房保障体系，但由于各类型保障房之间衔接不当，致使分化出了一类"租不到、买不起"或"买不到也买不起"的特殊"夹心层群体"。⑤ 三是退出机制不健全。

---

① 武妍捷，牛渊. 住房保障对象范围界定及机制构建研究 [J]. 经济问题，2018 (3)：85-90.
② 范静波. 我国政府基本住房保障服务研究——基于东部地区居民满意度的实证分析 [J]. 南京师大学报（社会科学版），2017 (6)：59-65.
③ 邓宏乾，贾傅麟. 住房保障的补贴模式、标准与范围研究 [J]. 华中师范大学学报，2015 (5)：38-45.
④ 崔永亮. 农村住房保障制度缺失及其未来改善 [J]. 改革，2013 (12)：95-102.
⑤ 张占录. 我国保障性住房建设存在的问题、发展障碍与制度建设 [J]. 理论与改革，2011 (3)：72-75.

住房保障制度由于住房资源匮乏而导致住房保障资源配置中的不均衡。因此,需要建立完善的退出机制,让"不再符合保障性住房条件的人及时退出住房保障,而将有限的保障资源提供给更需要救助的贫困者"①。然而,理论与实践之间往往存在一定的偏差。当前的制度设计由于受到退出标准模糊、资格审核困难和多部门管理协调难等多重因素的影响,导致退出机制无法充分发挥其"能进能出"的筛选和甄别功能,以致让一些符合条件的弱势群体无法获得住房保障,而一些非弱势群体却长期占用保障性住房资源,出现"富人挤出穷人"的不良现象。②四是供需错位。保障性住房建设供需错位是指不同地区保障性住房建设规模与实际需求的错位。③在我国,住房弱势群体主要分布在大城市和农村地区,但当前我国保障性住房建设以中小城市为主,大城市和农村地区严重滞后,这就导致大城市和农村等需求量大的地区保障性住房供给不足,而中小城市保障性住房供过于求,出现了住房保障区域性供需错位的现象。显然,这种状况一方面造成中小城市住房资源的闲置浪费,另一方面造成了大城市和农村地区住房资源的严重不足,导致住房保障资源结构性失衡,难以完全实现"居者有其屋"的目标。

2. 管理机制混乱化

按照现行的行政管理体制和职能划分,我国住房保障制度的具体管理部门涉及住建、发展与改革委、财政部门、民政等多个部门,这些主管部门均制定了相关的住房保障政策和规范文件,但是因"利益本位主义"的存在,政府部门之间往往沟通不畅、协调不够,难以形成统一有效的管理体制。具体表现在多部门各自为政,难以形成管理合力和政策衔接性差,执行效果难以提高两个方面。一是多部门各自为政,难以形成管理合力。当前,我国住房保障的管理部门主要涉及住房和城乡建设部、发改委、财政、民政、国土、监察、审计等多个部门,呈现"多龙治水"的格局。在这种格局下,部门间为追求自身利益最大化,忽视整体性利益,各自为政,缺乏沟通与协调,致使住房保障管

---

① 李良. 我国廉租房准入与退出管理中存在的问题及对策 [J]. 河南科技, 2010 (4): 16-17.
② 陈标. 住房保障对象的甄别机制研究 [J]. 现代经济探讨, 2014 (11): 10-13.
③ 武妍捷, 牛渊. 住房保障对象范围界定及机制构建研究 [J]. 经济问题, 2018 (3): 85-89.

理成本高、效率低、效果差。① 二是政策衔接性差，执行效果难以提高。当前我国住房保障政策之间的衔接性较差，交叉性、矛盾性较为突出，从而给住房保障政策的执行带来了极大障碍。一方面，基于利益博弈的思维，虽然中央政府从维护弱势群体基本权利的角度出发制定了体现社会公平的住房保障政策，但由于担心保障性住房建设会增加地方财政负担、影响地方经济利益，地方政府常常会采用变相执行或者选择性执行的策略对待中央住房保障政策，导致政策执行效果大打折扣。另一方面，地方政府对廉租房、经济适用房、公共租赁房、限价房等不同类型保障性住房实行差异化管理办法，从而增加了住房保障管理的复杂程度和协调难度②，这也在一定程度上削弱了住房保障政策的执行效果。

3. 供给主体单一化

受"大政府、小市场"改革发展路径的影响，我国保障性住房供给主体单一化严重。从实践情况来看，保障性住房（或政策性商品房）由政府部门供给，对象为城镇中低收入家庭和部分符合条件的非城镇居民。③ 供给主体严重单一化直接导致了地方政府积极性不高和社会力量参与住房保障建设的保障制度缺失。一是地方政府积极性不高。保障性住房属于准公共产品的范畴，市场力量因无利可图而选择退出该领域，如果政府不主动承担提供保障性住房的责任，那么必然难以解决弱势群体的住房问题。二是社会力量参与住房保障建设缺乏制度保障。虽然政府在住房保障方面具有天然的责任，但也存在成本偏高、可居住性差、质量隐患多等问题④，使得单独依靠政府力量必定难以满足规模庞大的低收入群体的住房需求。而社会组织在保障对象的甄别、管理方式、管理效率和筹资方式等方面有着政府部门无法比拟的优势，其凭借这些优势能够弥补政府之不足，可以成为政府在住房保障领域的有效补充，进而提高

---

① 吴宾，徐萌，张春军. 整体性治理视角下住房保障管理跨部门协同机制研究 [J]. 山东农业大学学报，2017（4）：100-106.

② 吴宾，张春军. 我国住房保障管理现状及其完善 [J]. 中国海洋大学学报，2015（2）：104-110.

③ 黄燕芬，张超. 加快建立"多主体供给、多渠道保障、租购并举"的住房制度 [J]. 价格理论与实践，2017（11）：15-20.

④ 虞晓芬，傅剑，林国栋. 社会组织参与住房保障的模式创新与制度保障——英国住房协会的运作经验与借鉴 [J]. 城市发展研究，2017（1）：117-122.

住房保障的整体效果。但是，政府在鼓励和引导社会组织进入住房保障领域方面缺乏相应的制度安排，导致社会组织无法发挥出应有的作用。住房保障作为重要的民生工程，涉及面广、影响大，需要政府和社会组织发挥各自优势，通力合作，共同承担责任。

四、扩展住房保障的制度空间：实现新时代"弱有所扶"的现实呼唤

当前，我国的住房保障制度体系逐步得到了发展和完善，但是住房保障制度的政策供给还是未能有效契合弱势群体的主导性需求，极大地减弱了住房保障制度对住房弱势群体的帮扶效果，未能很好地满足弱势群体的住房需求，严重阻碍了"弱有所扶"新时代民生目标的实现。因此，必须积极扩展住房保障的制度空间，从根本上保障弱势群体的"居者有其屋"，增强他们的获得感、幸福感和安全感，促进社会公平正义。

1. 强化动态监管，兜牢"弱有所扶"的底线

准入机制和退出机制是我国住房保障制度的两大基石。准入机制是住房保障制度的实施前提，退出机制是实现住房保障公平性的重要保障。可以说，要兜牢"弱有所扶"的底线，就必须要从完善准入机制和退出机制着手。第一，制定多元化、动态化遴选标准，精准识别保障对象。要改变单独以收入作为住房保障对象遴选指标的做法，全面考虑地区经济发展水平、家庭人口结构、家庭成员财产状况等因素。因此，要联合民政、税务、房产、银行、公安等部门建立综合评估系统，动态追踪保障对象的经济、家庭等方面信息，从源头上精准识别保障对象，防止不符合条件者挤占住房保障资源，最大限度满足弱势群体的基本住房需要，实现"应保尽保"。第二，实行住房保障过程管理的动态化监控，拓宽退出路径。弱势群体的保障性住房需求是动态变化的。有些弱势群体成员随着自身经济条件的改善，逐渐脱离弱势群体队伍，同时一些社会成员会由于自然灾害、疾病等原因致使自身经济能力每况愈下，最终沦为弱势群体。因此，为了确保保障性住房保障低收入者居住权的属性，必须实行住房保障过程管理的动态化监控。定期对保障性住房者的收入、财产、家庭结构等方面进行调查，把握其变化状况，坚持"达到退出标准一户、退出一户、递补一户"的原则，对于达到退出住房保障条件的住房者坚决给予及时清退。同

时要在严格识别的基础上，及时递补轮候的住房保障对象，让符合条件者及时获得住房保障，以提高保障性住房资源的利用效率，实现"应保则保"。

2. 落实政府主体责任，织实"弱有所扶"的密网

住房保障制度政策的有效开展是以权责划分为基础，因此，要织实"弱有所扶"的密网，就必须落实责任主体。在现行的社会管理体制下，政府是住房保障服务的责任主体，保障性住房政策的有效实施很大程度上取决于政府部门的工作效率及其对保障性住房政策重要性的认知程度。换言之，要密织住房保障网络，就必须提高政府部门的工作效率以及其对保障性住房政策重要性的认知程度，落实政府责任。一是合理确定市场和政府责任的边界。要加快住房保障立法、做到有法可依，坚持"房子是用来住的、不是用来炒的"定位。住房保障作为市场的有益补充，应充分发挥市场在住房保障资源配置中的决定性作用，同时，避免将住房市场失灵所带来的住房问题完全借助住房保障政策来化解，因为这样既不科学也不符合市场发展规律。这就要求政府作为住房保障的责任主体，应该着力解决低收入家庭住房困难，并根据其财力和市民主导性需求适时扩张住房保障空间。二是建立住房保障绩效评估和激励机制。长期以来，政府部门及其工作人员的绩效评估并未把为弱势群体提供住房保障的成效作为考察的内容，也缺少相关的激励机制，从而导致政府部门对住房保障参与积极性不高。鉴于此，政府要把住房保障纳入绩效评估体系之中，将住房保障工作作为公务员奖惩、晋升的评判依据；同时，实行领导负责制，将住房保障工作的责任落实到个人，将其作为评价领导工作政绩的重要评价指标，以提升政府官员对此的重视程度。三是进行统筹管理。当前政府各部门在开展住房保障工作中表现出来的各自为政、"多龙治水"的状况造成住房保障管理的低效率和高成本，增加了住房保障政策衔接的难度，给政策执行带来了阻力。为此，成立政府统筹工作小组，加强住房保障工作的统筹管理势在必行。要在中央和地方不同层面成立由相关部门组成的住房保障统筹工作小组，负责统筹全国及本地区的住房保障工作。

3. 构建多元参与机制，健全"弱有所扶"的机制

政府财力有限、住房投资投机需求高涨和住房困难群体扩大趋势并存，供需矛盾较为突出。因此，必须鼓励和吸纳社会力量参与其中，形成多主体参与

住房保障建设和运营的格局,以加快保障住房体系建设。一是要充分发挥社会组织在住房保障管理中的作用。事实上,在社会组织影响力巨大的西方国家,社会组织长期在住房保障建设中扮演着极为重要的角色。例如,英国政府从20世纪80年代起,就把大量的住房保障建设与管理任务移交给以住房协会为代表的社会组织负责,而住房协会以更高的管理绩效提供符合政府要求与社会期望的产品服务①,满足广大低收入群体多样化、个性化的住房需求。因此,在社会治理创新的时代背景下,借鉴英国等西方发达国家经验,充分发挥社会组织参与住房保障工作是非常有必要的。一方面,政府要重新认识自身在为弱势群体提供住房保障服务中的定位,从弱势群体保障性住房的建设者、管理者转变为政策制订者、投资者和监督者,为社会组织在住房保障工作中发挥作用让渡更多空间;另一方面,政府要通过制定税收优惠、财政补贴、土地供给等激励性政策吸收社会组织参与保障性住房管理工作,并给予其适当的营利空间,调动其参与工作的积极性。二是充分发挥市场机制在住房保障建设中的作用。市场具有专业性强和资金充裕的优势,在住房保障的建设中引入市场机制可以解决资金和技术不足的问题,从而可以有助于建设更多高质量的保障性住房。在宏观层面,要通过投资补助、贷款贴息、税费减免等途径,引导市场力量参与投资建设、运营管理保障性住房;在微观层面,要创新住房保障建设和管理模式,建立政府和市场合作机制。例如,可适当调整公租房建设资助方式及产权政策,对于商品房配建公租房的,产权归开发商,在限定期内按约定租金标准面向特定群体出租,合同期满后可转为商品房,自由出租出售。②

---

①② 杨瑛.借鉴德国经验 加快建设以公租房为主的住房保障体系[J].城市发展研究,2014(2):77-82.

第十一章

法律援助与实现新时代"弱有所扶"

党的十九大报告在遵循党的十七大报告关于民生建设目标提法的基础上又增加了"幼有所育"和"弱有所扶"两个目标。[①]"弱有所扶"作为其中一个全新的提法,就是要保障弱势群体的权益。然而,由于弱势群体的贫困性、低层次性和脆弱性,导致其合法权益在市场经济发展过程中极易受到侵害。作为一种社会救助体系中的"兜底性"制度安排,法律援助是保障弱势群体合法权益的一道坚实防线,不但可以有效缓解受援者经济上的贫困性和心理上的脆弱性,而且能实现社会程序公正,维护人民的基本权利。因此,要实现新时代"弱有所扶"的民生目标,保障好弱势群体合法权益,就必须拓展法律援助的制度空间。

一、法律援助:保障弱势群体合法权益的一道坚实防线

法律援助是国家以法律化、制度化的形式为经济困难或特殊案件的当事人给予减、免费用或提供其他形式的法律帮助,以保障其合法权益,从而完善国家司法公正机制,健全人权及社会保障机制,而在本质上,它是法律扶贫、扶弱,是对弱势群体的法律支持。[②] 在实践中,法律援助的供给主体是司法行政部门,援助对象是经济困难者、残疾者、弱者等弱势群体,他们由于经济困难、法律知识缺乏和生理与心理上的缺陷等特殊原因,导致他们在维护自身合

[①] 陈成文. 从"五有"到"七有":补齐"民生短板"与推进社会建设 [J]. 江西财经大学学报, 2017 (6): 11 – 12.

[②] 赵兴宏,李玮. 弱势群体的权益保护及其法律援助 [J]. 社会科学辑刊, 2005 (4): 63 – 67.

法权益上存在法律机制运用的障碍,而通过法律援助则可以切实避免弱势群体权益被排斥在司法保护之外。① 从法理上来看,国家是援助义务的承担者,而国家义务提供法律援助是公民享有的一项权利,因而法律援助作为一种社会法律制度具有普遍而重大的价值。② 可以说,作为"兜底性"的制度安排,法律援助制度为弱势群体合法权益的保障构筑了一道坚实的防线。

1. 保障弱势群体经济权益的一道防线

经济上的贫困性是弱势群体的重要外化特征,即经济收入低于社会人均收入水平,甚至徘徊于贫困线左右。③ 然而,当弱势群体的经济权益受到侵害时,会出现两种特有的现象:一是权益受损的恶性循环。一方面,弱势群体贫困的经济状况致使他们无法支付诉讼费用和律师费用,对侵害行为无能为力;另一方面,弱势群体对所遭受的侵害又无能为力,则又加重了他们的贫困窘况,即"权益受损—支出加大—贫困加深—无能为力—受损加大……"。二是成本与收益的高敏感性。弱势群体对成本、收益状况的高敏感性,使其在诉讼收益与诉讼成本之间权衡,当诉讼收益低于诉讼成本时,弱势群体倾向于放弃使用能够维护自身经济权益的诉讼手段。在此背景下,通过构建法律援助制度,为弱势群体提供免费或低价的法律援助服务来保障他们的经济权益就显得尤为重要。根据《中华人民共和国法律援助条例》规定:"公民有依法请求国家赔偿的,请求给予社会保险待遇或者最低生活保障待遇的,请求发给抚恤金和救济金的,请求给付赡养费和抚养费的,请求支付劳动报酬的,因医疗事故、交通事故、工伤事故造成的人身损害赔偿案件,因家庭暴力、虐待、重婚等赔偿案件,但没有委托代理人或辩护人,可以申请法律援助或由人民法院指定辩护。"可见,该条例的出台与实施,为保障弱势群体的经济权益提供了行政法规依据,逐步完善了法律援助这一道保障弱势群体经济权益的防线。

2. 保障弱势群体政治权利的一道防线

《中华人民共和国宪法》以国家根本大法的形式规定了我国公民拥有的政

---

① 葛明珍. 弱势群体权益的司法保护[J]. 山东大学学报(哲学社会科学版),2013(6):16-17.
② 朱良好. 法律援助责任主体论略[J]. 福建师范大学学报(哲学社会科学版),2014(1):10-18.
③ 朱力. 脆弱群体与社会支持[J]. 江苏社会科学,1995(6):130-134.

治权利,即选举权与被选举权、言论政治自由、监督权。宪法规定的政治权利是我国所有公民平等享有的,"弱势群体"享有的政治权利理所当然不能被无故地、人为地剥夺。然而,弱势群体在政治权利享有和政治地位上处于弱势地位,无法获得同等参与政治活动的机会,面临着政治权利缺失和政治地位缘化的倾向。[①] 例如,对于农民来说,最直接行使选举权的便是选举村委会成员,然而在村委会选举中,大量进城的农民工通常被人替代行使选举权。此时,法律援助就可以为农民、农民工等弱势群体提供免费的法律服务,通过司法途径来维护其选举权与被选举权。法律援助制度的构建与实施,是国家从制度层面上为弱势群体提供法律援助服务以保障弱势群体的政治权利,最终为维护弱势群体的政治权利构筑了一道坚固防线。

3. 保障弱势群体文化权益的一道防线

文化弱势是弱势群体的另一个重要特征,这种文化弱势主要体现在:一是受教育程度低。由于经济贫困或身体缺陷(如残疾和患病等),弱势群体接受教育的机会和时间被大大减少,导致其知识文化水平低、思想观念落后、接受新事物的能力受限,甚至影响了其获得公共文化服务的机会。二是公共文化服务获取能力低。受地方政府财政资源的限制,使得由政府部门主导提供的公共文化服务供给不足,无法满足地区所有公民的公共文化需求,而获得能力低的弱势群体被迫阻挡在公共文化服务之外。2016年颁布的《公共文化服务保障法》将"均等性"作为公共文化的基本属性并以法律的形式固定下来,该法规定:"国家扶助革命老区、民族地区、边疆地区、贫困地区的公共文化服务,促进公共文化服务均衡协调发展;各级人民政府应当根据未成年人、老年人、残疾人和流动人口等群体的特点与需求,提供相应的公共文化服务。"可见,使弱势群体享有公共文化服务均等化具有重大战略意义。当弱势群体受教育权和获得公共文化服务的权利遭受损害而开展诉讼、维权障碍时,法律援助可以为他们免费或低价提供专业的律师服务,解读相关法律条文,帮助他们通过法律手段来维护其受教育权和获得公共文化服务的权利,使弱势群体均等地获得公共部门所提供的公共文化服务,以保障好弱势群体的文化权益。

---

① 尹娜. 弱势群体政治权利分析 [J]. 特区经济, 2008 (5): 250-251.

4. 保障弱势群体人身安全的一道防线

因政治和社会生活上往往处于边缘或被排斥的地位是弱势群体的典型特征，而脆弱性是弱势群体在承受力上的共同特征。[①] 弱势群体的人身安全不仅包括体质维度上的安全，也表现在社会地位维度上的安全，与之相对应的弱势群体分别为生理型弱势群体和社会型弱势群体。就我国的现实情况而言，残疾人（包括生理残疾人和智力残疾人）、慢性疾病患者、重特大疾病患者、工伤人员这四大类人员是典型的生理型弱势群体；社会型弱势群体主要包括农村"三留守人员"（留守妇女、留守儿童、留守老人）、困境儿童、城市高龄老人和退役军人等。[②] 在市场经济发展环境中，弱势群体的人身安全极易遭到侵害，主要表现在：一是从微观层面来看，由于身体能力、素质上的弱势和法律知识、维权意识的欠缺，这类人群更易遭受相对强势人群的侵害和迫害；二是从宏观层面来看，由于我国相关法律不健全，法律教育、宣传工作一度处于被疏忽的状态，法治建设落后，导致他们人身安全受损却不善于利用法律来维护。据统计显示，2014~2016 年，我国家暴案件数量总共达 94571 件，其中 99.99% 是男性被指施暴，而选择报警的案例仅有 8989 件、占案件总量的 9.51%，85572 件均没有报警，这表明女性弱势群体自我保护的法律意识极其薄弱，难以通过第三方来进行维权。[③] 我国有着数量众多的弱势群体：2017 年，我国女性人口数量为 67871 万人，60 周岁及以上人口 24090 万人，占总人口的 17.3%，0~14 岁儿童共有 2.23 亿人，占总人口的 16.6%，各类残疾人总数达 8500 万人。[④] 面对规模庞大的弱势群体，加上他们的身体能力和素质较差，保障他们的人身安全是重要的民生建设目标。随着法律援助制度的建立和不断完善，我国逐渐形成社会律师与法律咨询机构、司法机构和行政部门三方参与保障弱势群体权益的格局，拓宽了法律援助的进入渠道，使他们可以享受更广泛、更便捷、更专业的免费法律咨询和诉讼服务，大幅度减少了弱势群体

---

① 陈成文. 社会学视野中的社会弱者 [J]. 湖南师范大学社会科学学报，1999（2）：13-17.
② 陈成文，陈建平，洪业应. 新时代"弱有所扶"：对象甄别与制度框架 [J]. 学海，2018（4）：92-100.
③ 吴杰臻. 10 万份判决数据解密家暴五大真相 [EB/OL]. http://www.sohu.com/a/138732301_188545，2017-05-06.
④ 马常艳. 国家统计局：2017 年全国男性比女性多 3266 万人 [N]. 经济日报，2018-01-18.

遭受人身伤害却无力申诉的现象,从而充分发挥法律安全保护网的作用。

二、契合度偏差：我国法律援助的实践困境

法律援助制度最早起源于英国,它主要是由宗教组织和私人律师基于慈善目的,免费为穷人提供的一种法律救助服务。[①] 它经历了三个阶段：慈善阶段（律师的道德义务）→社会化阶段（由单纯的慈善事业向国家责任转化）→国家福利阶段（完全的国家责任）。[②] 与西方国家相比,我国的法律援助起步于1994年,由法学精英所倡导建立并经国家司法部率先在北上广等地探索实施。可以说,我国的法律援助制度经历了一个从无到有、从不完善到逐步形成体系的建设过程。1996年先后颁布的《中华人民共和国刑事诉讼法》和《中华人民共和国律师法》等法律对法律援助制度做了明确的规定,为法律援助制度的建立和实施奠定了法律基础。1997年,国家成立了司法部法律援助中心及中国法律援助基金会,这是我国法律援助制度化、规范化和社会化的一个重要标志。1999年,司法部联合最高人民法院发布了《关于民事法律援助工作若干问题的联合通知》,对民事法律援助工作作出了相关规定；2001年3月,国家在"十五"计划纲要中明确提出了"建立法律援助体系"的目标；2003年,国务院颁布、实施了《法律援助条例》,这是我国第一部全国性法律援助体系,为推动我国法律援助事业的发展提供了重要的法律依据和制度保障。经过多年的实践和完善,我国法律援助制度在保障和维护弱势群体的权益、提供一定的免费法律援助上已经取得了诸多阶段性成果。但是从助力"弱有所扶"来看,还面临诸多困境。这些困境归根结底是法律援助制度的政策供给未能有效契合弱势群体的主导性需求,两者之间存在着契合度偏差。这就表明,我国法律援助尚未达到预期的目标。从现实情况来看,我国法律援助的契合度偏差主要表现为：立法层次不高,制度可操作性低；援助范围较窄,评判标准模糊；责任主体定位不清,服务质量不高；援助资源匮乏,服务能力受限；资源

[①] 王硕. 法律援助中的政府责任、律师义务及民众权利 [J]. 哈尔滨商业大学学报（社会科学版）, 2017 (2): 115 – 121.

[②] 王俊民, 孔庆余. 反思与超越：论法律援助之政府责任 [J]. 政治与法律, 2006 (6): 80 – 86.

配置失衡，服务水平异化和认知度偏低，宣传不到位。

1. 立法层次不高，制度可操作性低

在助力"弱有所扶"的实践过程中，当前我国法律援助制度在立法层面和制度执行方面存在缺陷。这种缺陷主要表现在：一是立法层次不高，尚无专门的法律援助法。从我国现行的法律援助制度上看，我国尚无专门的《法律援助法》，仅在《刑事诉讼法》《律师法》和一些地方性法规中有相关条例规定。[①] 目前已有的全国性《法律援助条例》也只是由国务院制定的行政法规，并不是由全国人民代表大会制定、通过，导致它在立法层次上相对较低，法律位阶不够高，而根据宪法的相关规定，该条例并不具备国家根本法的实际效力。二是制度可操作性低。我国现行的法律援助法律法规对弱势群体权益的保护过于笼统，侧重于从实体法的角度确定权利，而关于法律援助的具体实施办法，如何借助这些法律法规来维护弱势群体的合法权益和针对弱势群体的特殊救济途径等都缺乏具体的法律法规来说明。[②] 这就导致法律援助制度对弱势群体的实际援助效果并不理想，相关条例、规定流于形式。

2. 援助范围较窄，评判标准模糊

当前，我国法律援助在地方实践中面临诸多困境，这种困境主要表现在：一是援助范围狭窄。据《法律援助条例》第十条规定："我国公民对下列需要代理的事项，因经济困难没有委托代理人的，可以向法律援助机构申请法律援助；依法请求国家赔偿的；请求给予社会保险待遇或者最低生活保障待遇的；请求发给抚恤金、救济金的；请求给付赡养费、抚养费、扶养费的；请求支付劳动报酬的和主张因见义勇为行为产生的民事权益。"从条例的相关规定中可以看出，弱势群体只能就赔偿金、赡养费、劳动报酬等经济事项寻求法律援助[③]，而针对保障弱势群体的政治、文化权益等相关事项则被忽视了，导致行政部门和司法部门忽视了对弱势群体的政治、文化权益的维护，不利于弱势群体改善生活窘况，从而降低了弱势群体的社会认同感和获得感。二是援助评判

[①] 傅思明，李文鹏. 弱势群体法律援助制度刍议［J］. 中共宁波市委党校学报，2009（3）：81-86.
[②] 栗希荣. 用法律援助为弱势群体撑开"保护伞"［J］. 人民论坛，2017（11）：102-103.
[③] 姚俐衡. 法律援助制度的"困顿"与"觉醒"——从弱势群体权益公法保护的视角［J］. 成都行政学院学报，2016（5）：41-45.

标准模糊。根据《法律援助条例》第一条规定:"为了保障经济困难的公民获得必要的法律服务,促进和规范法律援助工作,制定本条例。"也就是说,法律援助是以"经济困难"为标准,只有"经济困难"的人群可以申请并获得法律援助服务。然而,相关法规条例并未对"经济困难"认定制定出具体标准,而是授权各地政府根据本行政区域情况予以确定,这可能导致一些地方政府由于财政紧张而提高申请法律援助服务的经济标准,变相剥夺了部分弱势群体获取法律援助服务的权利。而根据情况来认定援助对象带有模糊的评判标准,给工作人员对受援人的资格认定带来困难,援助效果也会大打折扣。相关研究指出,流动人口因户籍不在暂住地管理范围内,在无法证明经济条件的情况下,暂住地的乡镇政府(街道办事处)就无法为其开具证明;而又常年不在原住地,导致原住地的政府部门也不能掌握其经济状况,法律援助机构无法评判其经济情况较困难。[①]

3. 责任主体定位不清,服务质量不高

尽管《法律援助条例》规定:"法律援助是政府的责任,县级以上人民政府应当采取积极措施推动法律援助工作,为法律援助提供财政支持,保障法律援助事业与经济、社会协调发展。"但是在实际操作中,出现了责任偏差的问题。这种责任偏差主要体现为:一是从实施主体定位来看,责任主体定位不清。法律援助制度建立的根本问题,就是界定责任的归属权;然而,我国学术界还存在法律援助责任主体定位不清甚至观点有误。[②] 这种责任主体定位不清,导致了政府在提供法律援助服务上的缺位,直接增加了社会职业律师的工作负担,阻碍了基层律师从业人员向弱势群体提供法律援助的积极性。与此同时,职业律师采取商业化的运作方式,以经济利益换取法律服务的惯性路径决定了大多数律师对免费提供法律援助服务的排斥行为,导致弱势群体无法获得全面的法律援助服务。二是从实践情况来看,对弱势群体的法律援助已经逐渐成为律师的义务,政府自身作为法律援助责任主体,却只承担了一个监管职

---

① 石贤平. 当前我国法律援助功能性障碍与政府部门缺位的调查与思考 [J]. 法学杂志, 2010 (s1): 55 – 60.

② 朱良好. 法律援助责任主体论略 [J]. 福建师范大学学报(哲学社会科学版), 2014 (1): 10 – 18.

责,而并没有履行法律援助提供主体的义务,责任主体被转移到专业的律师身上。[①] 同时,地方政府对法律援助的功能认识存在不足,职能界定上产生了错位,导致法律援助工作不到位。

4. 援助资源匮乏,服务能力受限

当前,我国存在弱势群体的法律援助需求的不断增长与法律援助资源有限的双重矛盾,主要表现在专业律师数量不足和经费短缺。一是专业律师数量不足。相关资料显示:2016年我国律师有279103人,其中专职律师267536人,兼职律师11567人;中国各类残疾人总数已达8500万人,仍有1500万以上残疾人生活在国家级贫困线以下。[②] 单单以贫困残疾人为基数计算,平均每个律师就需要为50多个贫困残疾人提供法律援助服务,如果再加上老人、未成年人和贫困人口等弱势群体,平均每个律师需要服务的弱势人员数量就会呈倍数上升。专业律师的巨大缺口使大部分弱势群体无法获得专业的法律援助服务。二是法律援助经费短缺。据相关法律规定,法律援助机构由政府主办,经费由地方政府财政支付,鼓励社会捐助,但是并未明确法律援助经费投入的具体数额。另外,由于地方政府财政能力的有限和主管部门的不重视,导致财政对法律援助的拨款无法满足法律援助服务开展的需要,这就限制了法律援助机构供养专业援助律师的能力,从而无法提高为弱势群体提供法律援助服务的能力。

5. 资源配置失衡,服务水平异化

资源配置的失衡主要表现在由于法律援助资源匮乏而导致城乡之间、区域之间资源配置中的不均衡。一是城乡发展不平衡。与城市地区相比,我国农村地区经济落后、政府财力弱、基础设施不完善,导致农村地区财政对法律援助的投入严重不足,专业律师极度缺乏。然而,我国绝大部分的贫困人口都居住在农村地区,法律援助资源匮乏与弱势群体对法律援助的迫切需求之间的矛盾,严重阻碍了农村法律援助事业的发展,不利于社会公平的实现。二是地区发展不平衡。东部地区经济比较发达,法律援助人力资源及基础设施等方面均

---

① 王虹. 法律援助为弱势群体撑起"保护伞"[J]. 人民论坛,2016 (32):80-81.
② 国家统计局. 中国统计年鉴[M]. 北京:中国统计出版社,2017.

大大优于中西部地区，而对法律援助最为需要的贫困地区的法律援助资源却最少。① 我国各地区经济、社会发展不平衡，存在明显的梯度差距，从根本上决定了法律援助存在严重的地区不平衡状况。因此，中央政府要从全国法律援助事业的立场上做好宏观调控工作，把中央法律援助资源更多地向中西部省区倾斜，缩小地区间法律援助发展水平的差距。

6. 认知度偏低，宣传不到位

公众的认知是一项制度成功实施的前提条件，法律援助难以有效发挥"扶弱"功能的一大关键因素是弱势群体对法律援助制度的认知度偏低。这主要体现在：一是弱势群体自身的法律意识淡薄。当权益受到侵害时，无法第一时间通过法律手段来解决。二是法律援助宣传不到位。我国法律援助机构基本覆盖县级城市，乡镇一般存在盲区，法律援助相关机构的工作只停留在办公室接待和应对检查层面。② 因此，对大多数弱势群体而言，法律援助都是一个陌生的概念，更别说积极寻求法律援助了。只有提高弱势群体对法律援助制度的认知度，才能让弱势群体了解法律援助制度设立的初衷，了解如何申请法律援助以及了解法律援助的现实案例，激发他们寻求法律援助的积极性，从而发挥法律援助"兜底"的"扶弱"功能。

三、拓展制度空间：实现新时代"弱有所扶"的治本之策

当前我国的法律援助虽然已经纳入制度化的体系中，但是法律援助制度的政策供给未能有效契合弱势群体的主导性需求。从实践来看，法律援助存在立法层次不高、相关操作性法规缺失和援助范围狭窄、援助评判标准不清等制度性问题，因此，只有积极拓展法律援助的制度空间，才能从根本上保障弱势群体的合法权益，增强他们的安全感和公平感。

1. 大力推进法律援助立法，实现有法可依

党的十九大报告再次强调了"坚持全面依法治国"的重要性，并提出：

---

① 王云飞，李卫国. 和谐社会中弱势群体的保护——以法律援助为杠杆实现社会实质公平［J］. 大连海事大学学报，2009（3）：60－63.
② 傅思明，李文鹏. 弱势群体法律援助制度刍议［J］. 中共宁波市委党校学报，2009（3）：81－86.

"全面依法治国是中国特色社会主义的本质要求和重要保障。"实现依法治国的前提是有法可依,只有加强以宪法为核心的中国特色社会主义法律体系建设,才能为依法治国创造实现条件。因此,要通过法律援助保障弱势群体权益,实现新时代"弱有所扶"的目标,就必须要加强法律援助的立法工作,从而为法律援助工作提供制度支撑。一是要加强法律援助人大立法,提升法律援助的立法层次,增强法律效力。要实现新时代"弱有所扶"的民生建设目标,就必须由全国人大来起草、制定、通过法律援助法律,使法律援助上升为国家意志,增强法律援助的权威,彰显国家对保障弱势群体权益的决心,督促政府部门及其工作人员重新重视法律援助工作。二是要从法律上明确政府的主体责任,防止政府缺位、越位。法律援助服务属于公共服务中的一类,法律援助的公共属性决定了公共部门在提供法律援助服务上的主体责任。也就是说,要理顺政府、受援助者、职业律师之间的职责边界关系,即在法律援助中,政府是承担主体责任,职业律师是履行法定义务,受助者享受法律权利。[1] 因此,在全国人大立法过程中,必须明确规定政府提供法律援助服务的主体责任,律师只是法律援助实施的辅助者,以防政府在实际中把主体责任转嫁给专业律师,进而出现政府缺位、越位的现象。

2. 强化实施可操作的规章制度,实现有章可循

操作性规章是对法律援助的具体指导,是法律援助制度得以实施的前提。只有制定相对完善的法律援助操作性规章,才能有效地实现新时代"弱有所扶"的民生建设目标。而操作性规章的制定需要重点关注援助事项范围、援助对象和援助标准:一是科学划定援助事项范围。法律援助制度不仅要维护弱势群体的经济权益,还要保障好弱势群体政治、文化等多方面的权益。政府在按照法律原则的基础上,通过充分了解弱势群体的多元合法权益诉求,把保障弱势群体经济、政治、文化等权益的相关事项纳入援助范围。二是有效甄别援助对象。在现行的法律援助制度中,通常是按照属地原则来实施法律援助,导致外来务工的弱势群体难以获得法律援助服务,因此,政府要突破地域限制,不仅要为本地区弱势群体提供高质量的法律援助服务,也要为外来务工人群提

---

[1] 王硕. 法律援助中的政府责任、律师义务及民众权利 [J]. 哈尔滨商业大学学报(社会科学版),2017(2):115-121.

供法律援助服务，同等对待每一个弱势人员。三是合理明确援助标准。援助标准决定了弱势群体是否能够获得法律援助服务，所以援助标准必须是明确的，而不应该是模糊、笼统的，每个地区应根据地方经济社会发展状况，对"经济困难"进行确切地划分。经济发展水平高的地区，生活成本也就相对较大，"经济困难"的标准应该越高；经济发展落后的地区，生活成本相对较低，就要降低"经济困难"标准。

3. 着力优化援助资源的合理配置，实现区域均衡

资源的优化配置是提高法律援助实际效率的重要手段。区域法律援助资源的配置失衡是实现新时代"弱有所扶"的巨大障碍，造成了新的社会不公平性。只有通过优化配置城乡、地区间的法律援助资源，才能有效发挥法律援助的"扶弱"作用。首先，要推进城乡间援助资源的优化配置。根据资源与需求相匹配的原则重新在城乡之间优化援助资源，把城市过剩的法律援助专项资金和专业法律人员转向弱势群体集中的农村地区，这样既能缓解农村地区法律援助资源匮乏的状况，也能减少城市法律资源的浪费。其次，要推进地区间援助资源的优化配置。一方面，要建立全国法律援助资源统筹机制，统一调配国家法律援助资源，把法律援助资源更多地向中西部需求量大的省份倾斜，充分提高国家法律援助资源的利用效率。另一方面，要加强法律援助的横向政府间合作，中西部法律援助事业发展落后的省份要加强与东部法律援助事业发达的省份交流，取长补短；东部法律援助资源充足的省份对口援助中西部法律援助资源缺乏的省份，提升国家法律援助的整体水平，促进法律援助的区域协调发展。

4. 奋力推动普法的宣传力度，实现"法援到户"

法律援助制度"扶弱"作用的有效发挥离不开公众认知度的提高。只有加强法律援助制度的宣传力度，实现"法援入户"，弱势群体才能借助法律援助制度更好地维护自身的合法权益。因此，必须通过多渠道宣扬法律援助的真实案例，扩大示范效应。法律援助机构要借助传统媒体与新媒体相结合的手段，积极开展基层法律援助相关知识的宣传活动，实现法律援助知识入户特别是进入弱势群体家庭，从而让弱势群体充分了解申请法律援助的事项，刺激弱势群体请求法律援助的积极性，增强弱势群体的维权意识。同时，需要加强高

校与法律援助机构的合作。我国有众多设有法律相关专业的高校，这些高校拥有数量众多的、具有专业法律知识的师生队伍，法律援助机构可以通过加强与高校的合作，利用假期调查、实践课程的教学计划，联合高校师生进入基层开展宣传工作和提供法律咨询，这不仅能有效弥补法律援助资源不足的缺陷，还能促进学生专业知识的学习，培养这些有望成为律师的高校学生们提供法律援助义务的意识，为法律援助事业未来的发展提供源源不竭的动力。

第十二章

心理救助与新时代"弱有所扶"

要实现新时代"弱有所扶",就必须加强对弱势群体的社会救助体系建设。从现实状况来看,针对经济型弱势群体、社会型弱势群体、生理型弱势群体和文化型弱势群体的最低生活保障救助、就业救助、住房救助、医疗救助、教育救助和法律援助等社会救助手段已经得到学术界的广泛关注,并付诸政策实践之中,而针对心理型弱势群体的心理救助却一直被学术界所忽视,使其在认识和实践上滞留在"心理咨询服务"层面上。实际上,作为社会救助体系的一个重要制度安排,心理救助具有降低因自然灾害、意外事故或精神障碍等因素引致心理型弱势群体的身心损害与社会风险的多种社会功能。心理型弱势群体是急需心理救助的特殊社会群体。因此,要实现新时代"弱有所扶"的战略目标,就必须走出传统的心理咨询服务的认识和实践局限,将心理救助纳入社会救助体系之中,使其走向制度化建设的道路。

一、心理救助:新时代"弱有所扶"的助推器

心理救助针对心理型弱势群体,不仅有其专门的社会服务范畴,而且具有其他救助手段所不能取代的独特专业优势。可以说,心理救助是新时代"弱有所扶"的助推器。

1. 心理救助的专业优势

党的十九大报告在民生建设目标"五有"提法的基础上增加了"幼有所

育"和"弱有所扶"。[①] 弱势群体不仅指经济上的贫困性、社会地位的低层次性，而且包括心理承受力上的脆弱性。[②] 心理脆弱性是指心理承受力低，容易因外界或者内心轻微的刺激而引发严重的社会不适应行为。心理脆弱性是心理型弱势群体的基本属性。心理型弱势群体的这一基本属性决定了其不仅需要物质援助，而且更需要心理救助。

心理救助主要是社会救助组织机构和其他社会救助力量针对心理型弱势群体，以被动接纳或者主动服务的方式采取的引导、化解和应急干预等社会心理服务措施。就理论内涵而言，心理救助是社会心理服务的一种重要表现形式；就社会属性而言，心理救助属于社会救助体系中的一种重要形式。相对于传统商业心理咨询，心理救助在实现新时代"弱有所扶"上具有独特的专业优势。心理救助与商业心理咨询在共情、沟通、行为指导与训练等专业技术上有相似之处，但作为社会救助体系中的有机组成部分，心理救助与商业心理咨询存在较大区别。在服务对象上，迥异于商业心理咨询服务对象具有不同心理需求层次，心理救助主要为具有心理脆弱性的心理型弱势群体进行社会心理服务；在服务实施主体上，迥异于商业心理咨询所属商业心理服务组织机构，心理救助是由政府负责或民间资助相关组织机构展开的社会救助活动；在服务费用支持上，区别于商业心理咨询的自负盈亏，心理救助由于面对特定、特殊群体，需要社会保障制度给予经费支持；在服务方式上，不同于商业心理咨询的被动接访，主动介入也是心理救助的重要方式；在服务内容上，商业心理咨询除了偏差认知、异常情绪的调整外，还包括成长性心理咨询，而心理救助主要以与心理脆弱性紧密相关的消极认知、情绪和行为为救助内容。

心理救助在服务对象、服务主体、经费支持、服务主动性、服务内容五个方面体现出不同于商业心理咨询的专业优势，这也表明了它不具有商业心理咨询的市场化属性，而是具有明显的针对心理型弱势群体的社会救助属性，这决定了它必然成为实现新时代"弱有所扶"的重要制度安排。

---

① 陈成文. 从"五有"到"七有"：补齐"民生短板"与推进社会建设 [J]. 江西财经大学学报，2017（6）：11-12.
② 陈成文. 社会学视野中的社会弱者 [J]. 湖南师范大学社会科学学报，1999（2）：13-17.

2. 心理救助是实现新时代"弱有所扶"的关键一环

心理救助的专业优势从根本上决定了它在实现新时代"弱有所扶"社会救助体系中的地位。它不仅是完善大病医疗救助的有力补充，而且是健全灾害救助的必要手段，更是推进精准扶贫战略的专业方式。可以说，心理救助是实现新时代"弱有所扶"的关键一环。

第一，心理救助是完善医疗救助不足的有力补充。多种精神障碍，如抑郁症、强迫症、躁郁症、自闭症，尤其是称为"心理癌症"的精神分裂症的社会心理服务，需要持续数年，消耗大量物质财富与人力资源，精神障碍患者一般难以持续获得心理咨询、治疗等形式的社会心理服务，这样很容易导致精神障碍者失去必要的心理关护，由此引致的"精神病人肇事"也一直是困扰社会各界、引发舆论关注的社会问题。目前，医疗救助并没有完善地把精神障碍纳入医保范围，因此需要心理救助来弥补医疗救助的覆盖不足，并采用专业的心理救助方法化解因覆盖不足带来的社会问题。

第二，心理救助是健全灾害与重大事故救助的必要手段。严重的自然灾害和重大交通意外事故、生产安全责任事故等社会灾害的发生，除了其本身造成的物质损失外，还容易导致幸存者产生严重的心理应激反应，出现心理闪回等负性心理症状，严重影响幸存者社会功能的发挥，需要心理关怀与疏导。[①] 心理疏导是对心理的疏通和引导。[②] 心理救助可以发挥专业优势，从受灾群众的心理内因层面抚慰因自然灾害、意外事故等对幸存者及受害者家属造成的痛苦心理体验，帮助受难民众更快恢复社会能力，减免次生社会问题。因此，心理救助是健全灾难与重大事故救助的必要手段。

第三，心理救助是推进精准扶贫战略的专业方式。长期的贫困生活不仅给贫困群众带来经济上的贫瘠，与之相伴随的还有社会地位的边缘化、人际资源的匮乏、信息上的闭塞、精神生活的单调等，这种经济、社会、生活等因素综合造成了贫困群众特殊的社会心理状况，在特定条件下还表现得特别突出，诸

[①] 乐国安，卢俊，徐健美. 西方心理表象技术研究的昨天、今天与明天［J］. 心理学探新，2017（2）：99-105.

[②] 简福平. 新时代高校思想政治教育与心理疏导协同育人探析［J］. 重庆理工大学学报（社会科学版），2018（8）：134-138.

如少数贫困群众的"等靠要"心理和旁观者心理（认为脱贫是政府的事，自己不需要承担主要责任）以及严重心理障碍等。[1] 因此，贫困群众消极心态的改变与内生动力的激发，并不能仅依靠最低生活保障制度与就业救助等外界援助手段，还需要社会心理救助发挥主动上门、理解共情、善于沟通的专业优势，对贫困群众的消极心理进行引导与干预，激发贫困群众的内生动力，以积极向上的社会心态投入脱贫过程中。

二、契合度偏差：当前心理救助的实践困境

要实现心理救助对新时代"弱有所扶"的助推作用，就必须让心理救助走出实践困境，迈开实践步伐，而当前心理救助的实践困境在于严重的契合度偏差[2]，具体表现在心理救助实施主体的"水乳分离"、心理救助实施对象的"过度药疗"和心理救助人才"象牙塔"式培养等方面。

1. 心理救助实施主体的"水乳分离"困境

心理救助实施主体在实践中处于一种"水乳分离"的状态，严重阻碍了心理救助的实施效果。具体表现在：（1）心理救助组织分散化。心理救助功能散布在不同的组织机构中，如民政部门、高校心理健康中心、精神卫生中心、社区社会工作组织、妇联组织、关工委等。心理救助实施主体缺少统一协调，尤其在需要应急心理救助时，各主体往往各行其是。（2）心理救助与其他社会救助形式缺乏有机衔接。现实中的心理救助是在复杂的多重社会情境因素作用下运行的，并没有与最低生活保障救助、就业救助、医疗救助等其他社会救助形式有机衔接去应对现实中的复杂情境，影响了心理救助功能的充分发挥，限制了心理救助助推新时代"弱有所扶"重大民生工程的效果。[3]（3）心理救助工作者与其他社会救助工作者之间缺少交流。心理救助领域的工作者局限于自身的实务工作中，与其他社会救助工作者之间进行工作经验交流的机会与机制

---

[1] 陈成文. 从"内卷化"看精准扶贫资源配置的矫正机制设计［J］. 贵州师范大学学报（社会科学版），2017（1）：36-44.

[2] 陈成文，李春根. 论精准扶贫政策与农村贫困人口需求的契合度［J］. 山东社会科学，2017（3）：42-48.

[3] 陈成文，许一波. 从构建和谐社会看建立新型农村社会救助体系［J］. 湖南师范大学社会科学学报，2006（1）：39-44.

并不多，进一步加剧了这种"水乳分离"的离散状况。因此，心理救助实施主体在组织统筹协调、救助形式衔接、组织人员交流等方面呈现出"水乳分离"的契合度偏差困境。

2. 心理救助实施对象的"过度药疗"困境

精神障碍患者具有最典型心理脆弱性特征，是心理救助的主要对象。据统计，我国精神障碍终生患病率是13.7%，约有1.9亿人。[1] 这是一个极其庞大的群体。精神障碍患者需要长期消耗物质与人力资源服务。2016年，美国的精神健康消费已达2100亿美元，高居各种医疗费用榜首。[2] 而在中国，精神卫生与自杀占整个医疗负担的20%，而实际费用仅占2.4%，大量精神障碍人群的背后是高额需要自费开支的精神障碍民众。[3] 因此，精神障碍患者急需心理救助为主导的社会心理服务。然而，主导其救治工作的精神卫生系统普遍存在重药物治疗、轻心理救助的问题，心理救助等社会心理服务功能被严重忽视，主要体现在：（1）服务精神障碍患者的技术手段"偏药疗"。精神卫生系统通过门诊、病房以及社区服务等渠道对精神障碍患者所施用的技术手段主要依赖精神药物治疗方式，其他有效的非药物心理救助方式被严重忽视。（2）专业人员配置"偏药疗"。从具体数据来看，截至2016年底，全国注册的精神科医生有27000余人，但具有心理救助能力的心理治疗师只有5000人左右。[4] 北京第六医院院长陆林院士指出：在美国，心理治疗师与精神科医生配置比例超过5∶1，而我国心理治疗师与精神科医生配置比例不足1∶5。[5] 这充分暴露出国内精神卫生系统在专业人员配置上倚重药疗人员，而严重忽视心理救助人才培养。（3）精神卫生法律条款在一定程度上维护了"过度药疗"的现状。

---

[1] Ronald C K，郭万军，曾卓谦，胡赤怡，等. 世界精神卫生调查行动及其对中国精神障碍流行病学研究的提示［J］. 中国神经精神疾病杂志，2010（7）：385-388.

[2] Roehrig, C. Mental Disorders Top the List of the Most Costly Conditions in the United States: MYM201 Billion［J］. Health Affairs, 2016（6）：1371-1377.

[3] 心理健康也是一笔经济账［EB/OL］. http：//paper.people.com.cn/jksb/html/2015-07/06/content_1585450.htm.

[4] 2017年4月例行新闻发布会材料：全国精神卫生工作进展情况［EB/OL］. http：//www.nhc.gov.cn/xcs/s3574/201704/20cf8768e05445a387a1c4bf1be9ec6d.shtml.

[5] 中国精神疾病发病率17.5%，专业医师仅3万［EB/OL］. http：//www.china.com.cn/guoqing/2017-05/04/content_40744090.htm.

2013年5月1日正式施行的《中华人民共和国精神卫生法》（2018年4月修订），根本目标为"维护精神障碍患者的合法权益"，但个别条款却被扭曲为保护"过度药疗"的现状。例如第二十三条实质上禁止了非医学专业人士，即使是临床心理学专业博士或者高级社会工作师也不得从事精神障碍患者的非药物方式的心理治疗工作。该条款严重阻碍了一大批具有心理救助专业能力和职业资质的专业人士从事精神障碍患者的社会救助工作，造成亿万中国精神障碍患者只能在医药体系内使用精神药物的困境。同时，该法律条款在一定程度上维护了以服用精神药物作为服务精神障碍患者的利益现状，是造成心理救助"过度药疗"困境的制度性因素。

3. 心理救助人才"象牙塔"式培养困境

心理救助与心理学、社会工作、精神医学三个专业紧密相关。这三大专业都直接涉及心理救助专业人才的培养。然而，它们在心理救助人才培养方面存在一些不足。

从心理学角度来看，它在专业知识传授上普遍存在重书本理论知识、轻社会实践经验；重引进与翻译国外教材、轻本土理论提炼与推广；在专业问题的设立上，重学科基础问题、轻社会实际问题；在解决问题的效果检验上，重科学方法的形式化检验、轻社会层面的实效性反馈。这种"象牙塔"式培养的状况，使得心理学专业培养的心理救助人才疏离了与国家、社会重大急需问题的关联度，对诸如"弱有所扶"等重大社会民生问题以及精准扶贫、社会治理等重大问题关注较少，心理学专业的人才培养模式难以契合当前民生发展的实际需要。

相比心理学专业，社会工作专业虽然被要求更重视实务经验，但与心理学重视国外理论经验类似，社会工作专业重视西方国家的社会工作实务经验，缺少从本土基层社会工作问题中调研与提炼心理救助有效经验的模式，脱离了中国本土情境，以致培养出的专业人才解决实际社会心理问题的能力欠佳，难以从事心理救助等社会心理服务工作。心理救助及其服务对象扎根于本土情境，与中国独特的社会环境、社会心理、社会文化等息息相关，其实务工作经验与理论并不像自然科学知识那样具有漂洋过海的普遍性规律，不能随意从西方国家搬来套用。

精神医学专业培养的人才专门服务于严重精神障碍患者，在专业人才培养过程中也存在不少类似的问题。主要表现为重精神药物治疗的训练、轻心理健康服务经验传授；重精神障碍的生理病理原因研究、轻心理社会原因的探究；重精神障碍患者当下的精神量表式的诊断评估、轻长期追踪的社会情境下的实效证明。上述三个方面深刻体现在精神医学生的教学内容设置、实习训练以及工作后的职称考核晋升过程中。导致精神医学专业人才局限于精神药物治疗的模式中，对症不对因，缺乏对严重精神障碍患者实施心理救助的专业能力。

上述三个专业在心理救助人才培养上的通病在于，囿于狭隘的专业视野培养心理救助人才，缺少对本专业与国家、社会需求关系的洞察与实践，疏离了社会现实的需求，从而使心理救助人才培养陷入"高学历而低能力"的"象牙塔"困境。

三、"四个着力"：心理救助助力新时代"弱有所扶"的目标取向

心理救助要走出"契合度偏差"的实践困境，就必须明确自己的行动目标取向，从公共管理和专业实施两个方面[①]构建和完善促进心理救助事业的发展策略。

1. 着力培育心理救助专业组织

心理救助专业组织是心理救助的主导力量。要实现对心理型弱势群体的心理救助，就必须着力培育心理救助专业组织，推动心理救助实施主体从"水乳分离"走向"水乳交融"。

第一，实现心理救助组织之间的"水乳交融"。当前，心理救助组织散布在不同部门和社会力量之中，要实现心理救助组织间的"水乳交融"，就必须建立专门的协调机制对各心理救助组织进行统筹协调，可展开两个层面的协调机制建设：一是当地民政部门的工作联系交流机制，即由当地民政部门负责牵头联系同级、同地区的心理救助组织；二是上级党政小组工作会的统筹协调机制，即由上级专门的党政领导协调小组，指导社会心理救助的工作重点，统筹协调各方力量。心理救助组织作为社会救助体系的有机构成，按照"党委领

---

① 魏淑华．社区心理健康服务的现状与发展策略——以山东省济南市为例［J］．济南大学学报（社会科学版），2013（4）：76-80．

导""政府负责"的思路,在同级民政部门的工作联系交流基础之上,应由上级党政部门的统筹协调小组,统筹协调该地区所有的心理救助组织,使分散于各部门的心理救助组织紧密结合起来,实现统筹联动,促进心理救助组织层面的"水乳交融",从而形成合力,以更有效地帮扶心理型弱势群体,为实现新时代"弱有所扶"建立组织联结纽带。此外,在组织协调联系的基础上,开展各种形式的心理救助专业人士的经验交流活动,汇聚群体智慧,总结宝贵经验。在活动中,应加强多种形式的交流,要充分利用好现代社交媒介,建立有关心理救助经验交流的线上团队,并定期开展各种线下交流活动,如案例研讨学习、心理救助督导训练等。实现各组织中心理救助团队成员间线上线下的互动交流,为实现新时代"弱有所扶"碰撞智慧火花、积攒智慧资源。

第二,实现心理救助与其他社会救助形式之间的"水乳交融"。一方面,需要一线专业人员分享心理救助与其他社会救助形式(最低生活保障救助、就业救助、住房救助、医疗救助等)衔接的成功经验,也需要发现具体实践过程中各种微观的不足,总结导致挫折的经验教训,为跨组织社会救助方案的融合提供实际经验;另一方面,需要心理救助的组织管理人员深入一线心理救助工作之中,认真听取、记录一线工作人员的经验,提炼具体微观的实践工作经验与教训,并充分利用好理论研究的工具,提升理论指导实践的水平。一线人员与组织管理人员的深度结合,能够从基层经验与管理层面推动心理救助与其他社会救助形式的"水乳交融",从而全面推进对心理型弱势群体的帮扶,助力新时代"弱有所扶"重大民生工程建设。

2. 着力提升心理救助专业服务水平

着力提升心理救助的专业服务水平,是心理救助顺利实施的有效保证。而要提升心理救助的专业服务水平,就必须尽快走出实施对象上的"过度药疗"困境,广泛吸取心理救助实践中的经验,积极探索心理救助的专业化道路。

第一,尽快走出实施对象上的"过度药疗"困境。提升心理救助专业水平,需要聚焦于目前精神障碍患者"过度药疗"的现状。"过度药疗"不仅使服务于精神障碍的专业人员的劳动报酬与合法地位依赖于精神药物的施用,而且导致可供选择的多种技术手段变成了"精神药物"的单项选择。这意味着,社会、心理与生理等因素综合引发的精神障碍，其心理救助专业技术被简化为施用"精神药物"。这回避了精神障碍的"生理—心理—社会"综合的现实原因，也使得精神障碍的专业医疗服务人员的专业技能脱离了实际，严重限制了医疗服务人员心理救助专业服务水平的发挥。因此，要提升心理救助的专业服务水平，首先要解决"过度药疗"问题，而改变"过度药疗"的局面，需要着力于三个方面的完善：(1)积极推进非药物的专业心理救助方式进入精神障碍患者的服务范畴，让精神障碍患者拥有更丰富的专业服务方式的选择权利。(2)要大力提高具有心理救助专业水平的心理治疗人员的比例，改善心理救助专业人员的配比结构。(3)修正《精神卫生法》第二十三条，应允许心理咨询人员、社会工作师等专业人员在心理救助工作中使用心理治疗等方法技术，让他们的专业能力得以发挥，提高心理救助的专业服务水平。

第二，广泛汲取心理救助一线实践经验。要提升心理救助的专业水平，就必须善于挖掘一线心理救助专业人员的成功经验。既要鼓励心理救助工作者勇于担当、积极分享，也要鼓励心理救助组织的管理人员与科研人员深入一线、认真调研，努力提炼心理救助的成功经验，总结挫折教训，形成可供学习推广的经验模式。只有把基层一线、组织管理、科研人员的群体智慧凝聚起来，对成功经验进行宣传推广，才能全面提升心理救助专业服务水平。

第三，积极探索心理救助的跨学科专业化道路。心理救助不仅是专业化的实务工作，也是重要的科研工作。提升心理救助的专业化水平，除了从制度、经验入手外，还需要着力于科研水平的提升。目前，有关心理救助的研究局限在各自的学科领域与单一视角，与实际中的心理救助存在较大差距。这就需要联合心理学、社会学、精神医学以及社会工作等多个学科与专业，跨学科、多角度地探索心理救助的新理论、新模式，从科学层面与理论高度为提升心理救助的专业服务水平提供支撑。

3. 着力转变心理救助人才培养方向

人才是心理救助运行的根本力量。当前，心理救助专业人才"象牙塔"式培养困境，本质上反映了心理学等专业的人才培养方向与社会发展需求之间的契合度偏差。因此，要培养符合心理救助需求的专业人才，就必须转变人才培养方向，科学确定心理救助人才培养目标，科学制订心理救助人才培养方案。

第一，科学确定心理救助人才培养目标。心理救助人才培养目标是尽快走出"象牙塔"式培养困境的指南针，关系着培养怎样的人才、为怎样的对象服务的重大命题。我们应该从五个方面确立心理救助人才的培养目标：（1）培养具有较高实务能力的专业技能型人才是心理救助人才培养的首要目标。心理救助专业紧密结合社会实践，需要在复杂的社会情境下与心理型弱势群体展开沟通对话，施展专业技能，因此，心理救助人才需要较高的实务技能。（2）培养具有跨学科知识结构的专业人才是心理救助人才培养的基础能力目标。心理救助专业人才的培养涉及心理学、社会学、精神医学以及社会工作等多个学科与专业，因此，心理救助人才需要具备跨学科知识结构。（3）培养心理救助人才的优秀心理品质是心理救助人才培养的内在目标。心理救助对象涉及心理型弱势群体，具有较强的社会服务性质和较长期的计划性，因此，心理救助人才需要具备爱心、耐心和恒心等心理品质作为内在支撑。（4）培养具有一定研究水平的心理救助人才是心理救助人才培养的学术性目标。心理救助是新时代"弱有所扶"的关键一环，是社会保障制度的一个重要方面，与社会建设、社会治理以及社会的稳定发展等重大社会问题息息相关。这决定了心理救助不仅是实务工作，还具有较高的研究价值，因此，心理救助人才需要一定的研究水平。（5）培养具有一定理论政策水平、善于理解和运用国家社会政策的人才是心理救助人才培养的发展性目标。心理救助是在党和政府的相关政策下指导实施，与维护社会稳定和发展紧密相关，具有较强的政策性，因此，心理救助人才必须善于理解和运用社会政策，才能在现实社会中更好地发展心理救助事业。

第二，科学制订心理救助人才培养方案。人才培养方案是为了达成心理救助人才培养目标而实施的具体策略。要科学制订心理救助人才培养方案，必须紧紧围绕人才培养目标，充分考虑课堂教学、实践训练和社会渠道等因素对人才培养目标的影响。这就要求做到以下几点：（1）心理救助人才的技能培养应吸收转化现有的心理辅导、心理咨询、心理治疗、小组工作等实务技能，并开拓心理救助在主动施助上新的技能训练内容；注重心理救助人才在实际社会情境中与个体、群体沟通交流的能力，尤其要加大力度培养心理救助人才的群体交流能力，善于应用小组介入方式实施心理救助。(2)心理救助人才知识培养方案。应紧扣与心理救助紧密相关的心理学、社会学、精神医学以及社会工作等专业学科，以心理救助的现实服务问题为中心，突破单一专业学科限制，跨学科、多角度地编写心理救助教材体系。(3)心理救助人才品质培养方案。心理救助人才优秀品质的培养，要充分理解和尊重学生的自主意愿，调动和引导他们内在的积极心理力量，及时地予以发现和肯定；要注重多种渠道的培养，通过课堂、社会实践、宣传舆论以及教师的言传身教等渠道培养心理救助人才的爱心、耐心和恒心等与社会服务紧密相关的心理品质。(4)心理救助人才科研能力培养方案。紧密结合相关社会问题，采用量化研究与质化研究相结合的方式培养心理救助人才在信息资料检索、科研思维逻辑、论文撰写等方面的科研能力，为创造专业知识奠定科学思维的基础。(5)心理救助人才社会政策理解与运用能力培养方案。应专门收集党和政府部门颁布的有关心理救助的政策文件，并对比古今中外的类似社会政策，结合心理救助的社会实际问题，编排专门的教材进行讲解。

4. 着力健全心理救助运行机制

心理救助要走出一条不同于传统"心理咨询"的道路，落实对心理型弱势群体的扶助，就必须着力健全运行机制，使之步入常态化、制度化的轨道。这就要求政府有关部门尽快建立心理救助动态应急机制、心理救助重心下移机制和心理救助效果评估机制。

第一，要建立心理救助动态应急机制。心理救助是一个动态流程，尤其是自然灾害、生产安全责任事故、刑事犯罪以及精神病人肇事等引致的社会心理问题，更具突发性。因此，必须建立心理救助的动态应急机制。首先，应根据灾害或危机的不同程度对应建立不同等级的心理救助预案，具体可以分为危急、紧急、快速等数个等级。其次，在心理救助人员储备上，应成立应对自然灾害的心理救助小分队和培养应对社会危机的哀伤心理救助人员或心理谈判人员，并需要定期对心理救助人员进行演练。最后，在行动反应上，提供必要的通信与交通运输保障，做到快速反应、主动施助、及时应对。

第二，要建立心理救助重心下移机制。典型的心理型弱势群体，如精神障碍患者、流浪儿童、孤寡老人、失独家庭、艾滋病丧亲儿童等，其生存与发展空间与基层生活息息相关。落实心理救助重心下移，不仅是对国家社会治理重心向基层下移要求的积极响应，也是从心理救助对象的"根基"入手建立心理救助的"接地气"机制。首先，需要利用好基层管理人员和居民力量，如社区管理人员、社区治理"网格员"、热心群众等，并要求他们适当接受有关心理救助的专业培训，促进心理健康教育进社区。[①] 其次，要调动心理救助对象的家庭或家族支持系统，发挥中国传统家文化在心理救助中的作用，为心理救助奠定来自亲人的情感支持。再次，应积极联系公益性质的社会组织力量，为心理救助对象提供更广泛的社会支持。最后，心理救助专业机构应安排资深专业人员定期下基层，对心理型弱势群体开展专业心理救助服务，并就当前案例对基层心理救助人员展开业务督导，提高基层心理救助的专业化服务水平。

第三，要建立心理救助评估机制。心理救助效果评估机制是评价心理救助效果的必备机制，对于改进心理救助、调整或加强相关政策具有重要意义。要建立心理救助效果评估机制，就必须做到：（1）构建有效的心理救助效果评估指标体系。首先，指标体系构建应高度重视心理救助的一线实践经验，并将其作为构建评价体系项目内容的重要来源。其次，在评估工具利用上，应综合现场行为观察、访谈询问、他人评价与评估量表等定性与定量相结合、主客观兼备的多方面信息。最后，既要把受助者心理状况指标，也要把他们的工作能力与社会活动改善方面的指标纳入评估指标体系中。（2）心理救助过程的评估机制。首先，做好心理救助活动前后的评估，以有利于形成前后比较，从而可以反映出心理救助的效果强弱。其次，针对严重精神障碍等具有长期计划性的心理救助，应在心理救助中期增加评估环节。最后，针对难以事先测评的应急式心理救助做好事后补测的预案。（3）心理救助最优路径的评估机制。心理救助必定会消耗一定的社会资源，在过程评估收集的数据基础上，采用质化研究结合路径分析的专业方法可以选出效果相对较好、消耗资源相对较少的心理救助路径，这是深度完善心理救助的必要评估机制，并为调整与强化相关政策提供了切实依据。（4）心理救助效果评估的定期调整机制。心理救助效果的评估

[①] 王本法. 心理健康进社区的意义研究——一种构建和谐社会的路径探索［J］. 济南大学学报（社会科学版），2013（4）：72-75.

虽然有利于促进心理救助的完善改进,但因循守旧的心理救助效果评估反而可能会阻碍心理救助助推"弱有所扶"工作的开展。因此,要积极吸收专家和基层一线工作者的反馈信息,定期调整评估指标、评估方式,优化心理救助的评估机制,以更好地推进新时代"弱有所扶"重大民生工程的发展。

第十三章

公共服务供给与新时代"弱有所扶"

公共服务供给具有推进民生建设的重要作用。公共服务供给的目标与方式会受到政治、经济、社会等因素的约束。党的十九大报告指出:"必须多谋民生之利、多解民生之忧,在发展中补齐民生短板、促进社会公平正义,在幼有所育、学有所教、劳有所得、病有所医、老有所养、住有所居、弱有所扶上不断取得新进展,深入开展脱贫攻坚,保证全体人民在共建共享发展中有更多获得感,不断促进人的全面发展、全体人民共同富裕。"这表明,党和国家把民生建设内容扩大到了更广泛的领域,这也要求公共服务的供给目标更加侧重民生建设。然而,民生建设的重要环节是要处理好"弱有所扶"的问题。这是因为,弱势群体牵涉的人员广、类型多、年龄跨度大,弱势群体问题处理不好则容易引发社会矛盾,导致政治、经济、社会秩序的不稳定。然而,如何处理好新时代"弱有所扶"的问题?首先要明确何为"弱"。"弱"即弱势群体。从社会结构意义上来看,弱势群体是一个在社会资源分配上具有经济利益的贫困性、生活质量的低层次性和承受力的脆弱性的特殊社会群体。[①] 从外延上来看,弱势群体的具体包含对象则因社会结构分化与变迁阶段而有所不同与区分。可从经济收入、社会地位、体质、精神、能力与机会五个维度,将新时代弱势群体划分为经济型弱者(包含"三无人员"、"流浪乞讨人员"、最低生活保障对象、特困供养对象、受灾救助对象等)、社会型弱者(包含城市失业人员、"留守人员"、城市困境儿童、城市高龄老人、退役军人)、生理性弱者

---

① 陈成文. 社会学视野中的社会弱者[J]. 湖南师范大学社会科学学报, 1999 (2): 12–16.

（包含残疾人、慢性疾病患者、重大疾病患者、工伤人员）、心理性弱者（包含心理疾病患者和精神疾病患者）和文化型弱者（文盲和半文盲等）。[①] 其次是要明确怎么扶。扶的关键环节就是要加强公共服务。因为公共服务能根据弱势群体的自身需求，将支持资源快速有效地输送至弱势群体，并使其起到自我恢复、发展的功能。再次是要明确谁来扶。在政府职能转变，市场起基础性作用、社会组织力量逐渐壮大的情况下，社会的资源将不再是政府一家独大的局面，而会出现部分政府资源逐渐向市场与社会转移的趋势。因此，公共服务的供给将迎来"三分天下"的局面，即政府、市场、社会三元公共服务供给主体。

一、公共服务供给：新时代"弱有所扶"的"助推器"

新时代"弱有所扶"与以往的扶持弱势群体有明显的区别，主要体现在"用什么扶""怎么扶""扶的目标是什么"。关于"用什么扶"，传统的内容是以物质扶持为主，而新时代的内容则是以公共服务提供为主；关于"怎么扶"，传统的途径是以政府提供为主导，而新时代的途径则是以政府、市场、社会三元主体提供为主导；关于"扶的目标是什么"，传统目标是使弱势群体的基本生活得到保障，而新时代的目标不仅要保障弱势群体的基本生存权，同时还要促进弱势群体的发展权。因此，新时代"弱有所扶"背景下的公共服务供给在"扶"的内容、渠道和目标上具有新的现实意义，从而，公共服务供给是新时代"弱有所扶"的"助推器"。

1. 公共服务供给有利于拓展"弱有所扶"的内容

20世纪，我国保护和支持弱势群体的主要内容是货币或是物质，例如，残疾人通常被看作需要政府和社会保护的弱者，残疾人政策往往以生活救济为主。[②] 因此，传统"扶弱"内容具有形式的较单一性与低层次性。2003年以来，针对21世纪面临的公共需求快速增长与公共服务供给不足的矛盾，政府开始着手完善公共服务制度，拓展公共服务内容。在这一背景下，"弱有所

[①] 陈成文，陈建平. 新时代"弱有所扶"：对象甄别与制度框架设计［J］. 学海，2018（4）：92－100.

[②] 谢琼. 欧盟残疾人政策及其对我国的启示［J］. 理论探索，2010（3）：106－120.

扶"的内容也得以拓展,如政府关于对农民工的保护和支持内容由促就业、保生存拓展到劳动保护、职业培训与职业资格获取支持、社会保险、住房保障、子女教育等多层公共服务;[1] 关于对残疾人的支持内容从原来的教育和康复拓展到就业、保障、文化等多层公共服务。

2. 公共服务供给有利于拓宽"弱有所扶"的渠道

关于公共服务供给,以政府为单独供给主体显然不合时宜,这就必然要求市场、社会参与到公共服务的供给中来。当前我国已经探索了将养老、助残、困境儿童、留守儿童、精神障碍患者等公共服务以政府购买或外包、申请审批等方式交给市场或者社会,并取得了较好的扶助效果,从而也说明了公共服务供给有利于拓宽"弱有所扶"的渠道。

3. 公共服务供给有利于实现"弱有所扶"的目标

目前对弱势群体扶助的目标已由保障生存权转向了着重增强发展权,这就要求拓展弱势群体公共服务内容以及拓宽弱势群体公共服务渠道。一方面,弱势群体公共服务内容的拓展,标志着"扶"从物质层面深入精神层面。而精神层面的主要公共服务内容包括精神关爱、就业创业以及技能培训、教育支持,因而其实质的效果就是"扶志""扶技""扶智"。以"扶志"激发弱势群体对生活的信心;以"扶技""扶智"增强弱势群体的自我生存、发展能力以及降低弱势在代际传递中的机会。因此,弱势群体公共服务内容的拓展有利于增强其发展权。另一方面,弱势群体公共服务渠道的拓宽,对于增强弱势群体的发展权亦有着重要意义。社会组织能通过营造对弱者关怀的道德氛围和伦理秩序,提升弱者权益保护体系的整体效能;弱者借助社会组织这一中间桥梁,实现从个人到组织再到社会的整合和认同,弱者在与他人及社会的交流和合作中获取信任和信心,建立自尊,约束自身的投机心理和惰性心理,帮助弱者逐渐摆脱弱者心理和现实身份。[2] 另外,政府对提供某些弱势群体公共服务可能不一定高效,政府低效之处往往是市场或社会有效之处,如养老、济弱、

---

[1] 张汝立,田小琦. 从保护到支持——中国弱势群体政策的转型及其特征[J]. 北京师范大学学报(社会科学版),2013(5):91-97.
[2] 郑芸,郑霖. 非政府组织保护弱者权益的路径及优势[J]. 石家庄学院学报,2013(1):5-9.

救病、助残、扶幼等领域。①

二、契合度偏差：公共服务供给的实践困境

市场与社会真正意义上参与公共服务事务，在我国始于21世纪初，各供给主体仍处于实践探索阶段。同时，各供给主体在公共服务上还存在一定的缺陷，从而导致公共服务供给与新时代"弱有所扶"之间产生契合偏差。总体来说，最明显的缺陷就是各主体对"弱有所扶"的基本准备条件还不充分。社会组织在我国起步晚，发展慢，滞后于弱势群体公共服务需求，更滞后于潜在的弱势群体公共服务需求，而且社会成员的支持程度也处于较低水平。

1. 政府视角：观念、制度、资源困境与"弱有所扶"的契合度偏差

从政府的视角来看，公共服务供给与新时代"弱有所扶"的契合度偏差主要是由于政府的服务观念还比较滞后，导致主观动力不够；制度安排还不够完善，导致执行力不够；资源配置还不够合理，导致总体效果不佳。

第一，政府对弱势群体公共服务观念存在误区，导致"弱有所扶"主动性不强。一是因政府职能转变速度慢，导致不少政策制定者、执行者对社会事务还存有大包大揽的观念，特别是在弱势群体公共服务市场化基础弱、购买公共服务经验少的地方，政府往往倾向于把弱势群体公共服务揽在自己手里，或者将其转交给相关机构下的二级单位，最终导致弱势群体的公共服务"内部化"。二是政府在弱势群体公共服务委托过程中，其缺乏地位平等意识以及契约精神，有时候利用行政权力向社会组织施加压力，在弱势群体公共服务项目实施中干预服务行为，或者强行改变项目要求。三是不少政府官员认为弱势群体提供公共服务是政治任务要求，而非民生工程，所以对弱势群体的公共服务供给没有科学的规划与论证，在安排公共服务时并不了解弱势群体的具体需求，因此提供一些可能根本不契合弱势群体的公共服务，从而导致服务效率降低。

第二，政府对弱势群体公共服务制度安排不合理，导致"弱有所扶"执行力不强。制度安排的不合理主要表现在三个方面：一是法律法规的不完善。

---

① 沈志荣，沈荣华. 公共服务市场化：政府与市场关系再思考[J]. 中国行政管理，2016（3）：65-70.

例如，从全社会流浪乞讨人员社会救助立法视角和社会救助制度的建设来看，《救助管理办法》仍然是城乡分治、公民不同权的落后立法理念，同时《救助实施细节》具体操作性不强。① 有关困境儿童的法律法规以及规章制度更是不成体系，尽管国务院办公厅发布了《关于加强困境儿童保障工作的意见》《关于加强农村留守儿童关爱保护工作的意见》等意见，对困境儿童的权益有了兜底性保护，但是这些意见由于位阶低，难能给予其法律上的重任，相关法律的缺失使得困境儿童权益保护处于尴尬境地。② 二是政府部门对弱势群体公共服务的协同制度不完善。例如，流浪乞讨人员的救助有民政、公安、卫生、救助站等多部门的制度，但是各制度之间的衔接性与协调性还不够紧密，甚至还有部门职能交叉、权力重复设置的情况。而残疾人的公共服务需要残联、民政、人社、卫生、财政部门的协调安排，但各职能部门间的助残服务工作仍较为松散，残联作为群团组织，在行政层面无法领导和统筹同级别部门的助残工作，对于一些跨部门、跨职能的问题难以做到统筹协调。③ 三是政府对弱势群体的公共服务监督与评估机制不完善。一方面是监督体系不完善，主要表现在缺乏全国性的顶层监督立法依据以及规章制度，从而导致各地整体性、实用性不强的地方法规林立，使得公共服务监督与评估整体性效果不佳；另一方面是弱势群体公共服务的监督基本由政府部门垄断，缺乏社会组织以及公民的外部监督，导致监督效力不高。由于监督人员的专业水平不高、责任心不强等导致弱势群体公共服务供给的监督能力薄弱。如部分政府官员对弱势群体公共服务评估的主动性、积极性不高，特别是一些基层干部在评估过程中不负责，甚至互相推诿，导致不少评估流于形式甚至敷衍了事，评估的结果几乎看不到"不合格"。④

第三，政府对弱势群体的公共服务资源配置不合理，导致"弱有所扶"

---

① 黄树标. 和谐社会视野下城市流浪乞讨人员社会救助权的宪法保护［J］. 社会科学家，2015（3）：111 – 114.
② 李洪波. 实现中的权利：困境儿童社会保障政策研究［J］. 求是学刊，2017（3）：100 – 106.
③ 段亚男，林子琪. 社会助残服务的供给主体、制约因素及模式选择——基于供给侧结构性改革理论视角［J］. 社会保障研究，2017（3）：67 – 74.
④ 王浦劬，（英）Jude Howell，等. 政府向社会力量购买公共服务发展研究——基于中英经验的分析［M］. 北京：北京大学出版社，2016：28 – 33.

效果不佳。一是表现在供给总量不足。根据2017年我国一般公共支出决算数据显示，抚恤、社会福利、残疾人事业、最低生活保障、临时求助、特困供养、扶贫支出等安排于弱势群体的公共支出大约为7000亿元，比上年度增长9.76%，但其占一般公共支出的比例（2016年为3.35%，2017年为3.42%）没有明显增长，且弱势群体人均财政支出不足4000元，难以满足扶弱的现实需求。在决策者理性化的基础上，政府倾向于将公共财政预算安排在受众广、乘数效应明显的公共项目上，而忽视边缘化的弱势群体。这种现象体现在中西部地区，中西部地区因为基础设施建设比较落后，因此政府在公共服务安排上偏好于此，从而压缩了弱势群体公共服务投入。而东部发达城市由于基础设施建设比较完善，反而可能有更多的公共财政安排在弱势群体的公共服务项目上。此外，政府公共服务资源分配存在明显区域差异化，尤其是中西部、城乡差异，导致西部与农村地区弱势群体的公共服务供给量更加不足。总体而言，财政均衡与地方政府公共服务供给质量呈现正相关，也就是说，地方财政均衡度水平越高，其公共服务供给越好。[1]二是表现在政府对弱势群体的公共服务供给存在结构矛盾。产生这种供给上的结构矛盾的主要原因是政府没有对弱势群体有一个较为准确的分类，从而出现公共服务供给内容不清晰。即政府在提供或购买公共服务的过程中，政府对于自己必须购买哪些服务、不需要购买哪些服务，缺乏明确的标准和规范。常见的是地方政府在为弱势群体提供的公共服务时同质化或统一化，如为弱势群体配送统一的物资、提供免费健康检查，但是配送物资对心理型弱者并不一定是最大偏好，免费健康检查对部分经济型和文化性弱者的效用并不高。又如社会助残服务应以残疾人的需求为导向，但在实际操作过程中，由于助残服务供需信息不对称，或受人手、资金、能力的限制，造成服务项目设置与残疾人需求不匹配。[2]

  2. 市场视角：逐利动机与"弱有所扶"的契合偏差

  从市场的视角来看，公共服务供给与新时代"弱有所扶"的契合度偏差

---

[1] 辛方坤. 财政分权、财政能力与地方政府公共服务供给[J]. 宏观经济研究，2014（4）：67-77.

[2] 段亚男，林子琪. 社会助残服务的供给主体、制约因素及模式选择——基于供给侧结构性改革理论视角[J]. 社会保障研究，2017（3）：67-74.

第十三章 公共服务供给与新时代"弱有所扶"

主要是由于市场偏向于追逐利润,容易忽视弱势群体公共服务过程中的公平与正义性。

第一,在弱势群体的公共服务过程中,市场出现"抽精去渣"现象,引发新的不公平。"抽精去渣"现象是指公共服务供给方为追求个人利益而不是公共利益最大化,有意地选择公共服务对象,从而引发社会公平问题。在公共服务市场化过程中,由于公共服务供给主体的服务效率以及服务质量是在服务外包或凭单制工具中,政府考核私人承包商服务绩效的主要标准,也是公共服务供给主体获得政府拨款的重要依据①,因此,市场将会在追求利益最大化以及结果最优化的情况下,对弱势群体进行选择性或倾向性服务。在残疾人就业培训过程中,部分地方政府会以残疾人的最终就业人数或就业比例来支付费用。因此,市场会在残疾人群体中选择残疾程度低、人力资本相对强者,使其优先就业或获得更多服务安排,这个过程就是"抽精";基于优先选择原则,最终会导致部分残疾程度高或者缺少技能的残疾人成为"剩余",从而导致"去渣"。这一现象使得公共服务的公共性转变成了私利性,因而不利于弱势群体的公平扶助原则,并损害社会公正。

第二,在弱势群体的公共服务过程中,市场出现"撇脂"现象,导致部分公共服务短缺。政府在提供公共服务过程中引进市场机制,其主要目的是提高供给数量、质量以及效率。但是在实际过程中,也有可能会出现"市场失灵",最突出的就是"撇脂"现象。基于自利天性,私营企业理所当然地将"趋利避害"的商业之道和"嫌贫爱富"的市场原则引入公共服务过程,产生抬高价格、降低质量、规避盈利少的项目、漠视弱势群体利益等违背社会公平正义的行为。亨利·汉斯曼将这些现象称为"因服务的购买者和消费者分离而引发的'公私合约失灵'",更多学者则将之形象地冠名为"撇脂"或"捞奶油"。② 一方面,部分弱势群体的公共服务情况复杂,专业以及质量要求高,存在一定的服务门槛,然而政府在这些服务领域所投入的资金预算并不充裕,从而导致了市场在选择公共服务供给项目时挑肥拣瘦,使选择利益最大化。如

---

① 王树文. 我国公共服务市场化改革与政府管制创新[M]. 北京:人民出版社,2013:39.
② 张雅勤,高倩. 论私营企业承接公共服务的"撇脂"行为及其治理[J]. 理论与改革,2018(1):143–146.

公益性就业岗位、养老服务、残疾人服务、公共卫生服务和医疗保险基本药物等购买项目，私营企业往往采取规避态度，即使经由政府补贴而承担，也会想方设法通过降低成本来赚取更多利润。在我国，由于残疾人这一弱势群体的特殊性、需求的多样性、体系构成的复杂性等一系列因素，使得我国残疾人托养服务事业难以被市场主体所积极承担。[1]

第三，在弱势群体的公共服务过程中，市场出现垄断现象，导致部分公共服务价格偏高，使得政府在预算成本约束下只能转向购买性价比较低的公共服务。目前，中国残疾人总数超过8500万人[2]，2050年中国老年人口数总量将超过4亿人[3]。残疾人与老年人的辅助用品需求量较大。但是由于我国企业在这类产品上的起步较晚，发展较慢，技术含量低，因此导致中高端市场大多被国外生产厂家所垄断。因此，在政府购买公共服务的情况下，大部分残疾人难以获得性价对等的辅助用品服务，从而降低了公共服务效益。

3. 社会视角：服务能力与"弱有所扶"的契合偏差

从社会的视角来看，公共服务供给与新时代"弱有所扶"的契合度偏差主要是由于社会组织在数量与质量上与现实需求存在差距以及社会成员支持力度乏力，导致公共服务难以满足弱势群体的公共服务需求。

第一，社会组织发展速度慢且不均衡，导致弱势群体的公共服务机会少。一方面，我国的社会组织发展较慢，如社会团体数量从2015年的32.6万个增加到2017年的33.9万个，增加了1.3万个，增长率为3.99%；民办非企业数量从2015年的32.7万个发展到2017年的36.6万个，增加了3.9万个，增长率为11.92%，但社会组织与社会弱者的数量比例大约为1:283，远远不能满足当前的弱势群体公共服务需求。另一方面，以沿海地区为主的发达地区以及城市，其社会公共组织发展早，理念新、技术较为成熟，所能获取的公共服务项目以及相应的资金多，从而能够使弱势群体公共服务能够广泛深入地进行。

---

[1] 张雅勤，高倩. 论私营企业承接公共服务的"撇脂"行为及其治理[J]. 理论与改革，2018 (1)：142-151.

[2] 苏皑，李虹，李超男，陶向南. 残疾人创业的信任环境重构——基于团队特征的视角[J]. 残疾人研究，2020 (1)：81-88.

[3] 董克用，肖金喜. 人口老龄化背景下新加坡中央公积金养老金制度改革研究与启示[J]. 东岳论丛，2021，42 (3)：97-108，191-192.

但是对于经济欠发达地区尤其是大部分的农村地区，其社会公共服务组织数量少，服务水平较低，加上相应的财政支持力度低，弱势群体数量多，导致社会公共服务组织难以长足发展。因此，在社会公共服务组织缺乏的区域，其弱势群体的公共服务供给能力低，同时在公共服务资源不平衡的情况下，更多的农村弱势群体将面临更少的公共服务机会以及资源。

第二，社会组织的服务水平还有欠缺，导致弱势群体的公共服务满意度低。一是社会组织普遍面临运营资源紧张的问题，如场地小甚至无场地、资金少、人员少、专业水平不高等。部分弱势群体的基本公共服务对人员、专业性要求较之不苛刻，如高龄老人、残疾人等群体的理发、家政、陪同就医等；但残疾人、心理疾病患者的康复治疗等服务则通常需要多领域的专业人员参与，从而对服务人员的专业性有较高的要求。因此，在公共服务项目费用有限且捐赠费用来源渠道极少的情况下，社会组织很难配备优良资源与人员为弱势群体提供较高质量的公共服务，从而也容易导致弱势群体对公共服务评价低。二是社会组织对弱势群体的意愿与需求的权利表达不足。现阶段代表弱势群体利益的规范性社会组织并没有真正形成，更缺乏全国性的代表弱势群体利益的社会组织，现有的一些组织诸如工会、妇联、共青团、基层群众自治组织等因其官方或半官方的特点，其把握弱势群体话语权准确性、全面性的能力是令人质疑的。[1] 三是由于部分社会组织过度依赖政府公共服务购买项目，且自身发展能力差，导致其服务能力与水平提升难度较大。尤其是弱势群体类的社会组织，其依赖程度更甚。在政府公共服务购买项目缺乏规划时，这类组织在设施与人员的投入上也会更加谨慎。这种博弈往往导致社会组织的能力发展落后于实际需求，从而导致弱势群体的公共服务供给滞后。

第三，社会支持力度不够。一方面，弱势群体的微观社会支持往往是以血缘关系、亲缘关系、地缘关系为核心的互助的形式出现。但进入工业文明社会以后，随着社会风险、生活成本和人口流动性的增加，人与人之间的血缘、亲缘以及地缘关系逐渐松散，从而导致弱势群体对于安全、归属和发展的需求，

---

[1] 王宝治，李克非. 公共治理视角下弱势群体话语权的保护［J］. 河北大学学报（哲学社会科学版），2015（3）：123-128.

越来越难以依靠亲属、家庭、邻里和朋友关系得到满足。① 另外，还需认识到，大部分弱势群体所在的家庭（包含血缘与姻缘）的支持资源并无优势，而且很多家庭对弱势人员的支持仅停留在生存层面上，对心理上的关怀不够。更甚的是，有部分弱势群体家庭歧视、排斥弱势者，如殴打、驱逐老年人，虐待身体或心理缺陷儿童。另一方面，我国公民慈善捐赠力度还不够大。从《2016年度中国慈善捐助报告》中可以看出，我国接收国内外款物捐赠共计1392.94亿元，占全国GDP的0.19%，人均捐赠不足100人民币；而同期美国慈善捐赠总额约合25706.6亿人民币，占GDP的2.1%，人均捐赠约合7957.1人民币。②

三、协同治理：提升公共服务供给契合度的目标取向

导致公共服务供给与新时代"弱有所扶"之间的契合度偏差的首要问题是各提供主体的准备条件不够充分，因此还需提高各主体的供给能力。但是，如果仅将新时代"弱有所扶"的目标建立在提高主体供给能力的基础上，而忽视主体在公共服务供给过程中的协作能力，会导致契合度偏差难以得到有效纠正。因此，这就必须通过协同治理，增强公共部门内部、公私部门之间的协调能力。具体来说，就是要明确权责关系，强化政府供给主体的责任意识；倡导公益理念，激励市场供给主体的积极性；优化制度环境，扩大社会供给主体的参与机会。

1. 明确权责关系，强化政府供给主体的责任意识

明确权责关系是弱势群体公共服务的政策设计与实践的关键环节，也是弱势群体公共服务中各主体协作行动纲领，更是弱势群体公共服务效率与质量的根本保障。然而，政府在各主体中处于核心地位，既是弱势群体公共服务的提供者，也是公共服务资源（尤其是资金）的掌握者，更是公共服务政策制定的主导者。因此，这就需要实现各供给主体之间的平等化，并通过明确权责关系，强化政府供给主体的责任意识，转变公共服务观念，完善公共服务制度，

---

① 田萍. 社会生态维度下弱势群体社会支持网络系统建构［J］. 求索，2013（10）：238-240.
② 2016年度中国慈善捐助报告［EB/OL］. http://www.gongyishibao.com/html/gongyizixun/12735.html.

优化公共服务资源配置。

第一，转变公共服务观念。一是要改变全能型政府观念，要解放思想，敢于将公共服务事务交给市场和社会。在弱势群体的公共服务上，政府应尽量实现职能转移，如"三无人员"、最低生活保障对象、受灾救助对象、城市失业人员可以通过市场提供就业岗位以提高经济获取能力；残疾人、老年人的辅助品的提供与优化可以由市场来解决；流浪乞讨人员、留守人员、残疾人、心理与精神疾病患者、文化型弱者都可以通过社会组织提供公共服务。二是改变服务观念，变被动为主动服务。主动提供公共服务，就是要求政府工作人员在弱势群体公共服务中，主动去发现并解决服务短板与问题。同时，也需要政府在实现弱势群体公共服务职能转移后，更好地参与到服务过程的监督与服务结果的评估中去，并通过监督与评估来促进弱势群体公共服务工作的改进。

第二，完善公共服务制度。一是要建立弱势群体公共服务的总体性法律制度，保障与指导弱势群体公共服务工作。这就要求政府在法律上确定弱势群体的概念；确定公共服务的目的、原则以及范围；确定参与弱势群体公共服务的主体与客体的基本责任与义务。只有这样才能使弱势群体公共服务的对象由模糊变明确，服务观念由消极变积极，服务行动由被动变主动。二是要健全弱势群体公共服务所涉及的公共部门内部协调机制，厘清各部门在公共服务中的制度与责任；完善制度衔接，防止职责交叉与缺位；建立明确的追责制度，确保各项公共服务能落地执行。三是要完善弱势群体公共服务监督机制，引进第三方评估机构。一方面，要完善政府公共服务监督的立法顶层设计，国家在修订《政府采购法》的基础上，要制定专门针对政府购买公共服务的全国性专门法律，达到对政府购买公共服务的前期、中期、后期各个阶段进行全面的规范及引导作用；[①]另一方面，政府要建立健全社会公众对弱势群体公共服务诉求、意见以及投诉的沟通渠道，尤其是要积极听取弱势群体对公共服务供给、实施过程及结果的反馈意见，以及时调整公共服务供给方式以及内容。要将会计师事务所、审计事务所或者调查咨询公司等社会评估组织引入弱势群体公共服务

---

① 杨丽，赵小平，游斐.社会组织参与社会治理：理论、问题与政策选择［J］.北京师范大学学报（社会科学版），2015（6）：5-12.

的监督体系,对服务项目需求的必要性、实施的可行性、招标过程、提供过程、提供结果进行全方面的监督。

第三,优化公共服务资源安排。一方面,要增加财政支出安排,提高弱势群体公共服务供给总量,同时协调好财政支出在地区与城乡之间的配置,平衡弱势群体公共服务的差异。一是要在职能转变、精简机构与精减人员、简化办事流程等一系列政府瘦身措施的基础上,减少一般公共服务支出,逐年增加弱势群体公共服务的财政支出安排。二是要改变单一以GDP论英雄的干部绩效考核制度,尤其是要增加对民生改善方面的绩效考核,引导更多的公共资金流向弱势群体公共服务。三是要在弱势群体公共服务的财政支出安排上向中西部地区以及农村地区倾斜,最主要的是要将公共服务逐渐覆盖到偏远与贫困地区,弥补服务空白,再在广覆盖的基础上逐渐提高服务质量。另一方面,要通过区分弱势群体类型,优化公共服务资源的靶向安排。可以借鉴从经济收入、社会地位、体质、精神、能力与机会等维度下划分弱势群体类型的科学方法,摸清弱势群体个体的实际公共服务需求,以提高公共服务的效率以及效果。如对经济型弱者中的"三无人员"、最低生活保障对象、特困供养对象、受灾救助对象,以及社会型弱者中的城市失业人员、退役军人应主要提供增能赋权型的公共服务,通过就业、技能培训等提高其自我服务、自我发展能力,增强经济获取能力;对流浪乞讨人员、困境儿童、高龄老人应主要提供家庭服务、人际沟通服务等,使其更好地融入家庭、同辈群体或者社区;对心理性弱者中的心理疾病患者应主要提供心理咨询、干预、治疗、救援以及康复服务,使其能适应并回到社会中。

2. 倡导公益理念,激励市场供给主体的积极性

市场的趋利性是其天然本性,但这并不意味着市场不能兼顾公益性。因此,要使市场兼顾趋利性与公益性,这就必须倡导公益理念,激励市场供给主体的积极性。

第一,倡导公益理念,提高市场在弱势群体公共服务中的社会责任意识。企业必须要意识到,政府、企业、社会组织、社会成员等都是构成社会系统的要素,且各个要素之间存在着相互依存、相互促进的关系。如若市场主体漠视当前社会收入两极分化以及弱势群体边缘化,势必会影响到市场生产和消费的

总规模，导致市场的滞胀甚至萧条。因此，企业需要有"取之于社会，服务于社会"的公益理念，为弱势群体承担必要的社会责任，为其提供相应的公共服务。如可以为弱势群体的创业提供资金、技术等方面的支持；可以为就业提供更多的岗位；可以提供更多的资金或物质的捐助；可以提供免费的健康服务、心理咨询等公共服务。

第二，激励市场参与弱势群体公共服务的积极性。要使市场积极参与到弱势群体公共服务中，需要坚持"有所取，有所予"的原则。所谓"有所取"，就是要利用市场的服务优势来提高弱势群体公共服务效率与质量；所谓"有所予"，就是要给予参与弱势群体公共服务的企业一定的政策支持，激励市场参与积极性。一是要对具有竞争性市场的弱势群体公共服务项目采取投标方式，选取资历较好的企业参与公共物品的生产与供给；对市场发展水平较差的弱势群体公共服务项目则采取委托、特许经营等方式，实现提供弱势群体公共服务及培育相关市场的双赢。二是要为市场参与弱势群体公共服务提供相关的政策支持，如：对弱势群体公共服务项目的收入予以税收减免，对参与企业的其他非弱势群体公共服务或产品予以优先采购。

3. 优化制度环境，扩大社会供给主体的参与机会

目前，社会供给主体在弱势群体公共服务中的活力还没有得到有效的激发，能力还没有得到明显提高，最主要表现在供给主体的参与机会不够。因此，必须要通过优化制度环境，扩大社会供给主体的参与机会。

第一，放宽社会组织的准入制度。当前，我国较为严格的准入制度限制了社会组织数量的增长，导致了公共服务供给难以广泛有效的展开，因此放宽社会组织的准入制度势在必行。一是要根据不同地区的经济水平与财政预算、不同的服务项目、范围以及专业要求，分类的设置社会组织准入条件，如经济发达地区、服务项目多元化、专业要求高者，可以适当提高设立标准；落后地区、服务项目单一化且专业要求不高者，则可以适当地降低设立标准，从而保证有相当数量的社会组织来承担弱势群体公共服务。二是可以尝试性地实行直接登记与备案登记相结合的制度，即对于宗旨和目标符合法律规定基本条件的社会组织，允许其直接登记注册；对于基本条件尚不成熟的社会组织，则先允许其在民政部门或者街道办事处进行登记备案，从而使之以合法身份提供社

服务，待基本条件成熟以后，再允许其直接登记注册。①

第二，加强对社会组织的支持力度。加强对社会组织的支持，关键是要为社会组织提供可持续的资源支持，着眼制度设计，形成各省份相对统一的机制性安排，给社会力量提供稳定的参与渠道和资金来源，不让社会参与的大门因政府部门负责人的改变而任意启闭。② 一是政府在放宽社会组织的准入制度的前提下，加强对承担弱势群体公共服务的社会组织支持，尤其是在社会组织发展初期，要给予一定的财政支持与税收优惠，坚持"保大促小"的目标，即不仅要保障有实力的社会组织的稳定发展，同时要促进弱小的社会组织的成长，逐渐促成社会组织的竞争局面，真正培育有活力、有能力的社会组织。而在社会组织发展较为成熟时期，则要坚持"抓大放小"的目标，通过财政与税收等政策重点培育能够较好、较全面承担弱势群体公共服务的社会组织，对于发展与管理能力差、承担公共服务供给能力弱的社会组织，则应放弃支持，实行淘汰。二是对承担弱势群体公共服务的社会组织要进行分级支持，对于中西部地区、农村地区、贫困地区的社会组织相应给予更优惠的财政、税收、资源配套等政策。三是要大力推进公益创投。企业公益创投是企业为初创期和中小型的社会组织提供"种子资金"以及管理和技术上的支持，通过与受捐助社会组织建立长期的、深入参与的合作伙伴关系，达到促进社会组织能力建设和模式创新的目的，帮助其发展成为可复制的、高效率的组织结构。③ 由此可知，企业公益创投不仅可以解决社会组织的资金缺口问题，而且可以为其提供财务管理、法律咨询、活动策划、管理运营等方面的专业服务，提升其发展能力。④

第三，倡导社会主义核心价值观，提高社会对弱势群体的支持力度。一是要提高家庭对弱势群体的支持力度。家庭成员需尊重、公平地对待弱势成员，不能歧视甚至虐待弱势成员，最重要的是，家庭不仅要关心弱势成员的生活条件，还要对弱势成员在情感上给予关怀，使其能够融入家庭，建立起其自我支

---

①④ 陈成文，黄开腾. 制度环境与社会组织发展：国外经验及其政策借鉴意义［J］. 探索，2018（1）：144－152.

② 高海虹，王彩云. 政府购买视角下的社会组织发展路径思考［J］. 理论月刊，2012（10）：137－139.

③ 李筱婧，万军. 利用公益创投促进公益组织发展［J］. 理论与现代化，2010（3）：70－72.

持、自我发展的第一重保障。二是要加强社区对弱势群体的支持力度。社区可以组织公益活动，为弱势群体进行志愿服务，如组织大学生为老年人进行家政服务，组织社区居民为"三无人员"、最低生活保障对象、特困供养对象提供物质帮助等，从而使弱势群体能够更好地融入社区。三是要加强社会成员对弱势群体的支持。一方面，社会成员要尊重弱势群体、公平地对待弱势群体，使其能够进行正常的人际交往与沟通，为弱势群体融入社会创造和谐的社会氛围；另一方面，社会成员需要提高慈善捐赠意识，发挥互助精神，乐于捐赠，为弱势群体的生活与发展提供更多的支持。

新时代"弱有所扶"背景下加强弱势群体公共服务供给，是一项复杂的系统工程。其复杂性主要体现在两个方面：一是弱势群体的复杂性。弱势群体可以分为经济型、社会型、文化型、心理性、生理性以及综合型弱者；也可以分为东、中、西部弱者；可以分为城、乡弱者；可以分为中、青、老弱者。同时，不同类型的弱势群体又会有同类型的公共服务需求，所以弱势群体的公共服务绝对不是一对一的直线型，而是一对多且互相交叉的多组合型，这就给政府为弱势群体安排以及优化公共服务带来困难。二是制度构建的复杂性。这一复杂性主要源于政府当前为弱势群体提供广泛、深入且高质量的公共服务的法律、制度、政策、资源条件准备不足，如何完善法律、理顺制度、优化政策、整合资源是政府要面对的一系列复杂问题，如果这些问题不能解决好，则市场、社会组织参与的积极性也难以调动起来，也会最终导致弱势群体的公共服务效率与效果被层层削弱。正是因为弱势群体公共服务供给具有这样的复杂性，所以我们也不能期待"弱有所扶"在短时间内完成，而是应该坚持"持久战"。因此，当前最重要的工作就是摸清弱势群体公共服务供给的现状与需求，厘清并消除弱势群体公共服务供给的羁绊与障碍，才能够在这场"持久战"中从劣势转为优势，从被动转为主动。

第十四章

慈善事业与新时代"弱有所扶"

中国特色社会主义进入新时代，我国社会主要矛盾已经转化为人民日益增长的美好生活需要和不平衡不充分的发展之间的矛盾。而弱势群体的存在就是发展不平衡不充分的一个突出表现。弱势群体是指在经济上具有贫困性、在生活质量上具有低层次性、在生理和心理上具有脆弱性的特殊社会群体。弱势群体的这些社会特征严重地制约了其追求美好生活需要的能力。为此，党的十九大报告提出了"弱有所扶"的民生建设目标。党的十九届四中全会报告又强调："完善社会救助、社会福利、慈善事业、优抚安置等制度，健全农村留守儿童和妇女、老年人关爱服务体系。"众所周知，慈善事业是个人或组织以资源捐赠财产、物资或提供服务等方式，开展扶弱济困和救灾等活动的一项社会公益事业。作为我国社会保障体系的必要补充，慈善事业是实现新时代"弱有所扶"的重要力量。因此，要实现"弱有所扶"的民生建设目标，解决社会发展不平衡不充分的问题，就必须推动慈善事业的大力发展。

一、慈善事业：新时代"弱有所扶"的"润滑剂"

作为社会第三次分配的重要方式，慈善事业是社会文明和谐的重要标志，也是实现新时代"弱有所扶"的润滑剂。①"弱有所扶"中的"弱"广义上包括处于生活贫困，发展困境中的群体。弱势群体是一个社会学的概念，是相对

---

① 陈成文，陈建平，洪业应. 新时代"弱有所扶"：对象甄别与制度框架 [J]. 学海，2018 (4)：92-100.

强势群体而言的。自人类社会诞生以来,弱势群体就一直存在。而慈善行为的发生与弱势群体息息相关。受儒家"仁爱"和墨家"兼爱"等思想的深远影响,我国自古以来就有官方性质和民间性质的慈善行为。在魏晋南北朝时期,我国就出现了专门收容贫病者的慈善机构(六疾馆)和赡恤孤老的机构(独孤园)。并且,在这一时期,佛寺慈善活动盛行,在扶贫济灾、施医给药等方面发挥了较大作用。在明清时期,官方设立了抚恤孤老的养济院、恤病助丧的漏泽园等慈善机构;民间则成立了普济堂、会馆、义庄及各种善堂善会等慈善组织。截至 2019 年底,全国登记认定的慈善组织总数超过 7500 个,较 2018 年增长了四成以上,占全国社会组织总量的 0.87%,净资产合计约 1600 亿元。[1] 这些数量众多的慈善组织致力于社会公益事业,在扶弱济困和救灾领域中起着中流砥柱的作用。可以说,以慈善组织、机构为主体,以慈善活动为载体的慈善事业在帮扶社会弱势群体过程中发挥了巨大的作用。因此,新时代"弱有所扶"民生目标的实现必然离不开慈善事业的支持。

1. 慈善组织是实现新时代"弱有所扶"的行动主体

在我国,慈善组织的发展历经官办基金会出现、官方背景慈善会兴起、官民慈善组织共生到民间化演进的过程[2],一直带有或多或少的行政色彩。因此,有些学者认为,我国当代慈善的基本定位也由"政府主导下的社会保障体系的一种必要的补充",演变成政府社会保障的"有机组成部分"或"重要组成部分"。[3] 这也就说明了,慈善组织与政府一样,是实现新时代"弱有所扶"的行动主体。截至 2021 年底,我国 60 岁及以上老年人口达 2.67 亿人,占总人口的 18.9%;有孤儿 41.0 万人,低保对象 4786.7 万人,特困人员 492.3 万人。[4] 对数量如此庞大的弱势群体进行有效的针对性帮扶单靠政府力量是不可能实现的,这必然使得慈善组织成为"弱有所扶"的主体之一。慈善组织的这种主体性地位主要体现在资金筹集和人员动员两个方面。在资金筹集上,慈善组织通过公开募捐、接受捐赠和财产增值等方式取得以开展慈善活

---

[1] 雷晓康,陈泽鹏. 迈向共同富裕进程中的第三次分配:价值、基础与进路 [J]. 济南大学学报(社会科学版),2022,32(4):100-112.

[2] 陈斌. 改革开放以来慈善事业的发展与转型研究 [J]. 社会保障评论,2018(3):148-159.

[3] 周秋光. 中国慈善发展的历史与现实 [J]. 史学月刊,2013(3):5-9.

[4] 资料来源:民政部发布的《2021 年民政事业发展统计公报》。

动为目的的慈善资金，为实现"弱有所扶"提供资金支撑。2021年全国社会组织捐赠收入1192.5亿元，比上年增长12.6%。① 中国慈善发展报告的数据显示，2017年我国慈善系统的社会捐赠收入超过426亿元；基金会、社会服务机构和社会团体三类组织的社会捐赠收入为850亿元，其中基金会的社会捐赠收入为680亿元。② 在人员动员上，慈善组织通过招募、培训志愿者，形成了一支庞大的专业志愿者队伍，为实现"弱有所扶"提供了人员支持。2021年，全年共有2227.4万人次在民政领域提供了6507.4万小时志愿服务。③ 由此可见，在社会扶弱事业中，慈善组织不仅可以筹集慈善资金，弥补财政资金的紧张；而且还可以动员大量的志愿者，解决政府人员不足的困境。

2. 慈善活动是实现新时代"弱有所扶"的重要手段

慈善活动是一种公益活动。慈善是社会的第三次分配，其主体是社会有良知的公民。④ 根据经济学家厉以宁的观点，社会分配可以分成三个层次：第一层次是以竞争为动力的分配，即根据能力大小决定收入多寡；第二层次是以公平为原则的分配，即通过社会保障、社会福利进行再分配；第三层次是以道德为动力的分配，即有钱人自愿把钱分给穷人，也就是慈善事业。⑤ 慈善活动正是由于这种收入分配功能，才成为实现新时代"弱有所扶"的重要手段。改革开放以来，我国贫富两极分化日益严重。而慈善活动在一定程度上就是一种移富济贫的捐赠活动，也就是财富从富裕群体向贫困群体的转移，即一部分经济条件较好的人向困难群体无偿捐赠个人财富。当前我国慈善活动的范围已经覆盖社会救助、救灾救援、环境保护和促进教育、科学、文化、卫生、体育等事业的发展方面，涉及经济、社会、文化、生态等多个领域。可以说，慈善活动基本实现了对经济型弱势群体、社会型弱势群体、生理性弱势群体、心理性弱势群体和文化型弱势群体等不同原因致"弱"的社会群体的帮扶。

3. 慈善文化是实现新时代"弱有所扶"的内在动力

慈善文化有广义和狭义之分。广义慈善文化，即人类在长期的社会实践中

---

①③ 资料来源：民政部发布的《2021年民政事业发展统计公报》。
② 杨团. 慈善蓝皮书：中国慈善发展报告（2018）[M]. 北京：社会科学文献出版社，2008.
④ 周中之. 当代中国慈善事业的伦理追问[J]. 马克思主义与现实，2015（6）：79 – 85.
⑤ 王闻. 为何需要富豪慈善家 厉以宁"第三次分配"解读[N]. 国际先驱导报，2004 – 03 – 30.

从事或形成的慈善意识、慈善活动、慈善组织及相应的典章制度；狭义的慈善文化指人们的慈善观念，它是慈善事业的精神支撑。[①] 在这里，慈善文化特指慈善观念和意识，它的核心是以人为本、利他主义和志愿精神。首先，以人为本的价值观主张"人"是慈善的根本目的和根本动力。一切慈善都是为了"人"，也就是为了满足人们生存和发展的需要，为了满足人们对美好生活的追求和向往；一切慈善都必须依靠"人"，即慈善活动和慈善事业必须要"人"来开展。[②] 其次，利他主义和志愿精神强调的是助人、回报社会的社会责任感。慈善文化要求人们做慈善是基于内心的社会责任感，是一种自愿的、无偿的行为，而不是为了获得利益、谋取声望。从慈善文化的内涵可以发现，弱势群体必然是慈善活动的帮扶对象，满足其生存和发展需要必然是慈善活动的重要目标。这种无私帮助弱者的慈善文化具有巨大的感染力，激发了人们的社会责任感，鼓舞了人们帮助社会弱者的热忱，是实现新时代"弱有所扶"的重要精神支柱。可以说，"弱有所扶"就是以人为本、利他主义和志愿精神为核心的慈善文化在新时代的重要体现。

二、当前我国慈善事业面临的实践困境

当前，我国慈善事业面临慈善组织监管机制不健全、慈善组织发展"供能"不充分、慈善组织专业水平低端化与慈善组织服务模式单一化等方面的实践困境。这些实践困境严重地阻碍了慈善事业扶弱功能的充分发挥。

1. 慈善组织监管机制不健全

现代社会组织的监管体制包括社会组织在行政机构的设置、权责划分、权力运行等方面的体系和制度。党的十八大明确指出，要加快形成政社分开、权责明确、依法自治的现代社会组织体制。从对慈善组织的监管情况来看，当前我国慈善监管机制存在法律监管机制不健全和社会监管机制不健全的问题。一是法律监管机制不健全。对比近几年慈善组织发展速度快速现实，我国慈善立

[①] 武菊芳，薛涛. 关于我国慈善文化建设的多维思考 [J]. 河北师范大学学报（哲学社会科学版），2011 (1)：122-127.

[②] 汤仙月. 论我国转型期慈善文化的构建——以中西慈善文化比较的视角 [J]. 理论与现代化，2010 (6)：79-85.

法相对滞后,导致慈善组织的监管力度无法满足如今公众对慈善组织透明度的要求。目前我国与慈善组织有关的全国性法律有《红十字会法》《公益事业捐赠法》《慈善法》,但规定杂乱,彼此矛盾,实施细则不到位,且缺少全程监管的法律依据,对于登记成立的慈善组织的监管仍倾向于事前监管,事中、事后监管缺乏,无法形成完整系统的监管体系。二是社会监管机制不健全。从慈善的性质来看,慈善是一种以社会捐赠为基础的社会救助,其资金来源不是国家补贴,而是自愿捐款。换言之,慈善事业需要公众的广泛参与。因此,在法律上,公众也有权控制慈善机构的信息披露。但是,在我国,社会监督还比较小、比较弱。而社会监督缺失的主要原因是信息缺失。虽然信息时代的到来大幅度提高了社会对慈善组织及其行为进行监督的可行性,但就现有的慈善组织信息公开制度而言,规则相当复杂,完善程度不高。具体表现在信息披露内容没有具体的标准。例如,日常活动具体包含哪些信息,一个慈善项目的执行情况需要公开哪些内容。而由于专业知识的缺乏,公众可能也无法发现慈善信息中存在的问题。同时,社会媒体更多倾向于对慈善组织的正面信息进行宣传,缺少问题披露,这也进一步造成社会对慈善组织实际运营情况的了解不充分。

2. 慈善组织发展"供能"不充足

慈善组织"供能"是指国家动用公共资源,通过税收优惠等方式对慈善组织进行支持,以推动慈善组织的可持续发展。在现代社会中,各类慈善组织在公共服务、社会治理等公共领域都发挥着重要作用,是政府处理公共事务的得力助手,因此,对慈善组织"赋权赋能",激发慈善组织活力,显得至关重要。慈善组织能否生存、发展和壮大,在很大程度上取决于政府对慈善组织的制度安排和相关政策是否科学合理,但由于我国政府改革和社会转型的双重压力,使得政府对慈善组织的支持力度远远满足不了慈善组织发展的现实需要。一是我国慈善税收优惠体系还不完善。首先,在我国,负责对慈善组织的免税资格进行审核认定的是财政、税务部门,税务部门拥有较大决策权且通常抱有宁缺毋滥的想法,这导致很多慈善组织无法取得免税资格。其次,在货币捐赠方面,我国只规定了捐赠者的纳税申报当期抵扣;在非货币捐赠方面,税收优惠的制度供给不足也更为突出。最后,由于现行税制缺乏与慈善的必要对接,没有考虑慈善组织的多种形态,导致大量税收优惠不能涵盖所有慈善组织。比如境外捐赠物资用于慈善事业的税收优惠只针对经国务院主管部门依法批准成立的社会团体，而一些地方主管部门批准设立的慈善组织却没有包含在内。[①]二是我国慈善信托未能有效开展。慈善信托是当前我国慈善事业中备受关注的话题，它将现代金融方式融入社会制度创新，可广泛吸纳、运作社会捐赠的巨额财富，并按委托人意愿将投资收益用于公益事业，为大额慈善捐赠、股权捐赠、不动产捐赠难以落地等问题提供了较好的解决路径。从国外的情况看，慈善信托是老百姓做善事的一个非常重要的形式，可以"放大"慈善事业的效果。但一直以来，我国慈善信托中存在的业务主管部门不清晰、准入程序不明确、相关制度不配套、监管不健全等问题，阻碍了这一慈善形式的发展。

3. 慈善组织专业水平低端化

近年来，慈善公益事业在我国有了长足的发展，但慈善组织的专业化水平还存在一定程度的滞后性。具体表现在两个方面：一是慈善组织内部管理结构不健全。首先，有些慈善组织的理事会成员来自同一单位，或是大部分成员彼此"沾亲带故"，这种理事会结构的不合理性导致慈善组织理事会在对一些重大事项的表决时无法做到公正、公平。其次，有些慈善组织作为决策者的理事长和作为执行者的秘书长均由同一人担任，决策和执行无法约束制衡。最后，一些慈善组织甚至没有设立监事会，或者监事形同虚设，无法形成有效的监督制约机制。这些内部管理结构中存在的缺陷，很大程度上影响了慈善组织管理的公正性和决策的公平性。二是组织成员缺乏稳定性。我国大多数慈善机构都是由社会公民自发创立，与志同道合的人共同发展起来的，往往倚靠的是创立者和参与者向他人提供帮助的热血与爱心。这使得慈善机构在组织成员方面面临两大难题：首先是专业人员匮乏。目前，我国慈善组织的工作人员大部分是兼职、志愿者的形式，专职人员较少，专业化程度不高。2020年新冠肺炎疫情期间，湖北省红十字会在防疫物资管理调度等方面暴露的缺陷和短板，极大程度上反映了目前我国慈善组织工作人员的专业性不足问题。在扶弱工作中，工作人员的不专业往往使得扶弱效果"打折扣"。其次是频繁的人员流动。我国大部分慈善机构都缺乏完整合理的晋升机制，没有为员工提供清晰的职业规

[①] 杨娟. 慈善税收优惠法律制度研究［D］. 重庆：重庆大学，2017（4）.

划，不注重在职场的培训教育，员工自身素质难以提升，人格发展受限。与此同时，受中国传统政治文化的影响，在大部分人们的认知习惯中，对政府的依赖和信任要远胜过"私人"的社会组织，因此，较低的社会公信力低也限制了慈善组织专业人才的开发空间。

4. 慈善组织服务模式单一化

虽然慈善组织在提高社会福祉，减少社会贫困方面发挥着重要作用，但目前的慈善组织所采用的"扶弱"模式比较单一，而这种单一的"扶弱"模式也引发了种种弊端。具体而言，慈善组织"扶弱"模式的单一性体现在：一是资金来源单一。资金是保证慈善组织有效性的关键因素。从筹资角度来看，资金来源是多种多样的，主要有社会捐赠、国家补贴、捐款收入、投资收入、产业收入等。[①] 目前，由于国家对慈善组织的投入较少，慈善组织的投资潜力有限，大部分慈善组织主要是通过聚集社会资源并调配社会资源来实现帮扶弱势群体的目的，典型的有慈善基金。例如韩红基金会就是借助明星的影响力，通过与其他企业合作组织各类活动的方式，面向社会公众公开募捐，并将募捐所得的慈善资金和各类物资输送到贫困地区，发放给弱势群体。单一的资金来源使得慈善组织在一定程度上受制于社会公众。在经济下行公众收入减少，或是慈善组织爆出丑闻，社会公信力下降，公众捐款热情降低等情况下，都会影响慈善组织的资金调配。三是"扶弱"措施单一。一些慈善组织在"扶弱"过程中，往往选择直接向贫困地区捐资捐物，给弱势群体发钱发物的做法。虽然这种"扶弱"方式可以在短时间内提高弱势群体的生活水平，但长此以往会导致不良后果。一方面，部分弱势群体可能会产生依赖心理，不思进取，完全寄生于社会的帮扶；另一方面，拿到了资金、物资的弱势群体可能因缺乏理财观念、投资意识和使用技能，在拿到钱财后肆意挥霍，钱财散尽后甚至连最基本的生活都无法保障。此外，无论是远离父母的留守儿童，还是鳏寡独居老人，抑或是残障人士，他们往往不只在经济方面呈现弱势，同时还在生理、心理和社会性方面都面临着一定的压力，而慈善组织单一的经济帮扶针对这类群体在生理、心理、社会性方面的弱势成效不大。

---

① 张祖平. 中国慈善组织资金筹集问题研究. 第三届社会组织创新与发展论坛论文集 [C]. 2010.

三、制度创新：新时代慈善事业发展的目标取向

上述分析表明，推进慈善事业改革势在必行。要实现新时代"弱有所扶"，就必须推进新时代慈善事业发展的制度创新。而推进新时代慈善事业发展的制度创新，根本的目标取向在于以下几方面。

1. 加强监督管理，积极规范和引导慈善组织行为

慈善组织的监管体系包括行政监管、社会监管和组织内部监管。要加强对慈善组织的监管，就必须形成行政、社会和组织内部通力协作的立体监管体系。一是要在严格实施《慈善法》的基础上构建合理有效的立法架构，加强对慈善组织的行政监管。2016年《慈善法》的实施，奠定了我国慈善组织监管体系的法律基础，其界定了慈善相关概念、处理原则、监管方式、责任承担等一系列根本制度，是慈善监管的最高法规。因此，必须以《慈善法》为基本指导，进一步出台一系列法律法规，并要有配套的具体法规、实施办法、实施细则和部门规章；不仅要有中央层面的法律，还要有各地方政府结合本地实情制定地方法规，形成完整、有序、统一的有机结合的法律制度体系。同时，还要具备高效、有力的执法过程，从而加强对慈善组织的行政监管。二是要进一步推进信息公开，加强对慈善组织的社会监管。公开透明是进行有效社会监管的前提。为此，应进一步完善信息公开制度，明确具体的信息披露标准，对信息披露的内容进行分类，明确哪些信息应该公开，并针对不同规模的慈善组织履行不同的信息披露要求。三是要加快建立慈善行业自律机制。行业联合会和公益行业协会是我国现有的制定行业自律公约的中介组织，行业联合会内所有成员组织都必须严格执行其制定的自律公约，并接受监管，对于存在违反自律公约的成员组织，行业协会可按照规定给予严肃处理。可以通过建立这类第三方评估机构的管理和控制机制，从大数据层面对慈善机构的宏观运行进行评估。推进国家监管、社会监管和第三方评估机构三位一体的监管体系，将慈善组织纳入透明口袋，实行规范的信息公开，促进慈善组织长远发展。同时，媒体也应增加对慈善的关注度，及时报道慈善动态，做到报喜也报忧，为社会监管提供全面的信息。

2. 推进政策"赋能",促进慈善组织的持续发展

慈善组织和慈善事业的持续健康发展离不开政府的支持。要实现对慈善组织的"赋权赋能",一是政府必须明确慈善事业的战略定位。慈善事业绝不仅仅是作为社会保障中政府的辅助或补充,而是要将其作为经济、科技、教育、文化、卫生、体育、环境保护等社会各项事业发展的重要力量纳入国家经济社会发展规划中。现阶段,我国政府对慈善组织的双重管理和分级管理体制,使得慈善组织不得不沦为政府的附属机构,慈善组织的自主性发展受到很大的限制。因此,应该废除双重管理体制,增强慈善组织的独立性,使其能够按照组织的发展目标和业务需求独立地筹集资金、运作项目。二是政府应对慈善组织、慈善工作者进行肯定和激励。一方面,应不断完善慈善税收优惠政策。公平公正、有效激励的税收优惠政策,是推动慈善事业快速发展的关键。因此,政府应统筹分析慈善组织在办理税收优惠有关事项过程中遇到的困难和问题,不断完善慈善捐赠的减免税种类型、简化慈善税收优惠程序,建立认定标准清晰、程序明确、操作简单的慈善组织税收优惠政策执行体系,吸引更多的民众和企业加入到慈善事业中来。同时,也要推动税务监管机制建设,加强对慈善税收优惠实施的监管,确保权利不被滥用;稳妥推进慈善信托发展,尽快出台专门的慈善信托管理制度,对于慈善信托的发起设立、财产运作管理、受益人权利,以及慈善信托的监管等内容作出明确规定;完善信托财产登记制度,制定清晰的信托财产登记相关条款和对信托财产登记的程序。[①] 另一方面,对于一些先进个人的先进事迹应进行广泛宣传,定期对慈善人物进行表彰,同时健全对慈善人物权益的保障措施等。此外,慈善组织也要积极与政府开展政策协商和联合行动,充分发挥慈善组织的反哺作用。

3. 推动内部改革,提高慈善组织的专业化水平

慈善组织专业化程度取决于组织管理结构的成熟度和工作人员的专业性。因此,要进行慈善组织内部改革,提高专业水平,一是要健全组织管理结构。慈善组织管理的核心是建立以理事会为最高权力机构的管理结构。理事会是社会利益的代表,决定组织的使命和组织负责人的任免,保证组织履行其法律和

[①] 李青云. 我国公益信托发展中存在的问题及对策 [J]. 经济纵横, 2007 (8): 37-39.

道德的责任，对自身的一切行为负责并保持透明度。[1] 这就要求慈善组织要从自身的实际情况出发，优化理事会结构，从理事会的职能出发，建立健全决策机构，公正合理选任理事。此外，慈善组织需要进一步明确自身的个性和定位，提高事业单位的透明度和管理灵活性，完善组织内部的各项管理和监督制度。可靠的管理体制是慈善组织内部控制和有效运作的重要保证。完善组织结构，合理分配内部权力，下放内部决策权、执行权和监督权，明确各部门职责权限，加强内部监督管理。[2] 一方面，慈善组织通过完善组织结构，保证决策层、执行层和监督层的独立性和互联性。其中，决策层成员应力求多元化、专业化，避免人浮于事、没有实权的现象，行政层必须有效实现组织的项目，控制层必须保持其独立性和执行控制功能。严格审核财务报告和会计资料，防止腐败。另一方面，慈善机构从人力资源、财务、工程、信息披露等方面进行全面、系统的管理，并根据实际情况不断完善相关的规章制度。二是要加强人力资源建设。首先，慈善组织应该创造合理的工资制度，改善福利条件，完善晋升和工作评价机制，为员工提供合理的态度，完善的福利保障和潜在的发展空间，吸引和留住人才。其次，慈善组织应为员工制定科学职业发展规划，定期组织员工培训和专业培训，为员工提供发展和晋升空间，提高员工专业服务水平，增强组织竞争力。最后，可以通过建立稳定的志愿者团队，吸引长期从事社会活动的热心人士。此外，在现代社会，媒体对公众有很大的影响力。媒体也是公众获取信息的主要来源。为了使慈善事业在社会上引起广泛关注，有必要激活媒体的主导力量。因此，可以通过大量的广告和政策宣传，促进社会慈善教育，提高社会对慈善组织的认识，让更多社会人士参与到慈善组织扶弱事业当中。

4. 健全运行机制，保障慈善组织的"扶弱"效果

要针对经济型弱势群体、社会型弱势群体、生理性弱势群体、心理性弱势群体和文化型弱势群体等不同原因致"弱"的社会群体进行有效帮扶，单一的经济救助远远不够。这就必然要求慈善组织进一步拓展扶弱模式。一是要扩宽资金来源渠道。我国法律允许慈善组织用没有指定用途或暂时没有用处的资

---

[1] 徐永光. 回归民间，让慈善发光 [J]. 中国报道，2011（12）：82-85.
[2] 党生翠. 慈善组织的声誉受损与重建研究 [J]. 中国行政管理，2019（11）：111-117.

金购买风险较低的稳健型理财产品,或者进行股权投资,但禁止购买股票。因此,慈善组织可以考虑委托专业机构,或由组织内专业人员自行进行投资,以此来获得收益,实现资金的保值增值,扩宽资金来源渠道。此外,在某个领域积累了较多的经验的慈善组织还可以积极寻求与其他企业、机构间的合作,通过为其提供专业化的服务,向合作机构收取费用,从而获得一定收入。二是要丰富扶贫手段。俗话说:"授人以鱼,不如授人以渔。"扶弱最重要的是要"扶"贫苦地区的制度和环境、"扶"弱势群体的脑袋,而不是一时"扶"弱势群体的钱包。因此,慈善组织一方面要避免将过多的扶弱资源集中到少数地区,导致反向的不平等,另一方面也要反思自身所采用的"扶弱"模式的弊端。在扶弱资源的分配上,需要摒弃陈旧的思维,改变慈善组织重短期轻长期、重钱财轻技能的做法,探索新的扶弱方法。具体而言,第一,慈善组织可以专注为贫困地区赋能,通过在贫困地区进行基础设施改造,向弱势群体提供无息或低息贷款,组织弱势群体参加技能培训,帮助贫困地区打开信息流通渠道、市场链接和销售渠道,为贫困地区设计运营机制,鼓励、支持和引导弱势群体利用本地资源自食其力、自力更生,提高弱势群体的生产能力和生产水平,以实现促进贫困地区发展、带领弱势群体摆脱"弱势"的目的。第二,慈善组织可以加强对贫困社区的整体营造,借助当地政府、经济合作社及当地住民的共同力量,引入各方资源,设计社区发展的各个方面,在当地培育"能人",打造地区经济组织,通过"培力"和"赋能"激发贫困社区的原生力量,培育出贫困社区发展的能力和活力,实现贫困地区的全方位发展。对一些自然条件特别恶劣,或多数人口已经搬离的贫困地区,慈善组织要放弃在当地扶贫,积极寻求扶贫和城镇化的结合点,创造条件,帮助弱势群体进行搬迁和安置。第三,面对多样化的致弱原因,慈善组织要因地制宜、因人而异,分类施策,逐一解决,切忌大包大揽,千篇一律。具体而言,针对不同致弱原因,慈善组织要设计与现实情况相符合的慈善服务,解决致弱因素导致的贫困。例如,给受困于环境者修路通水供电或者彻底移民搬迁,给困于收入者指导发展脱贫致富产业,给缺乏本领者培训其基本技能,给因学因病返贫者以金钱资助,这样才能从根本上解决问题。三是在帮扶弱势群体时,慈善组织应用"专"配合政府扶贫的"全"。作为对政府精准扶贫的有益配合,慈善组织应该在分类扶贫工作中确保对不同群体的精准。例如，可针对留守儿童推出公益项目，用慈善组织的专业技能去帮助和引导留守儿童健康地成长。除此之外，慈善组织还可以针对失独老人、残障人士等群体提供精神方面的慈善服务。例如，医药卫生类慈善组织可以定期组织慰问、探访失独老人，在为其提供优质而廉价甚至免费药品的同时，定期上门与老人进行交流，抚慰老人孤独的心灵等。

第十五章

优抚安置与新时代"弱有所扶"

优抚安置是维护退役军人合法权益的一项重要社会保障制度。在改革开放的纵深推进过程中,由于优抚安置制度的不健全,导致一部分退役军人出现了弱势性特征,成为经济利益贫困性、生活质量低层次性和承受力脆弱性的社会弱者。[①] 2017年10月,党的十九大报告提出了"弱有所扶"的民生建设目标,并强调要"完善社会救助、社会福利、慈善事业、优抚安置等制度"。2019年10月,党的十九届四中全会通过的《中共中央关于坚持和完善中国特色社会主义制度、推进国家治理体系和治理能力现代化若干重大问题的决定》再次强调,要"统筹完善社会救助、社会福利、慈善事业、优抚安置等制度""健全退役军人工作体系和保障制度"。可见,优抚安置与新时代"弱有所扶"是息息相关的。要实现新时代"弱有所扶"的民生建设目标,就必须着力加强退役军人优抚安置的制度建设。

一、优抚安置:实现新时代"弱有所扶"的重要制度安排

优抚安置是指政府对从事特殊工作者(如军人)及其家属予以优待、抚恤、安置的一项社会保障制度。很显然,优抚安置是优待、抚恤、安置的总称。[②] 优抚安置的目的在于通过为退役军人提供就业、教育培训等政策支持,保障军人退役后的基本生活,提升退役军人的职业竞争能力。因此,优抚安置

[①] 张萌. 我国经济体制转轨下的退役军人安置政策研究 [D]. 天津:天津大学,2017.
[②] 陈建平. 当前优抚安置对象的服务管理需求研究 [D]. 长沙:湖南师范大学,2014.

是实现新时代"弱有所扶"民生建设目标的重要制度安排。

(一)优抚安置有利于提高退役军人的社会地位

习近平总书记曾指出,要让军人成为"全社会尊崇的职业"。这就需要通过完善具有比较优势的军人待遇保障体系、构建系统完善的军人荣誉制度、营造全民关心支持国防建设的浓厚氛围等途径增强军事职业吸引力和军人荣誉感。[1] 优抚安置为提高退役军人的社会地位,正是在以上方针的指引下开展系列优抚工作。一是福利待遇。退役军人事务部通过分别与11家银行[2]、3家电信运营商签署拥军优抚合作协议[3],为退役军人提供优先优惠的金融服务和电信服务,浦发银行还为部分退役军人提供意外伤害保险和机场VIP客户待遇。二是政治荣誉。通过为烈属、军属和退役军人等家庭悬挂光荣牌工作,彰显国家对退役军人这一群体的敬重之情。三是社会宣传。通过国家立法的形式——《中华人民共和国英雄烈士保护法》设立每年9月30日为烈士纪念日、规定在清明节和重要节日开展英雄烈士纪念活动,广泛宣传英雄烈士的事迹和精神;通过开展"最美退役军人"学习宣传活动,并定期组织单位职工和青少年群体参观英雄纪念地、烈士陵园等教育基地,大力营造关心国防建设、尊崇军人的社会氛围。由此可见,优抚安置的工作内容有利于提升退役军人的荣誉感和自信心,是进一步提高退役军人社会地位的重要制度安排。

(二)优抚安置有利于保障退役军人的基本生活

退役军人要从军队重新回归到社会,就必须通过就业来支撑他们的基本生活。退役军人的生活水平很大程度上取决于其就业岗位所带来的经济收入。据相关调查统计显示,退役士兵中未就业者高达22%,而且由于无文凭、无经验、无"社会资源"的"一手空"状态,致使大部分退役军人只能从事技术

---

[1] 林为宗,李木银. 构建增强军事职业吸引力与军人荣誉感的制度体系 [J]. 军队政工理论研究, 2015, 16 (6): 29-31.

[2] 新华社: 退役军人事务部与10家银行签署拥军优抚合作协议 [EB/OL]. 中华人民共和国退役军人事务部, http://www.mva.gov.cn/sy/zt/yhqyhd/201903/t20190320_ 23075.html.

[3] 军报记者: 退役军人事务部与3家电信运营商签署拥军优抚合作协议 [EB/OL]. 中华人民共和国退役军人事务部, http://www.mva.gov.cn/xinwen/mtbd/201909/t20190925_ 32331.html.

类、安全保卫类、服务类等门槛低、收入偏低和就业环境欠佳的行业。[①] 与此同时，在退役军人可以独立生活的情况下，父母已经完成了对其抚养的法定义务，而军人退役后又普遍达到了国家婚姻法所规定的结婚年龄，若有成家的打算，就要应对婚姻市场上购车买房的要求以及储备抚养子女、赡养老人所需的资金，总体支出压力较大，维系基本生存成了军人退役后面临的首要问题。因此，如何保障退役军人的基本生存权利，需要优抚安置制度予以安排。首先是提高优抚补助标准。2019年12月6日，退役军人事务部修订的《伤残抚恤管理办法》再次提高重点优抚对象抚恤补助标准，其平均提标幅度达10%。并且建立了帮扶援助机制，不少地方还设立了关爱基金，为解决退役军人生计困难提供了稳定的资金来源。其次是完善住房、养老、医疗保障待遇。2019年4月，中共中央办公厅、国务院办公厅印发的《关于解决部分退役士兵社会保险问题的意见》中提出，要完善基本养老、基本医疗保险参保和接续政策，为那些未能及时参保或参保后因企业经营困难、下岗失业等原因缴费中断的退役军人解除养老和医疗费用续交的后顾之忧。最后是拓宽退役军人的就业渠道。2019年12月17日，退役军人事务部与保利、万科集团签署退役军人就业合作协议，每年共同拿出2.6万个岗位专门招聘退役军人。[②] 这些优抚安置制度与措施有利于从根本上保障退役军人的基本生存权利。

（三）优抚安置有利于提升退役军人的职业能力

根据《中华人民共和国兵役法》的规定，"每年十二月三十一日以前年满十八周岁的男性公民，应当被征集服现役"。这就意味着，退役军人群体具有学历背景不高、社会经验不足和封闭式训练时间长等基本特征，这些特征也成为导致军人退役后所具备的能力无法满足就业市场关于学历、技能和职场经验等要求的主要原因，即退役军人难以重新适应社会，被迫沦为市场环境下的"弱势群体"。社会再适应理论认为，"重新适应事业和生活"构成退役军人重要的压力源，并导致后续的求职失败、职业倦怠、不适应环境变化和社交退缩

---

① 吴炜，王宇红. 退役士兵创业现状、困境与对策——基于扬州市的调查[J]. 中国青年研究，2016（4）：22-26.

② 保利、万科每年将为退役军人提供2.6万个岗位[EB/OL]. 中华人民共和国退役军人事务部，http://www.mva.gov.cn/xinwen/mtbd/201912/t20191218_34313.html.

等一系列问题。① 这就需要优抚安置来协助退役军人度过由军队训练转向市场就业的适应期,除了激励退役军人通过自身努力提升职业竞争能力外,还应为其开通学历提升、技能培训等方面的"直通车"。在学历提升方面,考虑到退役军人由于长时间缺乏系统学习,同等条件下与学校应届生相比不具备竞争力②,优抚安置制度不仅提供政策支持,而且下达任务指标,以满足退役军人提升学历的愿望和市场就业环境的要求。一是政策支撑。《退役士兵安置条例》规定,"退役义务兵报考高等院校和中等专业学校,在与其他考生同等条件下,优先录取"。二是下达任务。教育部在2019年下达455所普通高校承担安排"退役大学生士兵计划"5000人的任务通知。③ 在教育培训方面,退役军人事务部协同各部门出台了多部关于退役军人教育培训政策体系,广泛开展职业技能培训,如在退役前为军人开展技能储备培训和职业指导,退役后为军人开展就业技能培训。④ 在军队训练过程中,军人拥有了听指挥、不怕苦、敢坚持、勇担当等独特气质,是社会上各行各业急需的稀缺型人力资源。由此,通过帮助退役军人更新知识、储备技能,使其坚强的意志力和承受力得以充分发挥,推动退役军人能力的全面发展。可见,优抚安置在帮助退役军人提升职业竞争能力以适应市场化的社会环境方面具有突出贡献,是退役军人再社会化的"加速器"。

二、制度瓶颈:当前我国优抚安置的实践困境

我国建立退役军人优抚安置制度虽然历史悠久,但是在社会结构急剧转型的历史背景下,它面临着严重的实践困境。这种实践困境主要表现在制度缺失、制度冲突和制度曲行三个方面。

---

① 刘斌志. 退役军人安置社会工作者的核心能力及其培育策略[J]. 西华大学学报(哲学社会科学版),2019,38(3):26-35.
② 于京兰,郭静. 加强部际协同系统开展退役军人教育培训——国际经验与本土思考[J]. 中国职业技术教育,2018(22):38-43.
③ 教育部办公厅关于下达2019年"退役大学生士兵"专项硕士研究生招生计划的通知[EB/OL]. 中华人民共和国教育部政府门户网站,http://www.moe.gov.cn/srcsite/A15/moe_778/s3113/201809/t20180903_347088.html.
④ 国务院最新发布文件,推行终身职业技能培训[EB/OL]. 中华人民共和国退役军人事务部http://www.mva.gov.cn/fuwu/xxfw/jypx/201905/t20190529_29685.html.

(一) 制度缺失

制度缺失是指我国退役军人优抚安置制度没有一个统领性的政策体系,存在明显的政策不完备、政策被虚置和继续教育体系不完善等问题。一是优抚安置政策体系的不完备。从我国已有的优抚安置政策来看,无论是政策立法还是政策内容上都存在一定程度的不完善不全面问题。① 一方面,到目前为止,我国与军人相关的法律只有《中华人民共和国英雄烈士保护法》和《中华人民共和国兵役法》这两部,而与退役军人切身利益相关的退役士兵安置、军队转业干部安置和军人抚恤优待等方面,仍以行政法规性文件为主,还未上升至法律层面。另一方面,由于优抚安置政策内容的不完备导致退役军人的待遇保障体系不完善。政府虽然每年都在提高优抚对象的抚恤金,但是优抚金提高的额度与市场物价上涨的速度并不成正比,与此同时,退役军人所享受的待遇标准与其自身在服役期间所做的贡献也不成正比。二是优抚安置政策被虚置。《退役士兵安置条例》第十九条规定:国家机关、社会团体、企业事业单位有接收安置退役士兵的义务。人们享受着由军人保障的社会安稳,就有义务积极地参与到优抚安置工作中去,尤其是非营利性的社会组织,应发挥他们独特的公益性,为退役军人募集优抚资金、提供公益岗位。然而,从实践情况看,为退役军人提供优抚安置服务的供给主体仍以政府为主,社会上其他责任主体明显参与不足,既导致政府在优抚安置工作中承担着财政、职业和效率的压力,也使得与退役军人相关的志愿者服务活动较少。另外,我国目前还没有一部针对社会组织参与退役军人优抚安置工作的法律法规,一定程度上加剧了优抚安置政策被虚置的现状。三是在役军人继续教育体系不完善。退役军人优抚安置工作现存的问题表征在退役之后,其实根源在现役阶段。以法国为例,大部分军人参军时就基本明确了服役时间及其退役的就业方向,所以其培训工作从入伍时同步开始。② 从我国军人人力资源的培育来看,在役军人继续教育工作尚未获得应有的关注,当前退役军人安置工作较多地聚焦在军人退役后的职业技能培训和就业创业补贴方面,致使退役军人的教育培训工作未能贯穿于军人服

---

① 陈成文. 教育救助与实现新时代"弱有所扶"[J]. 社会科学家, 2019 (1): 120-127.
② 刘茹意, 朱天舜. 我国退役军人就业培训制度的困境与对策研究[J]. 传承, 2014 (8): 108-109.

役的全过程。加上军用标准与市场化标准存在一定的差异，加剧了现行退役军人人力资源开发与管理制度的内在矛盾①，继而导致军人退役后面临人岗匹配度低和就业难等问题。

（二）制度冲突

制度冲突是指在制度系统内部对应于同一行为的不同制度安排在作用方向上不一致甚至互相矛盾和相互抵触的状态。② 在优抚安置制度的具体操作中，这种"制度冲突"体现在：一是中央政策与地方制度之间的冲突。《中华人民共和国兵役法》第六十四条规定：在招收录用工作人员或者聘用职工时，同等条件下应当优先招收录用退出现役军人。然而，在市场经济模式的惯性下，地方政府实行着"权力下放""精简机构"的改革制度，致使地方政府所拥有的公共权力和岗位配置资源呈现出收缩的状态。这样一来，地方政府空留的就业岗位也就越来越少，与越来越多的退役军人安置任务形成鲜明的对比，极易出现退役军人在就业安置中等待时间长、在岗时间短、上岗率低、福利保障难、隐性失业、延迟上岗等问题。③ 二是不同地区制度之间的冲突。《退役士兵安置条例》第十九条规定：对自主就业的退役士兵，地方人民政府可以根据当地实际情况给予经济补助。这就导致不同地区因其经济发展状况、消费水平和支出情况等因素，在退役军人的优抚补助金额上出现"马太效应"。以2018年退役义务兵自谋职业所享受到的一次性经济补助为例，上海市退役义务兵的补助金额高达5万元，而同期贵州省仅仅以兵役一年4500元来计发。④ 也就是说，正常情况下，贵州省两年的义务兵也只能拿到9000元的补助金，与上海市5万元的补助金额相比差距较大。三是不同部门制度之间的冲突。即使在退役军人事务部组建后，与退役军人相关的社保、医保、就业创业等事项依然关联着人社部、国家医疗保障局、民政部和教育部等相关职能部门。比如，人社

---

① 罗平飞. 简析当代中国军人退役安置制度面临的矛盾［J］. 理论前沿，2005（24）.
② 杜威漩. 村民自治中的监督制度：冲突、真空及耦合［J］. 华南农业大学学报（社会科学版），2012，11（2）：118－125.
③ 刘斌志. 退役军人安置社会工作者的核心能力及其培育策略［J］. 西华大学学报：哲学社会科学版，2019，38（3）：26－35.
④ 张牧辛，王其，张会新，等. 浅谈我国退役军人管理保障工作存在的问题与对策［J］. 法制博览，2019，000（012）：287.

部作为传统的退役军人事务主管部门之一,虽然其承担的军转安置职责被剥离,但退役军人社保关系转接、职业培训、就业创业与劳动权益维护等都与人社部的业务职责密不可分。① 同理,民政部、国家医疗保障局和教育部等职能部门同样面临类似的问题。以退役军人就业创业为例,就业创业的申请材料和税收优惠不仅是人社部的管辖范围,更需要教育部、国家税务总局等职能部门的联合部署。

（三）制度曲行

制度曲行是指制度执行不力或扭曲执行②,在优抚安置制度的落实过程中主要表现在以下三方面：一是执行主体对优抚安置制度的认知不到位。当执行主体不了解落实优抚安置制度的意义何在时,就可能如同机器般进行无感情、无思想的机械化运作,对优抚安置工作表现出无所谓的态度。相关接收单位之所以不重视退役军人的安置工作,多是源于其错误的认知,认为优抚安置就是对退役军人的馈赠,而不是责任。加之优抚安置的具体落实工作交由地方政府决定,具有人为的可操作性空间,在崇军意识不强的情况下,执行主体就容易"打折扣"落实优抚安置工作,从而导致部分退役军人受到安置单位的怠慢、推诿甚至排挤。二是执行主体间财权与事权失衡。国防的不可分割性和非排斥性决定了由中央政府承担国防成本是最优的制度安排③,而地方政府在退役军人管理保障方面更多的是执行中央既定的政策,相对体现为"财权较小、事权较大"的情形④。在改变"回户籍所在地"的安置方式前,地方政府面临"谁出兵多、谁负担重；谁接收军队老干部、伤病残军人、退役士兵多,谁就财政压力大"的现实问题。⑤ 如今,虽然可以选择易地安置,但易地安置的条件并不宽泛,从一定程度上来说,那些兵源贡献充足的地区依然存在安置压力大、安置效果不理想的现状。三是缺乏对执行主体的监管机构。必要的监管机

---

① 岳宗福. 中国退役军人管理保障体制变革的理路与前瞻［J］. 行政管理改革,2020（3）：57-65.

② 周彩姣. 制度困境与农村残疾人的文化参与：一项实证研究［J］. 湖南师范大学社会科学学报,2011（5）：34-38.

③ 江治强. 优抚制度改革顶层设计的若干思考［J］. 行政管理改革,2017（1）.

④ 李玉倩,陈万明. 当前我国退役军人管理保障机构的设置研究［J］. 中国行政管理,2018,398（8）：82-86.

⑤ 严安,蔡世川. 组建退役军人事务部是一项重大创新［J］. 紫光阁,2018（4）：37-38.

制是退役军人优抚安置制度有效落实的重要保障。遗憾的是，我国大多数地区尚属于优化退役军人内部治理结构的初级阶段，还未建立专门的监管机构来管理优抚安置工作的执行主体。另外，军队没有参与制订甚至审查各省的培训计划的权力，不能对退役培训的实际情况进行监督[1]，加上退役军人安置工作还没有建立健全相应的公示制度、审计制度，政府的受托责任履行情况难以得到有效监督[2]。这样一来，政府部门就算是拖延、不安置退役军人，也不会有任何损失。这就可以解释为什么多年来政府部门之间就退役军人的安置任务出现回踢足球、工作效率低的现象。

三、制度建设：优抚安置助力新时代"弱有所扶"的治本之策

由于当前我国退役军人优抚安置工作存在制度缺失、制度冲突与制度曲行三个方面的实践困境，因此，它尚未达到满足保障军人退役后的基本生活需要、提升退役军人的职业竞争能力的政策目标。可见，要使退役军人优抚安置制度助力新时代"弱有所扶"的民生建设目标，就必须加强新时代优抚安置的制度建设。

（一）加强优抚安置的法治化建设

健全的优抚安置制度既是维护退役军人合法权益的政策依据，也是实现新时代"弱有所扶"的根本基石。而优抚安置制度的法治化就是充分发挥退役军人管理保障机制的引领性、前瞻性的主要途径，因此，必须做好退役军人优抚安置相关政策的"立、改、废、释"工作。一是"立"，即加快推进《退役军人保障法》的确立。"立"最大的亮点在于构建起齐全的政策指导和填补优抚安置工作中的空缺领域，将各项条例整合为退役军人的法律武器。确定了"主干"之后，其他的分支机构及其部门规章的制定才能有法可循。二是优抚安置政策法规的"改"与"废"，即分别为更改、修订、废除和删减，以完善优抚安置制度的政策内容。通过"改"与"废"，使退役军人相关的政策规定

---

[1] 刘茹意，朱天舜. 我国退役军人就业培训制度的困境与对策研究[J]. 传承，2014（8）：108-109.

[2] 李玉倩，陈万明. 当前我国退役军人管理保障机构的设置研究[J]. 中国行政管理，2018，398（8）：82-86.

不但能够适应国家军队和社会经济的发展，还能有效地处理退役军人的历史遗留问题。以退役军人最为关注的待遇标准为例，在"改"方面，应更改先前不科学的抚恤优待标准。当然，建立统一的优抚标准并不符合当前的国情，不管是以发达地区经济发展水平还是以欠发达地区的收入水平为参照标准，都将无法调节好退役军人的优抚待遇。然而，可以肯定的是，抚恤补助资金必须紧跟物价上涨的速度，这就需要建立与市场物价相挂钩的优抚金自然增长机制。与此同时，必须遵循贡献与待遇相匹配的原则，综合考量退役军人的参军年代、服役时长、功勋大小、日常表现和伤残程度等因素[1]，使区别化的优抚待遇成为激励现役军人、公平对待退役军人的调节工具。在"废"方面，应借助于优抚对象信息采集工作，尽快完善退役军人的身份信息，以清除冒领优抚补助金的问题，并依实际情况进行增员、减员处理。三是优抚安置政策法规的"释"，即为解释和宣传，以协助退役军人熟知并掌握优抚安置政策。退役军人清楚自己可以享受到的优抚待遇是保障其自身合法权益的关键一步。然而，就优惠政策熟悉程度的相关数据调查得知，熟悉创业优惠政策的退役军人只有16%，而表示不熟悉的却高达60%。[2] 可见，政策受益人对优抚安置相关的政策法规的熟知度并不高。究其原因，不仅退役军人自身没有去获取最新的政策信息，也表明政府部门在传达政策法规时未充分考虑政策的覆盖范围。这就要求相关责任主体加强对优抚安置政策法规的宣传力度，通过村小组成员上门告知、社区委员会张贴公示、新闻媒体进行政策解读和社交平台的信息分享等方式将优抚安置政策传达给每一个退役军人。

(二) 健全优抚安置的多元主体供给体系

当前退役军人优抚安置工作出现供给主体单一化与退役军人需求多样化的实践困境，这与社会参与机制不健全和社会崇军氛围不浓厚有一定的关系。而管理保障机构本质上是各级政府部门和社会力量集体行动的组织载体，是具有

---

[1] 江治强. 优抚制度改革顶层设计的若干思考［J］. 行政管理改革，2017（1）.
[2] 徐刘畅，王思颖，章芳菲，张雅琪. 退役士兵创业情况调查及对策研究——以张家口市为例［J］. 当代经济，2018（16）：140–143.

整合性、联结性和引领性的枢纽型机构。① 因此，优抚安置工作亟须健全多元主体供给体系，动员社会力量积极参与，以充实新时代"弱有所扶"的社会帮扶资源。这就需要建立健全社会力量参与机制和营造社会崇军氛围。一是建立健全社会力量参与机制。首先，加大社会力量参与优抚安置工作的政策支持力度，通过制定激励性政策，鼓励和吸引社会团体、企事业单位和公益组织参与优抚安置，以扩充帮扶退役军人的社会化队伍。比如，在退役军人就业安置方面，除了向政府单位下达确切的指标外，还可以通过为私营企业提供税收优惠和补贴政策，刺激私营企业参与到优抚安置的工作当中，从而拓宽退役军人就业创业的选择空间。其次，为社会组织参与优抚安置工作提供资金和人力支持。我国在逐步设立退役军人各项基金组织的同时，可以将部分基金用于组建具有特色的服务型组织，例如由退役军人或军人家属组建的退役军人协会、由高校教师和学生成立的志愿者服务队。相对于其他类型的社会组织而言，前者更了解退役军人的切实所需，能够为退役军人提供更为贴切的服务；后者则具备天然的亲切优势，能够迅速获取退役军人的信任，更容易为军人提供心理疏导方面的服务。二是营造社会崇军氛围。首先，运用新媒体手段拉近军人与社会的距离，通过持续开展"最美退役军人"的系列宣传活动，弘扬军人先进事迹；在用户活跃度高的社交和娱乐平台，挖掘展现军人精神的影视作品和综艺节目并有选择性地发布与军人相关的短视频，让社会成员认识不一样的军人形象。其次，带领社会企业加入拥军优抚工作，通过宣传那些主动加入优抚安置工作中的企事业单位及其所作出的积极行为，如多家银行主动在各营业点竖起"退役军人优先"的标识、发放退役军人专属银行卡近 100 万张、为不同需求的退役军人配置专属的理财产品和多种贷款扶持产品等行为②，以感染和带领更多的企业用实际行动来诠释"尊崇军人"这四个字的内涵。

（三）加大优抚安置的制度执行力度

加大制度执行力度不仅是落实退役军人优抚安置制度的重要保障，而且也

---

① 沈荣华，鹿斌. 制度建构：枢纽型社会组织的行动逻辑 [J]. 中国行政管理，2014，000 (010)：41-45.
② 退役军人专属银行卡发放近百万张 理财产品销售额达 153 亿 [EB/OL]. 中华人民共和国退役军人事务部，http://www.mva.gov.cn/xinwen/mtbd/201911/t20191104_32748.html.

是实现新时代"弱有所扶"民生目标的必要前提。只有当政策被执行主体高效有序地落实，才能帮助退役军人不轻易成为"弱势群体"，这就需要从协调各方参与主体、完善网络互动监督平台、制定全周期的工作机制三方面入手。一是协调各方参与主体。退役军人事务部理顺与相关职能部门的关系、市场主体提供就业岗位和普通群众拥军敬军就是落实优抚安置工作的完美组合。首先，建构以退役军人事务部为主导，由人社部、国家医疗保障局、民政部和教育部等相关职能部门协同参与的运行机制，进而理顺退役军人事务部与优抚安置工作相挂钩的职能部门之间的关系，以减少因制度冲突而引起安置工作效率不高等问题。就安置方式的多种类型来看，难免存在退役军人不满足其安置结果的情况，这时候不仅要求政府部门有效落实退役军人的安置指标，更需要市场主体提供切实的就业岗位和社会组织为退役军人开展相关的心理指导，以保证安置工作运行流畅。二是完善网络互动监督平台。据数据显示，自退役军人网上信访系统上线运行以来，仅 2018 年 9 月 1 日至 10 月 26 日，信访件提交 19071 件，办理 18430 件，占提交总量的 96.6%，是退役军人事务部同期接访总量的 49.5%。[①] 这一数据既表明了网上信访的高效率，也暗示着退役军人相关的事件处理将逐渐延伸至网络平台，这就要求完善网上信访方式，实现信访人员与工作人员的实时互动。为提高答复信访内容的效率，网上信访工作形式可以学习网格化管理方式，即工作人员必须在规定时间内回复群众反映的问题，若是自身权限无法解决的事情，及时精准上报至上级部门，由上级部门协商和完成待办事项，实时公布事情处理进程，并将事情处理结果告知当事人。此外，为进一步使政策有效地落实，应辅之以优抚安置的投诉电话，既可以保障那些不活跃在网络平台的退役军人的合法权益，也便于社会公众尤其是退役军人持续监督优抚安置相关的工作流程。三是制定全周期的工作机制。再好的政策没有得到落实也只是一纸空文，为保证退役军人优抚政策的落地，必须准确掌握前期培训规划、中期追责问效和后期跟踪调查三个阶段的工作内容。前期即军人退役前，军队与退役军人事务部应协同做好在役教育培训和移交安置工作计划，提前为军人提供与岗位相匹配的专项培训，使退役军人的优势与接

---

① 退役军人网上信访系统运行平稳顺畅［EB/OL］．中华人民共和国退役军人事务部，http：//www.mva.gov.cn/gongkai/zfxxzdgkml/xwfb/201903/t20190322_23495.html.

收单位的需求更为吻合；中期即退役军人到岗的时间段，应推行追责问效的工作机制，使之成为军人退役后及时进入安置单位的重要保证和防范各行政部门就安置问题拖延、推诿的主要措施；后期即跟踪调查退役军人到岗的后续工作，一方面，退役军人事务部根据退役军人就安置工作的信息反馈，可将其作为衡量各地优抚安置政策实施过程及其效果的指标之一；另一方面，促使安置责任人在军人到岗初期更为关注退役军人的适应状况，以帮助其快速融入工作环境，并及时帮扶遭遇生存困境的退役军人。

参考文献

[1]（德）黑格尔. 法哲学原理或自然法和国家学纲要 [M]. 范扬，张企泰，译，北京：商务印书馆，1961：111.

[2]（德）康德. 法的形而上学原理——权利的科学 [M]. 沈叔平，译，北京：商务印书馆，1991：34.

[3]（荷）格劳秀斯. 战争与和平法（第一卷修订版）[M].（美）弗朗西斯 W. 凯尔西，等英译，马呈元，译，北京：中国政法大学出版社，2018：36.

[4]（美）罗尔斯（Rawls, J）. 正义论 [M]. 何怀宏，等译，北京：中国社会科学出版社，2009：42.

[5]（瑞典）格德门德尔·阿尔弗雷德松，（挪威）阿斯布佐恩·艾德. 世界人权宣言：努力实现的共同标准 [M]. 中国人权研究会组织，译. 成都：四川人民出版社，1999.

[6]（美）迈克尔·沃尔泽. 正义诸领域——为多元主义与平等一辩 [M]. 褚松燕，译. 南京：译林出版社，2002.

[7]（印度）阿马蒂亚·森. 贫困与饥荒 [M]. 北京：商务印书馆，2001：28.

[8] Micklewright J, Marnie S. Targeting Social Assistance in a Transition Economy: The Mahallas in Uzbekistan [J]. Social Policy & Administration, 2005, 39 (4): 431-447.

[9] Nicholas Barr. The Economics of the Welfare State [M]. Stanford: Stanford University Press, 1998.

[10] Roehrig, C. Mental Disorders Top the List of the Most Costly Conditions in the United States: MYM201 Billion [J]. Health Affairs, 2016 (6): 1371 - 1377.

[11] Ronald C K, 郭万军, 曾卓谦, 胡赤怡, 等. 世界精神卫生调查行动及其对中国精神障碍流行病学研究的提示 [J]. 中国神经精神疾病杂志, 2010 (7): 385 - 388.

[12] (印度) 阿马蒂亚·森. 以自由看待发展 [M]. 北京: 中国人民大学出版社, 2017: 255.

[13] 安华, 葛越. 就业促进视域下的城市最低生活保障制度优化研究 [J]. 宁夏社会科学, 2017 (5): 110 - 117.

[14] 安华. 民族地区最低生活保障制度城乡一体化研究 [J]. 西南民族大学学报 (人文社科版), 2016 (3): 158 - 162.

[15] 安徽省财政厅课题组. 完善城乡居民最低生活保障制度的政策建议 [J]. 财政研究, 2011 (1): 29 - 33.

[16] 安强, 杨兆萍, 徐晓亮, 等. 南疆三地州贫困与旅游资源优势空间关联研究 [J]. 地理科学进展, 2016, 35 (4): 515 - 525.

[17] 鲍威, 迟春霞, 麻嘉玲. 增能理论视角下进城务工人员的教育培训效用——北京大学平民学校的探索 [J]. 教育学术月刊, 2018 (2): 47 - 55.

[18] 毕天云. 论普遍整合型社会福利体系 [J]. 探索与争鸣, 2011 (1): 51 - 54.

[19] 曹清华. 英国现代社会救助制度反贫困效应研究 [J]. 河南师范大学学报, 2010 (5): 85 - 88.

[20] 曹清华. 詹克斯型教育券研究——兼论在我国教育救助中的应用 [J]. 河南师范大学学报 (哲学社会科学版), 2012 (5): 63 - 66.

[21] 曹现强, 李烁. 获得感的时代内涵与国外经验借鉴 [J]. 人民论坛·学术前沿, 2017 (2): 18 - 28.

[22] 常宝宁. 法国义务教育扶持政策与我国教育均衡发展的政策选择 [J]. 比较教育研究, 2015 (4): 33 - 38.

[23] 陈斌. 改革开放以来慈善事业的发展与转型研究 [J]. 社会保障评

论,2018(3):148-159.

[24] 陈成文,李春根. 论精准扶贫政策与农村贫困人口需求的契合度[J]. 山东社会科学,2017(3):42-48.

[25] 陈成文,廖文. 从社会公正看农民工共享社会发展成果问题[J]. 天水师范学院学报,2008(1):71-76.

[26] 陈成文,吴军民. 从"内卷化"困境看精准扶贫资源配置的政策调整[J]. 甘肃社会科学,2017(2):112-117.

[27] 陈成文,陈建平,洪业应. 新时代"弱有所扶":对象甄别与制度框架[J]. 学海,2018(4):92-100.

[28] 陈成文,陈建平. 社会组织与贫困治理:国外的典型模式及其政策启示[J]. 山东社会科学,2018(3):58-66.

[29] 陈成文,章双双,何培. 论优抚安置与实现新时代"弱有所扶"[J]. 贵州师范大学学报(社会科学版),2020(3):28-35.

[30] 陈成文,邓婷. 就业援助:英、美、日三国的实践模式及其启示[J]. 湖南师范大学社会科学学报,2009(2):91-94,102.

[31] 陈成文,黄开腾. 制度环境与社会组织发展:国外经验及其政策借鉴意义[J]. 探索,2018(1):144-152.

[32] 陈成文,汪希. 社会工作与就业援助:一项评估研究——以失业人员为例[J]. 湖南师范大学社会科学学报,2010(6):76-81.

[33] 陈成文,王祖霖. "碎片化"困境与社会力量扶贫的机制创新[J]. 中州学刊,2017(4):81-86.

[34] 陈成文,许一波. 从构建和谐社会看建立新型农村社会救助体系[J]. 湖南师范大学社会科学学报,2006(1):39-44.

[35] 陈成文. 从"内卷化"看精准扶贫资源配置的矫正机制设计[J]. 贵州师范大学学报(社会科学版),2017(1):36-44.

[36] 陈成文. 从"因病滞贫"看农村医疗保障制度改革[J]. 探索,2017(2):74-80.

[37] 陈成文. 牢牢扭住精准扶贫的"牛鼻子"——论习近平的健康扶贫观及其政策意义[J]. 湖南社会科学,2017(6):63-70.

[38] 陈成文. 社会学视野中的社会弱者 [J]. 湖南师范大学社会科学学报, 1999（2）: 13-17.

[39] 陈成文. 从"五有"到"七有": 补齐"民生短板"与推进社会建设 [J]. 江西财经大学学报, 2017（6）: 11-12.

[40] 陈成文. 教育救助与实现新时代"弱有所扶" [J]. 社会科学家, 2019（1）: 120-127.

[41] 陈成文, 王雅妮, 何培. 发展慈善事业与实现新时代的"弱有所扶" [J]. 中州学刊, 2020（10）: 83-89.

[42] 陈成文, 黄利平. 论住房保障与实现新时代"弱有所扶" [J]. 城市发展研究, 2019, 26（3）: 1-5.

[43] 陈成文, 陈建平. 社会救助供给模式与新时代"弱有所扶" [J]. 甘肃社会科学, 2019（1）: 37-42.

[44] 陈成文, 陈静. 论公共服务供给与新时代"弱有所扶" [J]. 贵州社会科学, 2019（1）: 59-65.

[45] 陈成文, 陈建平. 论习近平的精准扶贫理论与井冈山的创造性扶贫实践 [J]. 华中农业大学学报（社会科学版）, 2018（4）: 8-19, 165-166.

[46] 陈成文, 陈建平. 农村贫困人口退出标准: "契合度"偏差及其测度转向 [J]. 江苏社会科学, 2018（3）: 108-116.

[47] 陈成文, 陈建平, 陶纪坤. 产业扶贫: 国外经验及其政策启示 [J]. 经济地理, 2018, 38（1）: 127-134.

[48] 陈成文. 论大病医疗救助与新时代"弱有所扶" [J]. 社会科学家, 2018（1）: 51-56.

[49] 陈成文, 于瑞淼. 扶贫资源配置的"内卷化"问题研究: 回顾、评价与展望 [J]. 社会建设, 2017, 4（6）: 39-46.

[50] 陈成文. 对贫困类型划分的再认识及其政策意义 [J]. 社会科学家, 2017（6）: 8-14.

[51] 陈成文, 戴玮. 精准扶贫研究要根植于实践沃土——江西财经大学陈成文教授访谈 [J]. 社会科学家, 2017（6）: 3-7.

[52] 陈吉学. 新时期我国社会弱势群体问题研究 [D]. 南京: 南京大

学,2013.

[53] 陈建平. 当前优抚安置对象的服务管理需求研究 [D]. 长沙：湖南师范大学,2014.

[54] 陈开琦、黄聪. 法律权利的道德争论——关于权利来源的两种思考 [J]. 云南师范大学学报（哲学社会科学版）,2014（6）：46-55.

[55] 陈文庆. 弱势群体民主政治权利救助的价值与实现 [J]. 桂海论丛,2013（6）：66-70.

[56] 陈莹,陈岩. 推进"海云工程"建设 促进农村健康扶贫——以宁德市为例 [J]. 中外企业家,2016（34）：238-241.

[57] 成呈. 大病医疗救助对象范围与救助标准探讨——基于全国29省《大病医疗救助实施方案》的比较 [J]. 卫生经济研究,2016（11）：47-50.

[58] 成志刚,易文波. 改革开放40年中国反贫困史研究综述 [J]. 湘潭大学学报（哲学社会科学版）,2018（6）：59-63.

[59] 程慧. 公共图书馆面向弱势群体的知识援助——析浙江省长兴县图书馆服务弱势群体之举措 [J]. 河南图书馆学刊,2008（4）：107-109.

[60] 褚亮. 贫困人口医疗救助的经济学分析 [D]. 上海：复旦大学,2009.

[61] 崔义中,赵可嘉. 完善我国农村最低生活保障制度的若干思考 [J]. 中州学刊,2010（2）：142-144.

[62] 戴剑波. 权利正义论——基于法哲学与法社会学立场的权利制度正义理论 [M]. 北京：法律出版社,2007：28.

[63] 戴旭宏. 精准扶贫：资产收益扶贫模式路径选择——基于四川实践探索 [J]. 农村经济,2016（11）：22-26.

[64] 戴勇. 高校贫困生就业援助模式探析 [J]. 中国高等教育,2008（24）：35-36.

[65] 党国英. 贫困类型与减贫战略选择 [J]. 改革,2016（8）：68-70.

[66] 党生翠. 慈善组织的声誉受损与重建研究 [J]. 中国行政管理,2019（11）：111-117.

［67］邓大松，吴小武．完善农村居民最低生活保障制度的若干思考［J］．武汉大学学报（哲学社会科学版），2006（5）：644-648.

［68］邓遂．临海家庭贫困类型分析［J］．经济研究导刊，2013（27）：258-259.

［69］丁开杰．社会排挤与体面劳动问题研究［M］．北京：中国社会出版社，2012.

［70］董晔．大病救助与大病保险的衔接之初探［J］．人力资源管理，2016（4）：190-192.

［71］杜国明，冯悦，杨园园．黑龙江省农村贫困地域特征与精准扶贫策略研究［J］．农业经济与管理，2016（6）：5-14.

［72］杜威漩．村民自治中的监督制度：冲突、真空及耦合［J］．华南农业大学学报（社会科学版），2012，11（2）：118-125.

［73］段敏芳．加大少数民族地区义务教育扶持力度——湖北省某少数民族自治县义务教育调查报告［J］．教育与经济，2006（1）：7-10.

［74］段亚男，林子琪．社会助残服务的供给主体、制约因素及模式选择——基于供给侧结构性改革理论视角［J］．社会保障研究，2017（3）：67-74.

［75］范勇．精神疾病无责任能力23例临床分析［J］．云南科技管理，2008（5）：110-111.

［76］范玉玺，张永春．发展繁荣我国慈善文化的思考［J］．西部学刊，2013（2）：60-63.

［77］方菲．农村低保制度中的公平正义问题探讨［J］．求实，2013（1）：90-93.

［78］冯贺霞，王小林，夏庆杰．收入贫困与多维贫困关系分析［J］．劳动经济研究，2015（6）：38-58.

［79］冯彦．滇西北"大河流域"区贫困类型及脱贫研究［J］．云南地理环境研究，2001，13（1）：87-93.

［80］傅思明，李文鹏．弱势群体法律援助制度刍议［J］．中共宁波市委党校学报，2009（3）：81-86.

[81] 甘银艳. 大病医疗救助探讨 [J]. 卫生经济研究, 2014 (9): 8-10.

[82] 高传胜. 重构社会帮扶体系的思考 [J]. 苏州大学学报: 哲学社会科学版, 2016 (6): 22-27.

[83] 高海虹, 王彩云. 政府购买视角下的社会组织发展路径思考 [J]. 理论月刊, 2012 (10): 137-139.

[84] 葛明珍. 弱势群体权益的司法保护 [J]. 山东大学学报（哲学社会科学版）, 2013 (6): 17-19.

[85] 巩建华. 中国社会工作的总体性公共政策分析 [J]. 唯实, 2010 (7): 78-81.

[86] 苟颖萍, 白冰. 习近平精准扶贫思想浅析 [J]. 西南交通大学学报（社会科学版）, 2017 (3): 122-128.

[87] 顾昕. 从社会安全网到社会风险管理: 社会保护视野中社会救助的创新 [J]. 社会科学研究, 2015 (6): 118-127.

[88] 顾雪非, 向国春, 王超群. 我国重特大疾病保障政策: 问题与改革建议 [J]. 中国物价, 2016 (8): 83-85.

[89] 广东省统计局农村处课题组. 广东农村贫富差距问题研究 [J]. 调研世界, 2012 (2): 27-31

[90] 郭利平. 文山州特困乡贫困类型划分 [J]. 云南地理环境研究, 2001, 13 (1): 78-86.

[91] 郭涛. 论美国大学教育救助制度与镜鉴 [J]. 郑州大学学报（哲学社会科学版）, 2010 (4): 174-176.

[92] 郭艳君, 廖星星. 我国弱势群体信息获取保障的现状及意义 [J]. 图书情报导刊, 2015 (15): 100-102.

[93] 国家发展和改革委员会社会发展研究所课题组, 谭永生, 关博, 等. 我国社会救助制度的构成、存在的问题与改进策略 [J]. 经济纵横, 2016 (6): 86-94.

[94] 国家统计局. 2015中国农村贫困监测报告 [M]. 北京: 中国统计出版社, 2015.

[95] 国家统计局. 中国统计年鉴 [M]. 北京: 中国统计出版社, 2017.

［96］韩克庆．就业救助的国际经验与制度思考［J］．中共中央党校学报，2016（5）：75－81．

［97］韩毓海．超越西方现代经验——中国道路与中国共产党（之三）［J］．毛泽东邓小平理论研究，2011（8）：46－53，84．

［98］郝涛．习近平扶贫思想研究［D］．长沙：湖南大学，2017．

［99］何洪周．为弱势群体撑开法律保护伞［J］．人民论坛，2017（19）：98－99．

［100］洪名勇，洪霓．论习近平的精准扶贫思想［J］．河北经贸大学学报，2016（6）：1－5．

［101］侯旭平．城镇化进程中失地农民失业救助困境及其破解［J］．湖南社会科学，2017（3）：79－84．

［102］侯增艳．国外就业援助制度调整机制［J］．中国劳动，2014（11）：32－34．

［103］胡放之，戴天凤．全面建成小康社会与民生改善问题研究——基于湖北企业职工收入分配、就业、社会保障的调查［J］．改革与战略，2017（9）：163－166．

［104］胡思洋．协同治理：社会救助制度低效运行的治理路径［J］．社会保障研究，2014（3）：79－85．

［105］胡云霄．老年人教育背景、年龄对言语流畅性的影响［D］．长春：吉林大学，2017．

［106］黄树标．和谐社会视野下城市流浪乞讨人员社会救助权的宪法保护［J］．社会科学家，2015（3）：111－114．

［107］黄玉君，吕博，邓大松．我国最低生活保障制度统筹发展的问题及对策研究［J］．社会保障研究，2015（6）：45－51．

［108］霍萱，林闽钢．城乡最低生活保障政策执行的影响因素及效果分析［J］．苏州大学学报（哲学社会科学版），2016（6）：28－35．

［109］贾可卿．作为正义的承认——霍耐特承认理论述评［J］．浙江社会科学，2013（10）：106－112．

［110］简福平．新时代高校思想政治教育与心理疏导协同育人探析［J］．

重庆理工大学学报（社会科学版），2018（8）：134 – 138.

[111] 江治强. 困难家庭医疗保障状况及政策建议——基于"中国城乡困难家庭社会政策支持系统建设"项目调查数据的专题分析［J］. 中国民政，2016（19）：23 – 26.

[112] 江治强. 优抚制度改革顶层设计的若干思考［J］. 行政管理改革，2017（1）.

[113] 江治强. 织密"最后一道安全网"［N］. 学习时报，2016 – 05 – 12（005）.

[114] 姜东，沈毅. 高校家庭经济困难毕业生就业援助研究［J］. 现代教育管理，2010（5）：122 – 125.

[115] 蒋悟真，马媛. 我国社会救助造血机制及其立法完善［J］. 社会保障研究，2013（4）：73 – 78.

[116] 蒋悟真，詹国旗. 公共物品视角下社会救助的法律解释［J］. 比较法研究，2016（1）：169 – 181.

[117] 蒋悟真. 我国社会救助立法理念及其维度——兼评《社会救助法（征求意见稿）》的完善［J］. 法学家，2013（6）：33 – 46.

[118] 蒋英州. 使命担当与理论开创：习近平精准扶贫思想的新时代意义［J］. 四川师范大学学报（社会科学版），2018（1）：48 – 54.

[119] 蒋永穆，周宇晗. 习近平扶贫思想述论［J］. 理论学刊，2015（11）：11 – 18.

[120] 景天魁. 底线公平与社会保障的柔性调节［J］. 社会科学文摘，2005（1）：32 – 40.

[121] 景天魁. 三十年民生发展之追问：经济发展、社会公正、底线公平——由民生研究之一斑窥民生发展之全貌［J］. 理论前沿，2008（14）：5 – 9.

[122] 康晓光. 中国贫困与反贫困理论［M］. 南宁：广西人民出版社，1995.

[123] 劳动和社会保障部社会保险研究所. 贝弗里奇报告：社会保险和相关服务［M］. 北京：中国劳动出版社，2004.

[124] 乐国安，卢俊，徐健美. 西方心理表象技术研究的昨天、今天与

明天［J］．心理学探新，2017（2）：99－105．

［125］雷磊．法律权利的逻辑分析：结构与类型［J］．法制与社会发展，2014（3）：54－75．

［126］李春根，陈文美．现阶段我国社会救助财政支出规模适度吗？——基于"巴洛法则"与柯布—道格拉斯生产函数的分析［J］．华中师范大学学报（人文社会科学版），2018（4）：49－58．

［127］李洪波．实现中的权利：困境儿童社会保障政策研究［J］．求是学刊，2017（3）：100－106．

［128］李乐为，王丽华．就业激励和援助：贫困救助制度演进和优化的基本取向［J］．甘肃社会科学，2011（3）：138－141．

［129］李林．法治社会与弱势群体的人权保障［J］．前线，2001（5）：23－24．

［130］李培林，张翼．社会蓝皮书：2016年中国社会形势分析与预测［M］．北京：社会科学出版社，2015．

［131］李青云．我国公益信托发展中存在的问题及对策［J］．经济纵横，2007（8）：37－39．

［132］李少斌，高晓飞．从"施善教化"到"教育救济"——20世纪上半叶京津善堂善举的转型［J］．历史档案，2009（3）：97－103．

［133］李实，John，Knight．中国城市中的三种贫困类型［J］．经济研究，2002（10）：47－58，95．

［134］李薇．论城乡最低生活保障制度结构体系的整合［J］．探索，2013（5）：156－160．

［135］李筱婧，万军．利用公益创投促进公益组织发展［J］．理论与现代化，2010（3）：70－72．

［136］李永军．论《慈善法》的理解与完善建议［J］．北京航空航天大学学报（社会科学版），2017（3）：35－40．

［137］李玉倩，陈万明．当前我国退役军人管理保障机构的设置研究［J］．中国行政管理，2018，398（8）：82－86．

［138］李源．论残疾人的就业援助［J］．湖北社会科学，2009（2）：48－51．

[139] 李运华,魏毅娜. 贫困衡量视角下"精准"救助的体制机制构建[J]. 东北大学学报(社会科学版),2017(1):61-66.

[140] 栗希荣. 用法律援助为弱势群体撑开"保护伞"[J]. 人民论坛,2017(11):102-103.

[141] 梁立新,兰俏梅. 社会组织:社会救助实践参与的新型主体[J]. 兰州学刊,2018(5):169-177.

[142] 林闽钢. 城市贫困救助的目标定位问题——以中国城市居民最低生活保障制度为例[J]. 东岳论丛,2011(5):13-19.

[143] 林闽钢. 新时期我国社会救助立法的主要问题研究[J]. 中国行政管理,2018(6):44-48.

[144] 林闽钢. 新历史条件下"弱有所扶":何以可能,何以可为?[J]. 理论探讨,2018(1):42-46.

[145] 林为宗,李木银. 构建增强军事职业吸引力与军人荣誉感的制度体系[J]. 军队政工理论研究,2015,16(6):29-31.

[146] 刘斌志. 退役军人安置社会工作者的核心能力及其培育策略[J]. 西华大学学报(哲学社会科学版),2019,38(3):26-35.

[147] 刘朝武. 高等学校贫困生就业救济体系的构建[J]. 黑龙江高教研究,2009(7):77-79.

[148] 刘大康,陈剑. 社会公平的两个"底线"及其关系辨析[J]. 探索,2011(4):166-169.

[149] 刘峰. 我国农村最低生活保障制度改革的困境与突围[J]. 贵州社会科学,2012(7):109-113.

[150] 刘广明. 高等教育哲学视野中的教育公平[J]. 郑州大学学报(哲学社会科学版),2007(1):169-173.

[151] 刘航,柳海民. 教育精准扶贫:时代循迹、对象确认与主要对策[J]. 中国教育学刊,2018(4):29-35.

[152] 刘明合,李霞. 习近平扶贫开发思想探析[J]. 学校党建与思想教育,2017(6):80-82.

[153] 刘茹意,朱天舜. 我国退役军人就业培训制度的困境与对策研究

[J]．传承，2014（8）：108-109.

[154] 刘苏荣．人口较少民族聚居地区教育救助的完善策略［J］．贵州民族研究，2017（10）：241-244.

[155] 刘伟，黎洁，李聪，等．移民搬迁农户的贫困类型及影响因素分析——基于陕南安康的抽样调查［J］．中南财经政法大学学报，2015，213（6）：41-48.

[156] 刘卫．军人社会地位的历史演变及其规律［J］．西安政治学院学报，2011，24（1）：52-55.

[157] 刘文龙．当前精准扶贫存在的问题［J］．合作经济与科技，2017（3）：185-187.

[158] 刘扬，赵春雨．我国城镇低收入群体动态变迁及微观致贫因素分析——以北京市为例的考察［J］．城市发展研究，2010（8）：99-105.

[159] 卢丹，陆剑．西方国家弱势青年教育救助模式及对我国的启示［J］．中国青年教育，2016（1）：107-111.

[160] 卢俊．论心理救助与新时代"弱有所扶"［J］．探索，2019（3）：135-142.

[161] 陆士桢，陆玉林，吴鲁平．社会排斥与社会整合——城市青少年弱势群体现状与社会保护政策研究［J］．中国青年社会科学，2004（5）：1-11.

[162] 陆学艺．当代中国社会阶层研究报告［M］．北京：社会科学文献出版社，2002.

[163] 路锦非，曹艳春．支出型贫困家庭致贫因素的微观视角分析和救助机制研究［J］．财贸研究，2011（2）：86-91.

[164] 岁平飞．简析当代中国军人退役安置制度面临的矛盾［J］．理论前沿，2005（24）．

[165] 罗竖元，李萍．论慈善意识的培育与慈善事业的发展［J］．湖北社会科学，2009（2）：52-55.

[166] 吕春．城镇弱势群体医疗保障机制的构建及实施［J］．人民论坛，2012（7）：154-155.

[167] 吕红,金喜在. 中国弱势群体就业政策的保障性与灵活性分析 [J]. 社会科学战线,2015(12):199-204.

[168] 吕学静. 完善农村居民最低生活保障制度的思考 [J]. 经济与管理研究,2008(1):73-77.

[169] 马常艳. 国家统计局:2017年全国男性比女性多3266万人 [N]. 经济日报,2018-01-18.

[170] 马福云. 地方政府以商业保险协同社会救助机制研究 [J]. 北京科技大学学报:社会科学版,2016(4):112-118.

[171] 马克思恩格斯选集(第1卷)[M]. 北京:人民出版社,1972:243.

[172] 马林,张扬. 我国草原牧区可持续发展模式及对策研究 [J]. 中国草地学报,2013(2):104-109.

[173] 马庆钰,马福云. 社会救助政策及其执行缺陷的矫正 [J]. 行政管理改革,2016(12):38-42.

[174] 马维娜. 学校场域:一个关注弱势群体的新视角 [J]. 南京师大学报(社会科学版),2003(2):64-70.

[175] 马用浩. 弱势群体与改革——关于社会转型期弱势群体问题的深层次思考 [J]. 理论与改革,2002(6):56-59.

[176] 欧健,刘晓婉. 十八大以来习近平的扶贫思想研究 [J]. 社会主义研究,2017(6):13-21.

[177] 钱亚梅. 论风险社会的责任机理 [J]. 湖北师范学院学报(哲学社会科学版),2017(1):71-77.

[178] 钱再见. 当前中国社会弱势群体若干问题研究综述 [J]. 文史哲,2003(1):156-158.

[179] 秦国伟,刘利敏,卫夏青. 皖西北地区农村综合改革助推精准扶贫研究——以界首市刘寨村为例 [J]. 安徽行政学院学报,2016(5):67-70.

[180] 曲海燕. 关于贫困人口自我发展能力的探析——概述、现状及建议 [J]. 现代管理科学,2018(10):82-84.

[181] 任晓冬,高新才. 喀斯特环境与贫困类型划分 [J]. 农村经济,

2010（2）：55-58.

[182] 任玙,曾理斌,杨晓胜.城乡医疗救助制度之现状、问题与对策[J].南京医科大学学报（社会科学版），2015（1）：11-14.

[183] 沈荣华,鹿斌.制度建构：枢纽型社会组织的行动逻辑[J].中国行政管理，2014，000（010）：41-45.

[184] 沈琰.要重视"支出型贫困"[J].经济，2010（5）：60.

[185] 沈志荣,沈荣华.公共服务市场化：政府与市场关系再思考[J].中国行政管理，2016（3）：65-70.

[186] 石贤平.当前我国法律援助功能性障碍与政府部门缺位的调查与思考[J].法学杂志，2010（s1）：55-60.

[187] 史利玢.浅析我国社会弱势群体法律保护的若干问题[J].法制博览，2016（14）：245.

[188] 宋宝香,孙文婷.商业保险机构参与医疗保障体系的模式比较研究——以城乡居民大病保险为例[J].中国卫生管理研究，2016（00）：84-103，198-199.

[189] 孙康,陈琦.习近平扶贫开发思想的理论体系、价值遵循与行动路径[J].中南民族大学学报（人文社会科学版），2018（2）：10-14.

[190] 孙立新,赵如钦.基于NVivo的我国弱势群体教育救助问题的政策分析[J].现代远距离教育，2017（2）：3-10.

[191] 孙远太.基于阻断贫困代际传递的社会救助政策改革[J].理论月刊，2017（1）：141-146.

[192] 谭贤楚,朱力.贫困类型与政策含义：西部民族山区农村的贫困人口——基于恩施州的实证研究[J].未来与发展，2012，35（1）：109-113.

[193] 汤夺先,高朋.城市化进程中失地农民的贫困问题及其治理[J].中国人口：资源与环境，2012，22（8）：114-120.

[194] 汤仙月.论我国转型期慈善文化的构建——以中西慈善文化比较的视角[J].理论与现代化，2010（6）：79-85.

[195] 唐丹,邹君、申继亮、张凌.老年人主观幸福感的影响因素[J].中国心理卫生杂志，2006（3）：160-162.

[196] 唐平．中国农村贫困标准和贫困状况的初步研究［J］．中国农村经济，1994（6）：39-43.

[197] 田萍．社会生态维度下弱势群体社会支持网络系统建构［J］．求索，2013（10）：238-240.

[198] 童翎，洪业应．从"碎片化"困境看农村医疗救助扶贫的政策调整［J］．山东社会科学，2017（9）：89-94.

[199] 童文莹．城市困境儿童救助的效果评价与政策选择——基于N市的经验研究［J］．中州学刊，2017（8）：73-78.

[200] 屠明将，刘义兵．论新时期扫盲教育转型之必然性与路径选择［J］．河北师范大学学报（教育科学版），2018（2）：87-91.

[201] 万鄂湘．社会弱者权利论［M］．武汉：武汉大学出版社，1995：3.

[202] 万兰芳，向德平．精准扶贫方略下的农村弱势群体减贫研究［J］．中国农业大学学报（社会科学版），2016（5）：46-53.

[203] 汪昌华．论班级弱势学生群体的社会资本缺失［J］．合肥师范学院学报，2010（5）：107-110.

[204] 汪明霞，史巍．新加坡政府的社会救助计划［J］．国外社会科学，2009（3）：71-76.

[205] 汪三贵，刘未．以精准扶贫实现精准脱贫：中国农村反贫困的新思路［J］．华南师范大学学报（社会科学版），2016（5）：110-115.

[206] 王安忠．习近平扶贫思想探析［J］．学习论坛，2017（12）：19-23.

[207] 王宝治，李克非．公共治理视角下弱势群体话语权的保护［J］．河北大学学报（哲学社会科学版），2015（3）：123-128.

[208] 王本法．心理健康进社区的意义研究——一种构建和谐社会的路径探索［J］．济南大学学报（社会科学版），2013（4）：72-75.

[209] 王彩玲．保护弱势群体：现代伦理秩序建构的一个重要环节［J］．理论学刊，2001（4）：94-95.

[210] 王朝明．社会弱势群体与就业援助制度［J］．财经科学，2002（4）：119-120.

［211］王国惠，尚连山．城乡居民医疗保险差异性分析——从公平理论角度探讨［J］．经济问题，2013（8）：87-91.

［212］王海宝，施国庆，严登才．精准扶贫视角下扶贫移民成本分担机制的构建［J］．云南社会科学，2016（6）：42-47.

［213］王泓萱．墨西哥土著教育扶持计划的产生、意义及启示［J］．外国教育研究，2009（4）：42-46.

［214］王虹．法律援助为弱势群体撑起"保护伞"［J］．人民论坛，2016（32）：80-81.

［215］王辉．试论习近平扶贫观［J］．人民论坛，2015（20）：208-210.

［216］王金艳．习近平扶贫开发理念探析［J］．理论学刊，2016（2）：18-23.

［217］王俊民，孔庆余．反思与超越：论法律援助之政府责任［J］．政治与法律，2006（6）：80-86.

［218］王锴．积极救助的中国探索：精准扶贫与低保制度的衔接——基于政府职能的考量［J］．福建行政学院学报，2016（6）：48-54.

［219］王磊，梁誉．以服务促发展：发展型社会政策与社会服务的内在逻辑析论［J］．理论导刊，2016（3）：26-29.

［220］王浦劬，（英）Jude Howell，等．政府向社会力量购买公共服务发展研究——基于中英经验的分析［M］．北京：北京大学出版社，2016：28-33.

［221］王瑞军，马国旗，晁君杰，等．从"扶农"到"扶贫"定西为百姓脱贫精准发力［J］．老区建设，2014（19）：52-54.

［222］王三秀，刘丹霞．农村残疾人就业能力构建与就业援助困境应对［J］．青海社会科学，2017（1）：115-122.

［223］王树文．我国公共服务市场化改革与政府管制创新［M］．北京：人民出版社，2013：39.

［224］王硕．法律援助中的政府责任、律师义务及民众权利［J］．哈尔滨商业大学学报（社会科学版），2017（2）：115-121.

［225］王思斌．改革中弱势群体的政策支持［J］．北京大学学报（哲学

社会科学版),2003(6):83-91.

[226] 王思斌.社会工作导论[M].北京:北京大学出版社,2011.

[227] 王素芳.关于图书馆服务弱势群体问题的研究与反思[J].图书馆杂志,2006(5):3-9.

[228] 王太清.贫困山区走出国民收入困境的思考——对郧西县国民收入运行轨迹的分析[J].经济评论,1993(5):55-59.

[229] 王闻.为何需要富豪慈善家 厉以宁"第三次分配"解读[N].国际先驱导报,2004-3-30.

[230] 王贤斌.新时期我国农村教育救助面临的困境与对策[J].教育理论与实践,2014(28):32-35.

[231] 王晓毅.反思的发展与少数民族地区反贫困——基于滇西北和贵州的案例研究[J].中国农业大学学报(社会科学版),2015(4):5-14.

[232] 王欣,孔荣,王雷.基于弱势群体概念模型的我国农民工健康问题研究[J].西北农林科技大学学报(社会科学版),2014(5):43-49.

[233] 王瑜,杨晓军.基于定量视角的支出型贫困分析[J].新西部(理论版),2017(3):10-11.

[234] 王云飞,李卫国.和谐社会中弱势群体的保护——以法律援助为杠杆实现社会实质公平[J].大连海事大学学报,2009(3):60-63.

[235] 王智超,申晓娇.教育精准扶贫的关键在哪——积极解决教育资源配置的失衡[J].人民论坛,2018(16):106-107.

[236] 韦璞.贫困、贫困风险与社会保障的关联性[J].广西社会科学,2015(2):134-141.

[237] 魏淑华.社区心理健康服务的现状与发展策略——以山东省济南市为例[J].济南大学学报(社会科学版),2013(4):76-80.

[238] 吴凡.面向2030的教育质量:核心理念与保障模式——基于联合国教科文组织等政策报告的文本分析[J].教育研究,2018(1):132-141.

[239] 吴国宝.对中国扶贫战略的简评[J].中国农村经济,1996(8):26-30.

[240] 吴海燕.构建农村反贫困社会心理支持系统[J].中国国情国力,

2005（4）：58-60.

[241] 吴静.从马克思主义哲学史角度透视共享发展理念［J］.哲学研究，2016（12）：31-36.

[242] 吴鹏森.论弱势群体的"社会报复"［J］.江苏行政学院学报，2003（1）：58-63.

[243] 吴松强.完善高校就业困难毕业生的就业援助体系［J］.思想理论教育，2012（7）：63-67.

[244] 吴炜，王宇红.退役士兵创业现状、困境与对策——基于扬州市的调查［J］.中国青年研究，2016（4）：22-26.

[245] 吴忠民.普惠性公正与差异性公正的平衡发展逻辑［J］.中国社会科学，2017（9）：33-44.

[246] 武菊芳，薛涛.关于我国慈善文化建设的多维思考［J］.河北师范大学学报（哲学社会科学版），2011（1）：122-127.

[247] 习近平.摆脱贫困［M］.福州：福建人民出版社，2016：3.

[248] 习近平总书记系列讲话精神学习读本课题组.习近平总书记系列讲话精神学习读本［M］.北京：中共中央党校出版社，2013：71.

[249] 向国春."一站式"服务期待政策衔接［J］.中国社会保障，2016（12）：72-73.

[250] 谢琼.欧盟残疾人政策及其对我国的启示［J］.理论探索，2010（3）：106-120.

[251] 辛方坤.财政分权、财政能力与地方政府公共服务供给［J］.宏观经济研究，2014（4）：67-77.

[252] 徐丽敏.农民工随迁子女教育救助的需求及社会工作介入［J］.学术论坛，2014（6）：124-129.

[253] 徐刘畅，王思颖，章芳菲，张雅琪.退役士兵创业情况调查及对策研究——以张家口市为例［J］.当代经济，2018（16）：140-143.

[254] 徐娜，田固.医疗救助在健康扶贫中的作用及思考［J］.中国医疗保险，2016（11）：34-36.

[255] 徐伟，江欣禅，杨爽.香港地区药物安全网对大病医疗保障的启示

[J]．中国卫生政策研究，2017（4）：18－23．

[256] 徐永光．回归民间，让慈善发光［J］．中国报道，2011（12）：82－85．

[257] 徐苑琳．扶贫路上不能少了文化力量［J］．人民论坛，2017（19）：84－85．

[258] 续晓梅．政府在建设和谐社会中的责任［J］．行政与法（吉林省行政学院学报），2005（7）：8－10．

[259] 薛晓明．弱势群体概念之辨析［J］．生产力研究，2003（6）：124－125．

[260] 严安，蔡世川．组建退役军人事务部是一项重大创新［J］．紫光阁，2018（4）：37－38．

[261] 杨得前，彭文栋，肖莹．美国家庭援助计划研究及其对我国的启示［J］．中国行政管理，2017（11）：145－150．

[262] 杨德敏．就业援助：社会救助立法的基本取向［J］．江西社会科学，2012（12）：159－164．

[263] 杨娟．慈善税收优惠法律制度研究［D］．重庆：重庆大学，2017（4）．

[264] 杨力源．习近平新时代扶贫攻坚工作思想的基本特征［J］．毛泽东思想研究，2018（1）：43－48．

[265] 杨丽，赵小平，游斐．社会组织参与社会治理：理论、问题与政策选择［J］．北京师范大学学报（社会科学版），2015（6）：5－12．

[266] 杨树燕．流动儿童发展性贫困现状研究［J］．新西部（理论版），2017，03：12－13．

[267] 杨团．慈善蓝皮书：中国慈善发展报告（2018）［M］．北京：社会科学文献出版社，2018．

[268] 杨团．弱势群体及其保护性社会政策［J］．前线，2001（5）：21－22．

[269] 杨文圣，刘晓静．农村贫困家庭学生教育救助探析［J］．农村经济，2010（4）：121－124．

[270] 杨宜勇．公平与效率——当代中国的收入分配问题［M］．北京：今日中国出版社，1997．

[271] 姚本先，刘世清．论弱势群体子女的教育公平［J］．教育发展研究，2003，23（8）：57-59．

[272] 姚俐衡．法律援助制度的"困顿"与"觉醒"——从弱势群体权益公法保护的视角［J］．成都行政学院学报，2016（5）：41-45．

[273] 姚明明，王磊．基于双重差分法的农村最低生活保障制度减贫效果研究［J］．辽宁大学学报（哲学社会科学版），2018（3）：71-76．

[274] 叶宝忠．论社会保障对社会公平的保障［J］．宁夏社会科学，2009（2）：68-71．

[275] 叶金国，仇晓洁．中国农村社会保障财政资源配置问题及对策研究［J］．河北学刊，2015（4）：127-131．

[276] 佚名．习近平论扶贫工作——十八大以来重要论述摘编［J］．党建，2015（12）：5-7，13．

[277] 易棉阳．论习近平的精准扶贫战略思想［J］．贵州社会科学，2016（5）：139-144．

[278] 尹航，林闽钢．弱势群体医疗救助实施效果评估——基于"城乡困难家庭社会政策支持系统建设项目"调查数据的分析［J］．社会保障研究，2017（1）：57-64．

[279] 尹娜．弱势群体政治权利分析［J］．特区经济，2008（5）：250-251．

[280] 尹志刚．论现阶段我国社会弱势群体［J］．北京教育学院学报：社会科学版，2002（3）：1-9．

[281] 于京天，郭静．加强部际协同系统开展退役军人教育培训——国际经验与本土思考［J］．中国职业技术教育，2018（22）：38-43．

[282] 严华勇，吴新颖．从社会公正看最低生活保障制度一体化［J］．贵州师范大学学报（社会科学版），2019（6）：39-47．

[283] 原芳．呼图壁县新型农村合作医疗制度中政府的职责分析［D］．新疆大学，2007．

[284] 苑仲达. 英国积极救助制度及其借鉴启示[J]. 国家行政学院学报, 2016 (4): 124-128.

[285] 岳宗福. 中国退役军人管理保障体制变革的理路与前瞻[J]. 行政管理改革, 2020 (3): 57-65.

[286] 昝剑森. 改革中"弱势群体"的成因探析[J]. 当代世界与社会主义, 2002 (1): 64-67.

[287] 张国林, 梁成智, 李芳. 定西市 2010—2012 年重性精神疾病流行特征分析[J]. 西部中医药, 2016 (1): 88-90.

[288] 张家军, 唐敏. 教育精准扶贫运行机制的构建[J]. 教育理论与实践, 2018 (25): 19-24.

[289] 张建华. 大同市农村科技扶贫问题及对策研究[D]. 太原: 山西农业大学, 2016.

[290] 张立彦. 政府社会救助支出存在的问题与对策[J]. 经济纵横, 2013 (9): 44-49.

[291] 张禄, 王海燕. 建立城乡一体化最低生活保障制度的路径选择[J]. 理论导刊, 2011 (4): 10-12.

[292] 张萌. 我国经济体制转轨下的退役军人安置政策研究[D]. 天津: 天津大学, 2017.

[293] 张牧辛, 王其, 张会新, 等. 浅谈我国退役军人管理保障工作存在的问题与对策[J]. 法制博览, 2019, 000 (012): 287.

[294] 张琦, 杨增崟. 习近平扶贫开发战略思想的理论品格[J]. 人民论坛, 2018 (4): 63-64.

[295] 张融融. 弱势群体泛化的心理成因分析及预防[J]. 领导科学论坛, 2017 (23): 12-13.

[296] 张汝立, 田小琦. 从保护到支持——中国弱势群体政策的转型及其特征[J]. 北京师范大学学报 (社会科学版), 2013 (5): 91-97.

[297] 张赛群. 习近平精准扶贫思想探析[J]. 马克思主义研究, 2017 (8): 33-40.

[298] 张鲜华. 甘肃省精准扶贫的现实困境与可行路径选择[J]. 兰州

财经大学学报，2017（1）：103-109.

[299] 张现成，苏秀艳，王景璐，等．大型体育赛事举办与改善民生的耦合路径［J］．北京体育大学学报，2015，38（1）：25-30.

[300] 张雅勤，高倩．论私营企业承接公共服务的"撇脂"行为及其治理［J］．理论与改革，2018（1）：142-151.

[301] 张永丽，刘卫兵．"教育致贫"悖论解析及相关精准扶贫策略研究——以甘肃14个贫困村为例［J］．经济地理，2017（9）：167-176.

[302] 张永丽．"教育致贫"悖论解析及相关政策建议——以甘肃省14个贫困村为例［J］．西北师大学报（社会科学版），2017（2）：20-29.

[303] 张再生．城市弱势群体就业促进的实践模式分析［J］．南开经济研究，2003（4）：51-54.

[304] 张忠朝．我国城乡困难家庭医疗救助支持研究——基于"中国城乡困难家庭社会政策支持系统建设"的调查［J］．社会保障研究，2015（1）：83-90.

[305] 张祖平．中国慈善组织资金筹集问题研究［A］．第三届社会组织创新与发展论坛论文集［C］．2010．

[306] 赵慧珠，陈景云．建立农村最低生活保障制度的意义［J］．理论前沿，2008（18）：45-46.

[307] 赵兴宏，李玮．弱势群体的权益保护及其法律援助［J］．社会科学辑刊，2005（4）：63-67.

[308] 赵秀丽．关注弱势群体的低收入问题——兼论公平与效率的关系［J］．财经理论研究，2007（6）：10-14.

[309] 郑杭生，李迎生．全面建设小康社会与弱势群体的社会救助［J］．中国人民大学学报，2003（1）：2-8.

[310] 郑晓园．农村消费型贫困的发生机理与治理策略——以鄂东S镇农民建房为例［J］．湖南农业大学学报（社会科学版），2016（4）：42-48.

[311] 郑芸，郑霖．非政府组织保护弱者权益的路径及优势［J］．石家庄学院学报，2013（1）：5-9.

[312] 中共中央组织部干部教育局．精准扶贫精准脱贫——打赢脱贫攻

坚战辅导读本［M］．北京：党建读物出版社，2016：147．

［313］周彩姣．制度困境与农村残疾人的文化参与：一项实证研究［J］．湖南师范大学社会科学学报，2011（5）：34-38．

［314］周静茹．六盘山回族地区反贫困研究［D］．兰州：兰州大学，2014．

［315］周秋光．中国慈善发展的历史与现实［J］．史学月刊，2013（3）：5-9．

［316］周世厚．美国高等教育扶持行动的司法争议——对"密歇根诉讼案"及意义的分析［J］．外国教育研究，2011（12）：50-56．

［317］周长明．社会公正——认识和对待社会弱势群体的重要维度［J］．天府新论，2005（2）：98-101．

［318］周中之．当代中国慈善事业的伦理追问［J］．马克思主义与现实，2015（6）：79-85．

［319］朱恒鹏，徐静婷．共享发展、共同体认同与社会保障制度构建［J］．财贸经济，2016（10）：5-15，29．

［320］朱洪革，胡士磊．重点国有林区职工家庭贫困类型及影响因素研究［J］．农林经济管理学报，2017（1）：105-113．

［321］朱金鹤，崔登峰．新形势下新疆国家级贫困县的贫困类型与扶贫对策［J］．农业现代化研究，2011，32（3）：276-280．

［322］朱力．脆弱群体与社会支持［J］．江苏社会科学，1995（6）：130-134．

［323］朱良好．法律援助责任主体论略［J］．福建师范大学学报（哲学社会科学版），2014（1）：10-18．

［324］祝建华．最低生活保障制度城乡统筹发展：目标驱动、制度原则与路径构建［J］．苏州大学学报（哲学社会科学版），2016（4）：26-33，191．

［325］邹海贵．社会救助制度政府责任的正当性及其限度——基于伦理学视域的分析［J］．吉首大学学报（社会科学版），2011（1）：43-47．